叶炜 著

中国古代史十四讲

Zhongguo Gudaishi Shisi Jiang

北京大学出版社
PEKING UNIVERSITY PRESS

图书在版编目(CIP)数据

中国古代史十四讲 / 叶炜著. —北京:北京大学出版社,2022.7
(博雅大学堂.历史)
ISBN 978-7-301-33061-6

Ⅰ.①中… Ⅱ.①叶… Ⅲ.①中国历史—古代史 Ⅳ.①K220.7

中国版本图书馆 CIP 数据核字(2022)第 096788 号

请访问华文慕课,免费注册观看作者授课视频并获取课件:http://www.chinesemooc.org/mooc/4415

书　　　　名	中国古代史十四讲 ZHONGGUO GUDAISHI SHISI JIANG
著作责任者	叶　炜　著
责任编辑	张　晗
标准书号	ISBN 978-7-301-33061-6
出版发行	北京大学出版社
地　　　　址	北京市海淀区成府路 205 号　100871
网　　　　址	http://www.pup.cn　新浪微博:@北京大学出版社
电子邮箱	编辑部 wsz@pup.cn　总编室 zpup@pup.cn
电　　　　话	邮购部 010-62752015　发行部 010-62750672 编辑部 010-62755217
印　刷　者	三河市北燕印装有限公司
经　销　者	新华书店
	650 毫米×980 毫米　16 开本　21 印张　275 千字 2022 年 7 月第 1 版　2025 年 2 月第 6 次印刷
定　　　价	64.00 元

未经许可,不得以任何方式复制或抄袭本书之部分或全部内容。
版权所有,侵权必究
举报电话: 010-62752024　电子邮箱: fd@pup.cn
图书如有印装质量问题,请与出版部联系,电话: 010-62756370

导　言

人类文明史长达几千年，但若将其放在地球演化的历史中，不过是很短的一瞬。演化生物学家科因说：人类是这个舞台上新近登场的角色，我们的种系与其他灵长类分化于大约 700 万年前，如果把整个地球的演化史压缩到一年之中，最早的细菌大概出现于 3 月底，而人类直到 12 月 31 日早上 6 点才姗姗来迟。公元前 500 年左右的希腊黄金时期，也就是中国的春秋后期，则发生在下一年的新年钟声敲响前的 30 秒。这告诉我们，从地球史的尺度上看，人类的文明史不过是沧海一粟，古代与今天并没有那么遥远。在人类文明史中，中国历史处于何种地位？对比世界上先后出现的各种文明以及它的发展历程，我们可以看到，中国文明发展的最主要特征，在于其首屈一指的连续性。这给我们的启示是，中国的历史传统和现代发展尤其密不可分。

19 世纪开始，中国被迫卷入世界现代化发展的潮流之中。在此背景下，有一种学说是将传统与现代分开，认为传统与现代势不两立，甚至必须消灭传统才能进入现代。现在看来，这个观点已经过时了。传统和现代难以割裂，马克思曾言：人们是在"既定的、从过去继承下来的条件下"创造自己的历史，"一切已死的先辈们的传统，像梦魇一样纠缠着活人的头脑"。同时，传统与现代有着复杂、辩证的关系，传统中孕育着现代的因素，现代中也包含着传统的成分。历史传统影响着，甚至在一定程度上决定着不同国家走向现代的道路。正因如此,我们了解和研究中国古代历史具有现实的意义,虽然不能说了解历史就一定能理解现代,但是可以说,如果不了解历史,或许也难以深刻地洞悉现代。这也是我们今天重温中国古代史的意义之一。

历史包罗万象、色彩缤纷。大家喜欢历史,往往关注历史上各种各样的政治斗争,但这并不是这本教材关注的重点。政治斗争尔虞我诈,每个时代都不少见,我们更为关注的是中国古代史的发展脉络,它的大分大合、大弯大折,历史是如何一步步走过来的;关注诸如制度演进、民族凝成、版图形成等重大问题。我们希望通过这样的介绍,使大家对中国古代史的发展脉络有所了解。在学术界,目前学者们也越来越重视制度在中国古代发展中具有的重要意义。在中国古代史领域,我们倾向于更加关注制度史、政治史。

钱穆《国史大纲》开篇有言:"一、当信任何一国之国民,尤其是自称知识在水平线以上之国民,对其本国已往历史,应该略有所知。二、所谓对其本国已往历史略有所知者,尤必附随一种对其本国已往历史之温情与敬意。三、所谓对其本国已往历史有一种温情与敬意者,至少不会对其本国已往历史抱一种偏激的虚无主义,亦至少不会感到现在我们是站在已往历史最高之顶点,而将我们当身种种罪恶与弱点,一切诿卸于古人。四、当信每一国家必待其国民备具上列诸条件者比数渐多,其国家乃再有向前发展之希望。"回顾历史,能帮助我们更好地理解、质疑我们原本认为是理所当然的世界;思考历史,也有助于我们保持谦虚的态度,对历史重要的是理解而不是评判,也对历史多一些敬畏,至少不盲目地认为当下是一切历史的顶点,也不自大到觉得只有自己的文化才是人类历史的关键[①]。

---

① 参尤瓦尔·赫拉利著《今日简史》第十二章,林俊宏译,中信出版集团,2018年。

目 录 Contents

第一讲　青铜文化与礼乐文明：多元的古代社会　/ 001
　　一、中华文明起源问题的新认识　/ 001
　　二、迷雾中的夏文化　/ 011
　　三、商代青铜文明　/ 013
　　四、西周礼乐制度　/ 020
　　五、夏商周三代关系　/ 027

第二讲　春秋战国时代的社会变动　/ 030
　　一、经济：从井田到小农　/ 032
　　二、政治和军事：从争霸到兼并　/ 037
　　三、政治制度：从宗法分封制到专制官僚制　/ 043
　　四、社会：从世袭到流动　/ 047
　　五、学术：从贵族到民间　/ 048

第三讲　秦始皇及其遗产　/ 052
　　一、"虎狼之秦"：法家思想与秦军国主义发展特色　/ 052
　　二、"六王毕、四海一"：秦始皇的统一事业　/ 060
　　三、"海内为郡县，法令由一统"：大一统帝制之创建　/ 063

四、"天下苦秦"：秦国的暴政和速亡　／ 067

　　五、"天下之势，方病大瘇"：汉初王国问题　／ 070

第四讲　汉代从无为走向全盛　／ 078

　　一、从无为到全盛　／ 078

　　二、儒表法里统治思想之确立　／ 090

　　三、东汉政治与豪强士族　／ 093

第五讲　从统一到分裂　／ 099

　　一、豪强士族与中央集权政府之矛盾　／ 099

　　二、东汉的瓦解和三国鼎立　／ 104

　　三、秦汉以来的民族问题　／ 110

　　四、西晋的短暂统一　／ 114

第六讲　门阀政治及其解体　／ 121

　　一、南北政治大势　／ 121

　　二、东晋南朝皇权的变态与回归　／ 127

　　三、汉化胡化与北朝主流论　／ 137

第七讲　隋唐：回归统一帝国　／ 149

　　一、新统一之重建　／ 149

　　二、唐代政治大势　／ 154

　　三、承上启下的隋唐制度　／ 164

第八讲　唐代的经济发展与文化交流　／ 175

　　一、唐代经济的发展与繁荣　／ 175

　　二、唐朝文化在东亚之影响　／ 182

三、唐朝文化的西传 / 190
四、唐代的外来文明 / 195

第九讲　祖宗之法与宋朝制度 / 201
一、五代十国与北宋的建立 / 201
二、"祖宗之法"与防弊之制 / 206
三、从学校、科举看宋代士大夫政治的发展 / 214
四、宋代的经济发展 / 220

第十讲　骑马民族国家：辽、金、元 / 224
一、辽代的二元体制 / 225
二、金朝之入主中原 / 230
三、元朝汉化的迟滞与早衰 / 235

第十一讲　明代的政治与制度 / 247
一、小明王与大明皇帝 / 247
二、朱元璋与明初政治、制度 / 249
三、内阁制度与宦官专权 / 257
四、边患：南倭北虏 / 262

第十二讲　清代统一多民族国家之形成 / 266
一、满族的崛起和清朝的建立 / 266
二、清代完成统一的过程 / 268
三、巩固统一的民族宗教政策 / 281

第十三讲　专制文明之巅 / 284
一、君主集权制度的发展 / 284

二、汉化与民族特色 / 295

三、盛世的隐忧 / 299

第十四讲　元明清时期的经济与社会 / 304

一、元朝的经济与社会 / 304

二、明清经济发展与"资本主义萌芽"问题 / 310

三、明清社会阶层 / 316

部分图表信息 / 321

第一讲
青铜文化与礼乐文明：多元的古代社会

一、中华文明起源问题的新认识

本讲的时间跨度较大，主要围绕中华文明的起源、夏商周三代两个问题展开。由于近代考古学发展所带来的新认识，在20世纪中国古代史的研究领域中，先秦史领域的研究进展最大，所以这些问题也从学术史的角度开始谈。

首先来看看古史传说与疑古思潮的问题。我们一般对中国古史的认识来自古书的记载，这种记载其实是慢慢形成的。古人对古史的传说也有着不同的认识，比如孔子是信而好古的，对古代的传说抱有一种信任、肯定的态度。这些古史传说到了汉代，特别是到了司马迁撰写《史记》以后，便基本定型，构成了以"三皇五帝"为核心的古史体系。"三皇五帝"具体是指谁，历来说法不一。就三皇来说，大概有神农、伏羲、女娲，也包括有巢、燧人等；关于五帝，影响比较大的说法来自《史记》，将五帝定为黄帝、颛顼、帝喾、尧和舜。对于这个古史体系，清末以来，学者开始有所质疑，比较著名的人物包括崔述（东壁）、康有为等。崔述指出古史传说存在"世益晚则其采择益杂""世愈后则其传闻愈繁"的现象，康有为《孔子改制考》的第一篇即为《上古茫昧无稽考》。

明确提出"疑古"理念的是顾颉刚。受崔述、康有为等前辈影响以及当时胡适倡导的科学方法之启迪，加之自己观赏民俗戏曲的心得，20世纪20年代以后，顾颉刚对于古史传说体系产生了更为深刻的怀疑①。顾颉刚发现，在古书当中，对禹的记载是在西周时期出现的，对禹之前的尧和舜的记载是春秋末期出现的，对比尧、舜更早的黄帝的记载是到了战国时期才出现的，开天辟地的盘古在中国古史传说中年代最早，但其产生却恰恰最晚，是到了三国时期才出现的。在此发现基础上，顾颉刚提出了"层累地造成的中国古史"的说法，其主要内容为：时代愈后，传说中的古史期愈长；时代愈后，传说中的中心人物愈放愈大。所以他得出结论，认为以前所信奉的古史传说体系，不过是后人层累地编造出来的。顾颉刚于1926年将其"层累造成说"发表在《古史辨》中，对当时的学界产生了极大的影响。刘起釪在《顾颉刚先生学述》中认为，顾颉刚的观点一出，把人们一向不认为有任何问题的、绝对可信的我国皇皇古史系统，来一个从根本上的推翻，等于是向史学界投了一枚原子弹，释放出了极大的破坏力。各方面读过些古书的人都受到了这个问题的刺激，因为在人们的头脑里，向来只知有盘古以来三皇五帝，忽然听到没有盘古，也没有三皇五帝，像晴天霹雳一样太出于意想。

从信古到疑古，顾颉刚是疑古思潮的开创者。他不仅指出层累历史现象的存在，还指出了这种层累历史所产生的背景，他推测，这种情况始于秦始皇，"秦始皇又成了统一的事业。但各民族间的种族观念是向来极深的，只有黄河下流的民族唤作华夏，其余的都唤作蛮夷。疆域的统一虽可使用武力，而消弭民族间的恶感，使其能安居于一国之中，则武力便无所施其技。于是有几个聪明人起来，

---

① 参王汎森《古史辨运动的兴起：一个思想史的分析》第一章"顾颉刚层累造成说的特质与来源"，台北，允晨文化实业公司，1987年。

把祖先和神灵的'横的系统'改成了'纵的系统'","他们起来喊道：'咱们都是黄帝的子孙，分散得远了，所以情谊疏了，风俗也不同了。如今又合为一国，咱们应当化除畛域的成见！'这是谎话，却很可以匡济时艰，使各民族间发生了同气连枝的信仰"。"这种说法传到了后世，便成了历史上不易消释的'三皇五帝'的症瘕，永远做真史实的障碍。"① 这就是疑古思潮，在疑古派看来，东周以上无信史，即认为文献上所记载的东周以前的历史都是不可信的。

随着近代考古学的发展，疑古的观点也受到了冲击。王国维利用安阳殷墟出土的甲骨文材料，写了《殷墟卜辞中所见先公先王考》，证明了《史记·殷本纪》记载的确切，向东周以上无信史之说提出了挑战。被疑古派批判成伪书的一些书，比如《尉缭子》《六韬》等，也在后来的西汉墓葬考古工作中被发现，这就给疑古派及其疑古思想带来了更致命的冲击，由此学术渐渐从"疑古"走向了"释古"。

所谓"释古"，就是把文献资料和考古材料相结合进行解释，李学勤在《走出"疑古时代"》中提出："把文献研究和考古研究结合起来，这是'疑古'时代所不能做到的。充分运用这样的方法，将能开拓出古代历史、文化研究的新局面，对整个中国古代文明作出重新估价。"②

下面，我们就结合中国考古学的发现，来谈谈中华文明的起源问题。

著名的北京猿人头盖骨距今大约50多万年，属于旧石器时代。这些年学界讨论比较多的问题，是生活在大约50万—20万年前的北京猿人究竟是不是现代中国人的祖先。这其实是人类"多地区起源

---

① 顾颉刚《古史辨第四册序》，《顾颉刚全集》第1册，中华书局，2011年，110—111页。
② 《中国文化》1992年第2期，7页。

说"与"非洲起源说"的争论。以前这是不太成为问题的,从旧石器时代到新石器时代,在北京地区,从北京猿人到山顶洞人有一个发展脉络。但是这个结论随着分子生物学的发展而受到了挑战。其中比较重要的,是1987年美国加州大学伯克利分校的学者,通过对147个胚胎的线粒体DNA的研究,发现女性的始祖可以追溯到一个大约20万年前的非洲女性个体,这个非洲女性个体及其后代走出了非洲,走到了世界各地,成为各地人类的祖先。这项研究的结论,有力支撑了"非洲起源说"。十年以后的1997年,美国斯坦福大学的学者通过对男性Y染色体的研究,得出一个近似的结论,认为现代男性的始祖也是出自非洲的某一个体,这就是所谓的"亚当说"。而之前那个女性始祖说则被称为"夏娃说",这就是"夏娃理论"。

夏娃理论对"多地区起源说"造成了很大冲击,不过学者也并不都赞成。2000年,美国犹他大学和密执安大学的学者通过对澳大利亚蒙戈湖附近发现的古人类头骨进行研究,认为澳大利亚的早期现代人并不是来自非洲古人类,而是起源于东南亚的爪哇。中国的学者吴新智也曾提出过质疑,他指出,中国古人类所具有的颜面较扁、铲形门齿等体质特征,是从旧石器时代到新石器时代直到现代的中国人都具备的特点,可以认为中国从旧石器时代到现代的发展有一贯性,并不是后来外来的人种代替了以前存在的人种。夏娃理论认为,目前没有在中国发现处于大约距今10万—5万年前时期的化石,此期间是一寒冷期,非洲祖先的后代来到了现在的中国,成为现代中国人的祖先。吴新智则提出,首先,我们不知道这个空白期是不是能一直空白下去,有可能有新的发现。其次,在寒冷期旧的人口生活不了,那么新的人口进来,是不是能够存活也成问题。不过目前,总的来看,夏娃理论在一定程度上还是得到了更多的支持。也就是说,北京猿人真的不一定是现代中国人的祖先,我们的祖先可能是来自非洲。关于这一问题的研究还在不断推进,最近十几年来,随着湖北黄龙洞、广西智人洞等年代在大约10万年前的具有现代人形态的人类化石的发现，非洲早期现代人在6万年前进入中国、此前中国没有现代人的观点又受到了有力挑战。①

对于中国旧石器时代文化的研究，成果颇丰，严文明在《中国史前文化的统一性与多样性》中做了总结。他认为，中国旧石器时代的文化，自始至终都具有独特的风格，具有一些共同特征，例如：石片石器远多于砾石或石核石器；各类石器的加工往往是单面的；石器类型始终以刮削器和尖状器为主，未曾有以砍砸器为主的时期和地区。这三点既表现了中国旧石器文化的统一性的一面，也是其区别于外国旧石器文化的基本内容。同时，中国国内不同地区的旧石器时代文化又有明显的差别，首先是华北和华南这两个大区的差别，两区内部又有较小的差别，从而形成互有联系又相互区别的不同谱系。② 在对中国旧石器时代石器传统连续性认识的基础上，中国学者又提出了"连续进化，附带杂交"的假说，即东亚地区从直立人到智人的进化过程是连续的，其间存在外来人口与土著人群的杂交和基因流动。③

说到文明起源，更多的还是着眼于新石器时代。距今大约一万二三千年以前，中国的史前文化进入了早期新石器时代。以前我们对新石器时代了解是很不够的，随着考古学的发展，到目前为止，在中国的土地上，发现了万余个新石器时代遗址。对这么多的材料，如何去理解，就是摆在学者面前的问题。学者不仅有资料的积累，也有理论的阐释，在诸多理论当中，苏秉琦的理论影响最大。

---

① 刘武、吴秀杰《现代人在中国的出现与演化：研究进展》，《中国科学基金》2016年第4期。

② 参严文明《中国史前文化的统一性与多样性》，严文明《史前考古论集》，科学出版社，1998年。

③ 参高星、彭菲、付巧妹、李锋《中国地区现代人起源问题研究进展》，《中国科学：地球科学》2018年第1期。

我们可以参考苏秉琦《中国文明起源新探》，① 具体来说就是他提出的中国考古学的"文化区系类型"理论，其中"区"是块，"系"是条，"类型"是分支。他把目前所发现的新石器时代遗址，按照各自的发展脉络分成六个区，分别是以燕山南北长城地带为中心的北方，以山东为中心的东方，以关中、晋南、豫西为中心的中原，以环太湖为中心的东南部，以环洞庭湖与四川盆地为中心的西南部和以鄱阳湖至珠江三角洲一线为中轴的南方。在这六大区系当中，苏秉琦尤为强调的一点是，这些文化区域有各自的文化渊源、特征和发展道路。

下面就六大区的一些特征性文物做一简单介绍。第一个是燕辽文化区，是从兴隆洼文化、红山文化到小河沿文化。图1.1是红山文化"女神"像，图1.2是红山文化孕妇陶塑像，被认为是生殖崇拜的体现。红山文化的另一代表，是辽宁凌源牛河梁第二地点的积石冢和祭坛（图1.3），积石冢和祭坛的出现也就是宗教因素的出现，就是比较典型的文明因素了，值得重视。另外还有红山文化的玉猪龙，头部似猪，躯体作蛇形（图1.4），也是红山文化有代表性的玉器。山东文化区，其大体的发展脉络是从北辛文化、大汶口文化到龙

图1.1 红山"女神"像　　图1.2 红山孕妇陶塑像

---

① 苏秉琦《中国文明起源新探》，生活·读书·新知三联书店，1999年。

山文化。图1.5是大汶口文化的代表性器物，龙山文化蛋壳陶的黑陶杯。中原文化区，是从磁山文化、仰韶文化到中原龙山文化，其中代表性的器物是小口尖底陶瓶。江浙文化区是河姆渡文化、马家浜文化、崧泽文化和良渚文化，其中特别值得一提的是良渚文化。良渚文化出土的最典型的器物，就是图1.6的这种玉琮，它呈现为一个方圆结合的形象，学者认为这是中国古代天圆地方观念的体现。"琮"既是天地贯通的象征，也是一种贯通天地的法器，谁能够掌握它，谁就能够掌握贯通天地的权力，这样的法器以及权力的凸显，也是文明产生的重要因素。长江中游文化区，是从城背溪文化、大溪文化、屈家岭文化到石家河文化。甘青文化区是从仰韶文化、马家窑文化到齐家文化，马家窑文化的彩陶瓶（图1.7），也是很有特点的器物。

图1.3　牛河梁积石冢和祭坛

图 1.4 玉猪龙

图 1.5 蛋壳黑陶杯

图 1.6 玉琮

图 1.7 彩陶瓶

苏秉琦在《中国文明起源新探》中总结说：六大区系并不是简单的地理划分，而是各有自己的文化渊源、特征和发展道路。中原地区是六大区系之一，中原影响各地，各地也影响中原。这同以往在中华大一统观念指导下形成的黄河流域是中华民族的摇篮，中国民族文化先是从这里发展起来，其他地区的文化比较落后，只是在中原地区影响下才得以发展的观点有所不同，从而对于在历史考古界根深蒂固的中原中心、汉族中心、王朝中心的传统观念提出了挑战。其学术意义不言而喻。

下面我们就结合刚才所谈的新石器时代考古学的成果，来谈中华文明起源问题的新认识，学术的推进表现在两个方面，一是从外来说到本土说，二是从一元论到多元论。

"外来说"就是中华文明西来说，这个观点是 20 世纪的瑞典学者安特生提出来的。安特生是瑞典地质学家，大约在1914年，他受北洋政府的邀请来中国进行地质调查，特别是进行铁矿的调查，他也对中国新石器时代考古的发展起了重大的推动作用。1921年，安特生在河南省渑池县仰韶村发现了中国第一个新石器时代的遗址，安特生将其命名为仰韶文化。安特生是中国近代考古学的开创者、奠基者之一。

仰韶文化的典型特征是彩陶文化，几年后同样是被安特生发掘的甘肃齐家文化，也是一种彩陶文化。在当时的考古学成果背景下，安特生认为，齐家文化是仰韶文化的上游，因此齐家文化影响了仰韶文化。与当时发掘比较多的中亚彩陶文化相对照，安特生于是提出了一个两河流域的彩陶文化影响了齐家文化，齐家文化又进一步影响到仰韶文化的发展脉络和线索，这就是中华文明西来说。平心而论，在当时发现不多、研究尚不充分的学术条件下，这样的观点是有道理的。但随着学术发展，外来说受到了冲击，冲击还是来自考古发现。学者通过发掘比齐家文化更早的裴李岗文化遗址，发现实际上是仰韶文化影响了齐家文化，而非齐家文化影响仰韶文化，澄清了安特生认识上的错误。学者们也意识到，彩陶文化并不是高科技的文化，只要有陶土，各地都可以生产彩陶，所以这种彩陶文化，不必以安特生的文化传播说来解释。我们现在可以说，中华文明起源的"本土说"，基本上是为国际学界所承认的，即中华文明有它自身的独立起源。

中华文明起源问题认识上的第二层推进，是从一元论到多元论。简单地说，"一元论"就是中原中心说，也就是前面说的古史传说体系，认为中华文明的发展是从中原开始的。20世纪以来，它已陆续地受到学者的质疑。顾颉刚的疑古派就打破了一元论。此后王国维、傅斯年、蒙文通和徐旭生，从各自角度分别提出了自己的说法。王国维的殷周差异论，就认为商和周族属不同、文化有异。傅斯年提出了夷夏东西说，同样提出了东西两系的发展脉络。蒙文通和徐旭生注意到了南方，分别提出了"河洛、海岱、江汉"和"华夏、东夷、苗蛮"三系发展脉络，这都是从一元论到多元论的发展。

随着考古发现的增多，苏秉琦用"满天星斗"来形容中华文明的起源，他认为中国各地的新石器时代文化，有很多都已经站到了文明的门槛上，这是典型的多元论的说法。但是我们也需要注意到一个现象：虽然很多文明都已经站到了文明的门槛上，就要步入文明了，但是从国家产生的状态来看，目前我们已知的最早且得以延续的国家还是在中原地区产生的，中原地区国家等级政体的发展最终明显领先于其他地区。对此现象，严文明用"重瓣花朵式结构"这一形象的观点来解释：中原文化区是"重瓣花朵"的"花心"，其余文化区是"花瓣"。中原地区易于受到周围文化的激荡和影响，能够从各方面吸收有利于本身发展的先进因素。同时，包括中原地区在内的整个大北方地区内部集团、族群竞争激烈，冲突、战争频繁，而战争是促使国家产生的一个重要的因素，这也有可能是中原地区最早产生国家的原因和背景之一。

2019年7月，杭州的良渚古城遗址被列入《世界遗产名录》，这标志着中华五千年文明史的实证被联合国教科文组织和国际主流学术界广泛认可。包括良渚古城、古城外围大型水利工程在内的一系列新发现，大大丰富了对良渚社会发展状况的认识，学界开始对于良渚国家形态的讨论。① 今天中国境内最早进入国家形态的地区可能不在中原。但良渚文明并未延续下去，它的衰落也是有意义的话题，新的发现与讨论必将带来对中华文明起源新的认识。

---

① 参赵辉《良渚的国家形态》，《中国文化遗产》2017年第3期。

二、迷雾中的夏文化

文明起源还有一个很重要的问题是国家的产生。20世纪20年代发现了新石器时代仰韶文化遗址，30年代对殷墟的大规模发掘，证明商代文化已经高度发展了，但商代和仰韶新石器时代文化之间是有缺环的。从古史体系来看，夏是最早的国家，其后是商、周，这样的文化缺环，推动着考古学家去寻找商的祖先，此问题也是中国考古学界几十年来的重要追求之一。

这就涉及文明、国家的因素问题，不同的学者从不同的角度都有不同的描述，大体上包括金属的使用、文字的产生、城市的出现、礼仪中心的出现、贫富分化、人牲人殉的发端等等。但是哪些可以总结起来定义国家呢？这就见仁见智了。应该说，到目前为止还不存在这样一套放之四海而皆准的定义国家的文明因素。王震中《中国古代国家的起源与王权的形成》认为，古代国家的特征包括具有强制性的权力，这是国家区别于前国家社会的本质特征，其次是国家产生了阶层分化，以及国家里的国民超越了血缘关系，而被地缘关系结合在一起。这三点是寻找商和仰韶文化的联系，特别是寻找夏文化时可以参考的因素。

对于夏国家的记载可见于先秦的文献中。大家都知道大禹治水的故事。下面两张图就是大禹的形象，一幅是来自于东汉的画像石（图1.8），另一幅是南宋画家马麟的作品（图1.9）。两幅画像的差异也很有意思，第一幅图中的禹还是一个胼手胝足的农民形象，而到了南宋时代却变成一个典型的帝王形象，我想这也是一个"层累造成"的古史。从考古学方面来说，20世纪30年代，考古学家梁思永提出了"后岗三叠层"分期，最下面是仰韶文化，中间是龙山文化，最上面是商文化。越靠近地面，离我们现在越近；越叠压在下面，

图 1.8　东汉画像石禹像　　　　图 1.9　南宋马麟绘禹像

离我们时代越远，相互间是文化叠压的关系。到了 50 年代末，邹衡对河南王湾文化做了进一步的分期，在龙山文化与商文化之间，又找到了一个二里头文化。考古学家郑光认为，河南龙山的龙山文化与二里头文化是密切相接的，以至于不能再找到一个文化插进这三者之间了，所以夏文化实际上就是在新石器的龙山文化与早商文化之间的二里头文化当中去寻找。

二里头文化遗址的发掘，近年来一直在进行，最重要的是发现了二里头遗址宫殿区中规划缜密、布局严整的道路网络。此类遗址的发现，意味着这个文明已经进入到国家的状态了。但二里头文化本身也是有分期的，这就使具体何时进入国家状态的问题复杂化了。

目前来看，二里头文化有四期，对这四期和夏文化的关系，学界有不同意见。第一种观点认为一期是夏文化，二期以后是商文化。第二种观点认为一、二期是夏文化，三、四期是商文化。第三种观点认为，一至三期是夏文化，四期是商文化。还有一种观点认为，一至四期都是夏文化。大家如果有兴趣，可以参考孙庆伟的著作《追迹三代》，[①] 此书梳理了中国考古、历史学界对夏文化的探索过程，分析了各家各派的观点以及它们之间的学术讨论。对了解夏文化、理解考古学都是相当有帮助的。对二里头文化四期的讨论还在继续，大家知道的夏商周断代工程也涉及了这个问题。夏商周断代工程的研究认为一至四期都是夏文化，但也不一定能够认为从一期开始夏文化就进入国家状态了。刘莉《中国新石器时代：迈向早期国家之路》认为，传统上所谓的夏朝在它的早期，即从龙山晚期到二里头文化第一期阶段，可能还不具备国家水平的社会组织。最早的国家水平，见于二里头文化二期，其原因在于宫殿遗址和贵族墓葬的发现，可以据此认为国家的权力突出了，社会的阶层差异扩大了，能够标志夏代国家的产生。这就是目前我们对夏文化的一个认识，当然这个认识还不像对商代的认识那样有更多的明确考古材料的支持。所以说对夏文化的研究和争论，仍然会持续下去。[②]

三、 商代青铜文明

把中国文明史放到世界范围来看，有两个比较特殊或者说独树一帜的地方，一个是下面我们要谈的商周时代，特别是以商朝为鼎盛时期的青铜文化，一个是秦汉以后的制度文明。

---

① 孙庆伟《追迹三代》，上海古籍出版社，2015年。
② 关于二里头及夏文化新近研究，可以参考许宏《最早的中国》，科学出版社，2009年；孙庆伟《鼏宅禹迹：夏代信史的考古学重建》，生活·读书·新知三联书店，2018年。

关于夏的文献材料稀少，尚未有明确的考古成果，目前对于夏代的认识还比较模糊，相比之下，对于商朝的认识就要清楚多了。除文献记载相对丰富之外，更得益于百年来的考古成果。在此基础上，经过学者不懈努力，我们对商代面貌的认识较清楚了。商朝从公元前16世纪到公元前11世纪，共传十七世三十王，六百年左右。在商代早期，华夏文明已经发展到相当高的程度了，是中国青铜时代的巅峰。为什么说它是青铜时代呢？可以参考张光直的看法，在他看来，无论是出土青铜器的数量，还是出土青铜器的类型，中国境内所出土的青铜器比世界其他地方所出土的青铜器的数量、类型的总和还要多。而且，在早期文明的发展过程中，青铜器在中国文明中所处的地位也是最为突出的。① 所以学界以青铜文化或者青铜时代，作为商周文明特别是商朝文明的代表。

《诗经·商颂·玄鸟》记载了一个传说，"天命玄鸟，降而生商"，这是指有娀氏之女简狄吞食了燕子的蛋而生了契，契就是商的始祖。学者认为这则传说反映了这时的商还处于母系氏族的阶段。从契开始，就进入了父系氏族的发展阶段。自契至成汤八迁，就是指其间商的都城有八次迁徙。东汉张衡的《西京赋》记载："殷人屡迁，前八后五。"前八是指自契至成汤八迁，后五是指汤灭夏建国以后又有五次迁徙。商代迁都的最后一次，就是盘庚迁殷，此后直到商纣灭亡，近三百年的时间商人没有再次移都。

都城的迁徙，是商及其他一些早期国家共同存在且十分突出的现象。根据这些记载可以对商的发展阶段进行划分，从成汤灭夏到盘庚迁殷以前，称为商朝的前期，大约有二百年的时间。盘庚迁殷以后，商朝获得了比较大的发展，特别是商王武丁在位的五十多年，是商朝的鼎盛时期。图1.10反映的是汤建国以后的五次迁徙，这个

---

① 张光直《中国青铜时代》，见张光直《中国青铜时代》，生活·读书·新知三联书店，1999年。

范围大体上就是今天的山东的西部、河南的北部以及河北的南部。对殷人屡迁的原因,从古至今有不同的说法,包括去奢行简、水患、游牧、游农说、军事说、政治说等,至今还难有定论。

图 1.10　商代都城的迁徙

目前学界对商代的认识是与考古成果密切相关的,20 世纪 20 年代末,开始对殷墟,也就是盘庚迁徙以后的最后一个都城进行考古发掘,我们因此得以深化对商的认识。殷墟遗址有 36 平方千米,分成了宫殿宗庙区和王陵区。水管和地下排水设施的发现,反映出当时具有较高的城市规划和建设水平。另外,殷墟武官村大墓也出土了许多器物,比如大家比较熟悉的武丁的夫人妇好墓,虽然只有 22 平方米,却出土了青铜器 468 件,重达到 1.6 吨之多,其中有铭文的更是多达 200 多件,另外还有 755 件玉器,可以称得上是商代文物的宝库。

从现有的考古发现来看,大约在公元前 3500 年以后,我们的祖先已经知道铜,而且制造了一些小的铜件,如 1977 年在甘肃仰韶文化马家窑类型遗址中发现的一把青铜刀,其年代在公元前 2900 年左右。青铜器的鼎盛时期则在商代以及西周的前期,出现了巨大、精美的器物，青铜器制造技术水平及艺术水平都很高。而到了西周晚期，青铜器就已经走向衰落。张光直在其《中国青铜时代》中说到，青铜器在文明中的地位是很高的，尤其是在商代的文明中。《左传》有云："国之大事，在祀与戎。"祀是祭祀，戎是战争。中国青铜时代最大的特征在于青铜的使用与祭祀和战争分不开。换言之，青铜代表了政治的权力。

可以举几个例子，以体现青铜器与当时的国家权力的密切相关性。《左传·宣公三年》记载："桀有昏德，鼎迁于商，载祀六百。商纣暴虐，鼎迁于周。"桀是夏代的最后一个王，纣是商代的最后一个王。随着三代的更迭，与之一同变迁的是象征着国家权力的鼎。第二条是《墨子》的记载："九鼎既成，迁于三国。夏后氏失之，殷人受之。殷人失之，周人受之。"同样是说夏商周三代变迁，与鼎的变迁密切相关。"问鼎中原"这个词，也是出自春秋时期。楚庄王带兵打到了洛阳附近，周天子派人来慰劳楚庄王，楚庄王很不客气地向使者打听周天子之鼎的大小和轻重。在当时，这意味着楚庄王对周天子权力的觊觎和挑战。可见鼎是与国家的权力、王的权力密切相关的。图 1.11 是目前所发现的最大的青铜鼎——后母戊方鼎，这个鼎重达 833 千克，高达 1.3 米。铸造这样一个鼎，据估计需要 300 多人同时工作，这是当时青铜制造规模和工艺的反映。张光直认为，这些青铜器多饰以动物纹样，实际上是通天阶级的一个必要的政治手段，它在政治权力之获得与巩固上所起的作用，是可以与战车、戈戟、刑法等统治工具相比的。青铜器不是宫廷中的奢侈品、点缀品，而是政治权力斗争上的必要手段。因此，对于铸鼎原料铜锡矿的掌握，也就是对通天工具的掌握。从这个角度，张光直提出，三代王都屡迁的目的，就是对铜矿和锡矿的追求。

青铜器及其铭文，是我们认识商朝的手段之一，另一重要手段，就是甲骨文。对青铜器的研究价值，从北宋开始就有学者注意到了，而对甲骨文的认识却是比较晚近的事情。甲骨文是商朝后期统治者因占卜记事而刻在龟甲兽骨上的文字，它是19世纪末才被发现的。传说国子监祭酒王懿荣在1899年的时候生了一场病，大夫给他开的药里面有一味龙骨。王懿荣对龙骨很感兴趣，后来有机会从文物商手里看到了龙骨，骨上还有刻画，他认为这些刻画是一种文字，并进行了初步的研

图1.11　后母戊鼎

究，这就是甲骨文的发现。后来随着更多甲骨的出土，学者陆续对其进行了研究。目前在河南殷墟所出的有文字的甲骨已达15万片，另外还有许多没有刻字的。图1.12所示是20世纪30年代，殷墟YH127甲骨坑起运时的情景，该坑出土甲骨17096片。

所谓甲骨文，是刻在龟甲或兽骨上的文字，龟甲主要是龟的腹甲，另外还有牛或者鹿的肩胛骨。其占卜程序为：先把骨头上的血肉清理干净，在两面分别用小刀或者青铜钻钻出一排一排有规则的小坑，然后由专人用火炙烤，炙烤以后，甲骨表面就会出现一些裂纹，就是图1.13中的这种卜字型的裂纹，这就是所谓卜兆，之后

图1.12　殷墟甲骨坑起运场景

第一讲　青铜文化与礼乐文明：多元的古代社会　017

根据卜兆对事进行占卜。所以说甲骨文的文体是比较特殊的,都是占卜性的文字。王懿荣发现甲骨文以后,引起了当时学界的重视,王懿荣搜集的这批甲骨,在他去世以后就到了《老残游记》的作者刘鹗的手中。刘鹗结合他自己的收藏,在1903年出版了第一部甲骨文资料汇编《铁云藏龟》,促进了对甲骨文的研究。

图 1.13　龟甲刻辞与灼后的卜兆

在甲骨文研究的早期,有四位学者起了相当大的推动作用,分别是罗振玉、王国维、董作宾和郭沫若,合称为"甲骨四堂"。为什么叫"甲骨四堂"呢?因为他们的字或号里面,都带一个"堂"字,罗振玉号雪堂,王国维号观堂或礼堂,董作宾字彦堂,郭沫若字鼎堂。目前的研究共发现了甲骨文的5000多个单字,能够识别的不到三分之一。甲骨文是一种比较成熟的文字,汉字造字的象形、会意等六书在其中都有体现,因此在它之前肯定还有文字,只不过到目前为止我们还不知道而已。

甲骨文主要是占卜性质的文字,占卜记录的文字称为卜辞(图1.14)。一条完整的卜辞由叙辞、命辞、占辞和验辞四部分构成。举《甲骨文合集》的一条来说:"癸丑卜,争,贞旬无祸?王占曰:有祟有梦。甲寅允有来艰,左告曰:又亡刍自益,十人又二。"其中的叙辞就是"癸丑卜,争",癸丑是干支计日中的一天,争是具体操

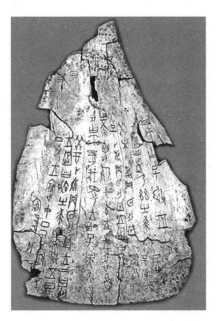 

图 1.14　甲骨卜辞

作占卜的人。命辞"贞旬无祸"就是占卜的内容,"贞"是问的意思,"旬"是计日单位,十天一旬。连起来,就是问这十天里面会不会有不好的事情发生。占辞是"王占曰:有祟有梦",就是说王做了一个坏梦,意味着可能有不好的事情发生。最后一部分是验辞,"甲寅允有来艰,左告曰:又亡刍自益,十人又二"。这个不好的预兆后来确实应验了,在甲寅这个时间有人来报告,从益这个地方逃跑了十二个畜牧的奴隶。这就是一条完整的卜辞。从这里面大家可以感受到,占卜中占辞是决定一次占卜吉凶最重要的环节,而这是由王来决定的,权力掌握在王的手里。王说吉就可行,王占凶则不可行。

从目前发现的十多万片甲骨来看,商朝占卜有两个特点:第一,占卜涉及的范围很广,商王做任何事情都要占卜,以取得天神的应允和指示。战争之类的大事自不必说,一些天气的情况也被纳入占卜的范围,还要从正反两方面占卜。第二,占卜时神在龟甲或兽骨上的指示，吉则可行，凶则不可行，这是由商王来决断的，就是上文的"王占曰"。可以推测出，商代时王是全国最高的宗教领袖，占卜的内容被选出来，刻在甲骨上的用意，就是为了显示占卜这种行为的正确性和神圣性，以此来加强王权。[①] 从这里我们可以看到，商代的王权和宗教的权力比较紧密地结合在一起。宗教权力支持王权，或者说王权占主导地位，宗教权力只是加强王权的一种手段。这与世界其他文明的发展轨迹相比，具有特殊性，比如玛雅文化的宗教权力就比王权要强。这也许是在文明形成模式上，商文明所能带给世界文明的最大贡献。[②] 商代王权突出的特点，与此后中国古代史的发展有密切关系。

商代的国家有一个内外服制的结构。所谓内服是商朝国家的中心地区，即王畿所在地是商王能够直接控制、治理的地区。在商朝的中后期，也就是盘庚迁殷以后，这个地区大致位于安阳至淇县一线，西南至沁阳，最大的范围包括河南北部、山东西部一些地区，不是很大。与此相比，外服则要大得多，包括商代国家的外围地区，亦即四土，为各类地方势力管辖。现在已知的情况是，分封在商代已有萌芽，但还没有成为制度，各地方的势力和中央之间的关系，因时因地有很大差异。从目前发现来看，商代青铜文化的影响范围很广，不仅影响了南方地区，还遍及西南地区。这些都反映了中原文化对四周的影响，也就是商文化对它邻近地区的影响。

四、西周礼乐制度

周朝延续的时间较长，可以分成西周和东周两部分。

[①] 参李学勤主编《中国古代文明与国家形成研究》，云南人民出版社，1997年，406—413页。

[②] 张渭莲《商文明的形成》，文物出版社，2008年，238页。

西周大约占了周朝整个历史的三分之一,这个时期的特点是周天子的权力比较大,全国大小诸侯都向周天子承担一定的义务,以此维持着统一的局面,这时候周王居于西方的都城宗周,所以就称为西周。之后的东周都城是在今天的洛阳附近,故名东周。本节主要介绍西周的建立及其所创立的一些制度,这些制度对秦汉以后的社会,有着深远的历史影响。

先看看西周的建立。武王灭商是耳熟能详的事件,但对于武王灭商的具体时间则有很多争论,比较新的说法是根据1976年在陕西临潼出土的一件青铜器来确定的。这件青铜器名为利簋(图1.15),上面刻有33字铭文,记载了周武王征商这一天的天文现象,日在甲子,清晨岁星当头,与《尚书》《淮南子》等文献吻合。学者利用此天象,对照文献的记载,认为公元前1046年是武王克商之年的首选,这可能是一个比较接近于事实的保守说法。从周和商的关系来看,周在商时期已经就存在了,位于商的西部,势力较小。随着周势力的扩大,一些商控制的领域为周侵蚀,武王通过一次战役灭掉了商朝,图1.16是西周建立后的形势图。

图1.15 利簋

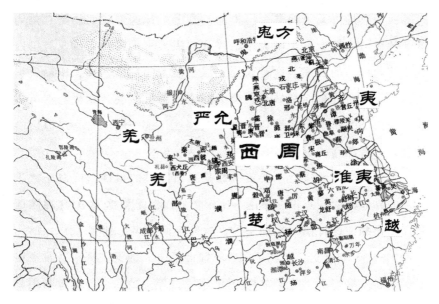

图 1.16 西周形势图

这里就出现了一个很重要的问题：周的势力即使在灭商的时候，也并不是很强，是"小邦周"打败了"大邑商"。那么作为一个以西方为根据地的小邦周，如何去统治东方的大邑商呢？周人采取的措施之一，就是把商人迁徙到周人直接控制的地方，这可以得到金文的证实。西周史墙盘底部有284字铭文，其中一段记载了武王克商之后，商的贵族家族微氏被迁往西周的旧地并加以控制的情况。这种强制迁徙的方式在中国历史早期是一种比较有效的控制办法，一直到汉武帝的时候，都不断地出现。除此之外，周还采取了影响中国古代更深远的封建制。

"封建"这个词，大家都很熟悉，只不过这里的封建制，与"封建社会"的封建是不同的。《左传·僖公二十四年》记载：周公"封建亲戚，以蕃屏周"，封建就是封土建国之意。《荀子》也记载：周公"兼制天下，立七十一国，姬姓独居五十三人"。姬姓是周王的姓，周王对自己的同姓亲属和异姓贵族进行了分封，让他们作为藩篱屏障，保卫周天子和周王室。封土建国中还有一些关键性的因素，即土地上的人民。西周早期大盂鼎（图1.17）铭文反映了西周早期分封的情况，里面有几个很重要的字，叫"受民受疆土"，指的就是封建。当时无主的荒地是不少的，但是劳动力不足，因此土地上必须有了劳动者，才能发挥土地的价值，即所谓"有民斯有土"。经过了受民受疆土的分封后，这些诸侯与周王之间，就形成了一种权利义务关系：政治上，诸侯被认为是国王的臣属，有些诸侯国的国君在中央任职，这些诸侯国一些重要的官职也是由天子任命，据《礼记·王制》"大国三卿，皆命于天子；次国三卿，二卿命于天子，一卿命于其君"，中央对诸侯国有一定的控制。经济上，诸侯要向周王贡纳各种特产。军事上，诸侯有义务率领本地的军队参与周王所组织的征伐战争。学者认为这是一种比较成熟的封建制，在商代应该已经有了分封的萌芽，但是在制度化程度上不如西周。

图1.17 西周早期大盂鼎及其铭文

对于分封，许倬云认为，西周的分封，并不只是周人殖民队伍分别占有一片东方的土地，分封制度是人口的再编组，每一个封君受封的不仅是土地，更重要的是分领了不同的人群。新封的封国，因其与原居民的糅合，而成为地缘性的政治单位，逐渐演变为春秋的列国制度。周人封建制度的本意，是为了军事与政治目的，颇不必用经济发展的理论当作历史演化过程中的必经一环。① 许倬云也强调了封土和封民相结合，特别是土地上的人群。同时，他也关注到古代的封建与今天我们说的封建的差异性。古代的封建是一个政治名词，即分封人民土地、建立国家之意。和封建或者分封相对的，是秦汉以后的郡县制。现代的封建，是经济和社会形态的名词，是与奴隶社会、资本主义社会相对的概念。本节所述封建，是指古代意义上的封建，即分封之意。今天所说封建的内涵，实际上是日本学者用古代的封建，对西方学者类似概念的翻译，所以才有了这样一个同名异义的问题。封建制或者说分封制，对中国古代社会有长远的影响。

西周另一项同样对后世产生重要影响的制度，是宗法制。它是中国古代社会利用血缘关系对族人进行管理的基本原则，其主要内容是嫡长子继承制。商代也有王的继承问题，大体上说有两种继承原则，一是兄终弟及，一是父死子继。到商代后期，主要就是父死子继了。嫡长子继承制属于父死子继的一种形式，强调的是嫡长。后世皇帝的后代，皇后所生的才能称为嫡，其他嫔妃所生的就不能称为嫡了。嫡长子继承制的优点，是减少王位继承中的争夺，使王位继承变成一个自然选择的过程，而非人为地选择、争夺。商代已经有了嫡长继承的雏形，到西周时期，宗法就发展成为系统的制度，《礼记·大传》所谓"别子为祖，继别为宗，继祢者为小宗。有百世不迁之宗，有五世则迁之宗"。如图1.18所示，左边这一栏，一世、二世、三世、四世、五世、六世，就是所谓的大宗。右边的分别是庶子继承的，就是所谓的小宗，大宗和小宗具有相对性。西周时期，虽然在实际继承中并非如礼书规定的那样严格，但嫡长子在继承中

---

① 许倬云《西周史》，生活·读书·新知三联书店，1994年，150、162页。

确实具有优先性。嫡庶区别决定了每个社会成员在社会中的地位。宗法制的功能，是与封建制相结合的。《左传》云："故天子建国，诸侯立家，卿置侧室，大夫有贰宗，士有隶子弟，庶人、工、商各有分亲，皆有等衰。是以民服事其上，而下无觊觎。"分封与宗法结合的结果，形成了一种等级制，其功能就在于"民服事其上，而下无觊觎"，社会中每个人的位置是固定的，不能因为有所觊觎而想通过努力跳出自己的等级，以此维系社会等级，维持社会稳定。

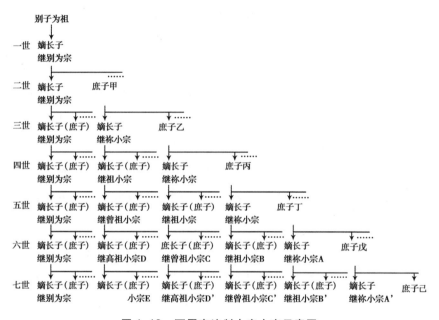

图1.18 西周宗法制大宗小宗示意图

与之相配套的还有礼乐制度。礼来自风俗。进入国家后，统治者把这些风俗固定下来，并且落实于文字，渐渐地就成为了礼。礼有所谓八礼和五礼之分，实际上是两种分类的方式，内容大体上是一样的。八礼包括冠礼、婚礼、丧礼、祭礼、射礼、乡礼、朝礼和聘礼。五礼是另一种分类方式，吉礼是祭礼，凶礼是丧礼，宾礼包括了射礼、乡礼、朝礼和聘礼，嘉礼包括冠礼和婚礼，军礼在八礼之外。通过宗法制和分封制，社会上每个人的地位不同，位置也是固定的，因此他的行为举止、穿着等都有礼进行具体的规定。礼的目的在《礼记·坊记》中说得很清楚："夫礼者，所以章疑别微，以为民坊者也。故贵贱有等，衣服有别，朝廷有位，则民有所让。"礼规定了每个人的等级和行为规范，以此对其进行约束，目的还是维持社会稳定。

西周时期，最重要的礼是诸侯的册命礼。诸侯虽然可以世袭，但诸侯对周王的臣属关系需要通过特定的册命仪式来予以肯定。诸侯国在最初分封时要经过册封，每一位袭封的诸侯也要由周王重新册命，不断强调诸侯的权力来源于周王。换句话说，礼仪和维护周王的地位相关。其实各种礼都有类似维护社会秩序的作用，在各种典礼仪式当中，不同社会地位的参与者，有各自不同的、具体的行为规范，通过这样的行为规范，区别尊卑、亲疏、贵贱、贤愚等社会范畴。礼的系统化和制度化，一方面体现了统治手段的扩展，统治者的权力由以武力为基础的强制性、命令性权力，发展出以被统治者对礼制秩序认同为基础的同化式权力，这是一种权力方式的演进；另一方面，规整的礼仪也代表着统治阶层内部秩序的固定，成员间的权利义务有明确可知的规矩可以遵循。这样的好处是减少内部竞争的冲突，增加了统治阶层本身的稳定性。

我们可以举个例子，便于更好地理解。印度社会的贫富分化很严重，但是因此产生的社会矛盾却不太突出。有的学者指出，这就是因为印度的种姓制度，即婆罗门、刹帝利、吠舍、首陀罗等阶层的长期存在，使不同种姓的人认同自己种姓的生活状态和命运，所以对贫富分化的容忍度很高。西周的礼制也有类似的社会功能。任何制度都有两面性，西周礼制对维系等级社会有帮助，但对等级的强化压抑了社会的流动与活力，春秋以后的变化与此相关。

五、夏商周三代关系

在传统史学认识中,夏商周三代是纵向的关系,"殷因于夏礼""周因于殷礼",即商代夏、周代商。从疑古派开始,就有学者对此提出了不同见解。顾颉刚提出,商周两族自己不以为同出于一系。此后,王国维结合文献和甲骨文写了《殷周制度论》,他谈到,"殷周间之大变革,自其表言之,不过一姓一家之兴亡与都邑之转移;自其里言之,则旧制度废而新制度兴,旧文化废而新文化兴",强调了商周差异。傅斯年的《夷夏东西说》也说,夷与商属于东系,夏与周属于西系,认为商周之间的差异,是东西之间的两个种族、两个文化的差异。张光直在现代考古成果基础上进一步指出,夏商周三代的关系,不仅是前仆后继的朝代继承关系,而且一直是同时的列国之间的关系。从全华北的形势看,后者是三国之间的主要关系,而朝代的更替只代表三国之间势力强弱浮沉而已。①(图1.19)

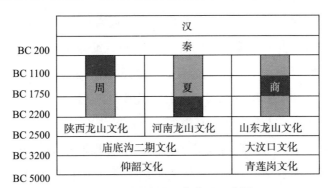

图1.19 夏商周三代关系示意图

夏商周之间有差异,但也有共同之处。张光直指出,从社会组织特性和发达程度来看,夏商周具有基本的共同特点,就是城邑式

---

① 参张光直《从夏商周三代考古论三代关系与中国古代国家的形成》,见张光直《中国青铜时代》。

的宗族统治机构,夏代是姒姓的王朝,商代是子姓,周代是姬姓,姓各不同,而以姓族治天下的原则是一样的。另外,从国家结构来看,包括商朝在内的夏商周三代都属于复合制国家结构,只是其发展的程度,商代强于夏代,周代又强于商代。在夏代,其复合制国家的特征主要是由夏王乃"天下共主"来体现的;而到了商代,除了商王取代夏而成为新的"天下共主"外,其复合制国家结构更主要是由"内服"和"外服"制来构成的;到了周代,周王又取代商而为"天下共主",其复合制国家结构则通过大规模的分封和分封制而达到了鼎盛。① 因此,从国家制度的演进的角度看,夏商周三代之间,也有一定的连续性。所以在前引张光直的文章中,他讲到,"夏商周三代的文化大同而小异。大同者,都是中国古代文化,具有共同的大特征;小异者,代表地域、时代与族别之不同"。这样在一定程度上,人们的认识似乎又回到了以前,不过经过了一百年的研究,这个认识更为精确了,既看到了夏商周的相似,又看到它们代表不同的地域、时代、族别,具有不一样的特质。

对三代的认识,当然是和考古学的发展密切相关。进入 21 世纪以来,西周考古又有重大的发现。2004 年,北京大学考古文博学院于岐山县城西北 7.5 公里的凤凰山南麓发现周公庙西周大型墓葬。钻探的大型墓葬有 22 座,其中首次发现带 4 条墓道的墓葬 10 座,3 条墓道的墓 4 座。先秦时代,墓道的多少反映了墓葬的等级,4 条墓道就是最大型、等级最高的墓葬了,因此学者推断这是周公家族墓或西周王陵。到了 2011 年,又发现了周人灭商以前的宫殿建筑的遗址。从 2004 年至今,在这个地区出土了包括大量刻辞甲骨在内的近万片西周甲骨,而且可辨识的西周甲骨文字,也达到了 2500 多个。这不仅比全国其他地区发现的西周甲骨文总和的两倍还要多,而且

---

① 王震中《中国古代国家的起源与王权的形成》,中国社会科学出版社,2013 年,472 页。

其中也反映了一些很重要的信息，包括王季、文王等周王的称谓。在周公庙遗址研究刚刚开始的时候，邹衡就指出，周公庙遗址西周大型墓地的发现，从学术价值上说堪与 20 世纪初安阳殷墟的重大考古发现相媲美，是新中国堪称第一的、最重大的考古发现。周公庙遗址的价值现在得到越来越多学者的重视，这也推动了学界对于西周的认识和研究。

本讲一开始就强调，近一百年以来，在中国古代史各个领域当中，发展最快的就是对先秦史的研究，其核心就在于考古发现。这些考古发现是前代学者看不到的，先秦史研究的面貌发生了很大改变。张光直说，过去的考古学经验告诉我们，新材料在不久的将来一定会出现，而建立在老材料上的假说，一定会坍塌。随着考古的发现，学界对夏商周三代的认识，还会不断推陈出新。

阅读书目

高星、彭菲、付巧妹、李锋《中国地区现代人起源问题研究进展》，《中国科学：地球科学》2018 年第 1 期。

苏秉琦《中国文明起源新探》第四章、第五章，生活·读书·新知三联书店，1999 年。

严文明《中国文明起源的探索》，见严文明《农业发生与文明起源》，科学出版社，2000 年。

李伯谦《中国古代文明演进的两种模式——红山、良渚、仰韶大墓随葬玉器观察随想》，《文物》2009 年第 3 期。

张光直《从夏商周三代考古论三代关系与中国古代国家的形成》，见张光直《中国青铜时代》，生活·读书·新知三联书店，1999 年。

李学勤《夏商周离我们有多远——读张光直〈中国青铜时代〉一、二集》，《读书》1990 年第 3 期。

张忠培《中国古代文明研究的新阶段——〈中国文明起源新探〉读后》，《文物季刊》1997 年第 4 期。

第二讲
春秋战国时代的社会变动

从古至今，中国历史经历了两次根本性的变化，一次就是今天我们正在经历的、从1840年起至今仍然没有完成的现代化变革，还有一次就是本讲要讨论的春秋、战国时代五百余年间的社会变动。

五百余年的时间分为春秋、战国两个阶段，春秋是从公元前770年到公元前476年。这个阶段，是从周平王东迁到今天的洛阳附近开始，一直到周敬王去世。叫"春秋"的原因，是因为鲁国有一部名为《春秋》的编年史，记载了鲁隐公至鲁哀公时期的历史，这个时间断代正与我们所说的春秋时代大体吻合，所以就常常以《春秋》这部书的书名来指代这一历史阶段。

春秋以后是战国，关于战国的起始年代，存在一定争议。这里取公元前475年，是用司马迁《史记·六国年表》的说法。公元前453年，韩赵魏三家灭智氏，三家分晋之势已成。以此作为春秋结束、战国开始的时间点，也得到不少学者的认可。和春秋一样，"战国"也是来自一部书名，它是西汉末年刘向汇编的《战国策》。"战国"的称谓，也正好体现了这个时期各国混战不休的历史特点。

有一些学者为《春秋经》作了注，解经之作谓"传"，《春秋》三传分别是《公羊传》《穀梁传》《左氏传》，后者也被称为《左传》。三传中，《左传》与历史的联系最为密切，记载了许多重要的历史事实和历史事件，所以《春秋左传》也是我们今天了解春秋时代最重要的文献。杨伯峻的《春秋左传注》（图2.1），是今天《春秋左传》研究中很重要、很有价值的一部著作。

在中国古代史文献中，经常可以看到将"秦汉以下"与"三代以上"对举的表述，这显示出古人对此时代变革的认识。所谓"秦汉以下"，也就是秦始皇统一中国以后所建立的官僚制帝国。夏商周三代中的周分成西周和东

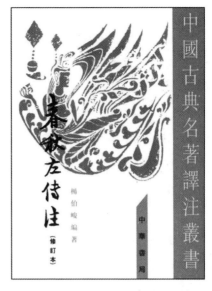

图 2.1

周，处于东周时期的春秋和战国时代就经历着这样一场剧烈的社会变动，变动的方向，是朝着秦汉以后的官僚帝国体制发展。

对春秋到战国时期的大变革，古人有所探究。明末清初的大学者王夫之在《读通鉴论》中，把春秋战国时代称为"古今一大变革之会"。同样是明末清初的著名学者顾炎武，对春秋战国的变革也有研究，而且他说得要更为具体一些："春秋时，犹尊礼重信，而七国则绝不言礼与信矣；春秋时，犹宗周王，而七国则绝不言王矣；春秋时，犹严祭祀、重聘享，而七国则无其事矣；春秋时，犹论宗姓氏族，而七国则无一言及之矣；春秋时，犹宴会赋《诗》，而七国则不闻矣；春秋时，犹有赴告策书，而七国则无有矣。邦无定交，士无定主。"（《日知录集释》卷一三"周末风俗"）这段文字比较了春秋和战国的不同，认为春秋时仍重周礼、尊重周王、重视祭祀、重视国与国之间的聘享，而且在聘享的时候，还会诵《诗经》，另外春秋还很重视宗姓，在有重要的人物和贵族去世的时候还会派专人告诉其他国

家,并由史官记录下来。而这一切在战国时期都看不到了,战国时期出现了"邦无定交,士无定主"的现象。这就是顾炎武总结的春秋战国时期的巨大变化。对于这些变动,可以从五个方面来考察。

一、经济:从井田到小农

首先在经济上,重要的发展,是从井田制过渡到了小农制。井田制在中国古代文献中有所记载,但在考古资料中,还得不到多少佐证,学者们对它的认识存在一定分歧。大体上可以这样来理解,图 2.2 是一张井田制的示意图,中间是公田,四周是私田。井田制的基本原则,就是公田和私田的划分。私田是由每户农民来耕种的,收获归自己所有,公田是由大家通力合作来完成的,它的收成归国家或者贵族。这样的区分也体现了古代村社制的意味。井田制是一种在公田和私田区分下的劳役制地租,正如《孟子》里所说的"同养公田,公事毕,然后敢治私事",就是说大家在公田上劳动,劳动的收获是归贵族的,私田上耕作的收获是归自己的。随着生产技术的进步、生产力的提高,井田制受到冲击。

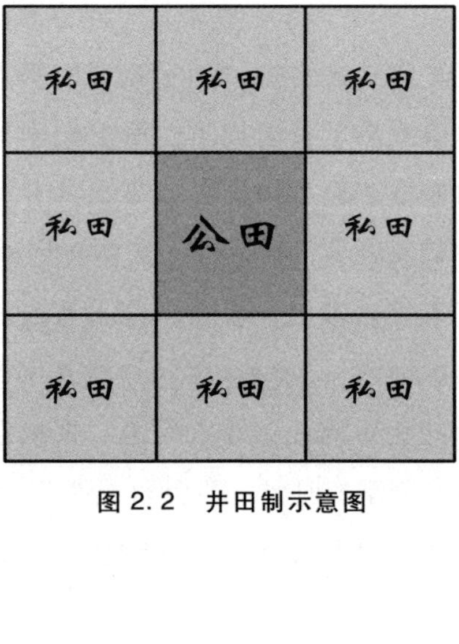

私田	私田	私田
私田	公田	私田
私田	私田	私田

图 2.2 井田制示意图

商周时代，特别是商和西周，是青铜器鼎盛的时代，但基本生产工具是石、骨、角、蚌质制品，青铜工具所占比例很小，① 更没有铁制的工具出现。与铜的利用情况类似，人类用铁也是从天然铁开始的。② 考古发现的商代遗物中，见到了少量的铁制武器，如图2.3、图2.4所展示的两个铁刃铜钺。它们的共同点，是其刃部都是由天然陨铁制成的，并非由人力来开矿冶炼。中国古代冶铁技术的发展并不算早，就现在所知而言，掌握冶铁技术、使用铁器最早的是小亚细亚的赫梯，时间大约是在公元前1400年。

图2.3 河北藁城台西商代遗址出土铁刃铜钺

图2.4 北京平谷刘家河出土商代铁刃铜钺

中国冶铁技术的发展后来居上。从春秋中晚期到春秋战国之际，中国的冶铁技术取得了两项十分重要的革新：一项是铸铁冶炼技术。简单地说，就是由于鼓风炉的出现和改进，使炉温得以升高，可以炼制出质量比较好的生铁。另一项是铸铁柔化技术，就是将硬度比较高但韧性不够的生铁，通过柔化处理以增强其韧性，便于作为武

---

① 参徐良高《中国青铜时代的生产工具》，《三代考古》第5辑，科学出版社，2013年。
② 参华觉明《中国古代金属技术——铜和铁造就的文明》，大象出版社，1999年，296页。

器和农具。这两项技术，大约比欧美要早1900年到2000年。① 新技术的发明固然十分重要，其推广则更具实质意义。铁制农具在战国时代得到了比较广泛的应用。图2.5为战国时期的铁双镰范，是铸造镰刀用的。此类模具的出现，意味着像铁制镰刀这类农具在战国时期已经广泛使用了。这在文献中也可以得到佐证，《睡虎地秦墓竹简·厩苑律》中有一段记载，"假铁器，销敝不胜而毁者，为用书，受勿责"，意思是说，借来的铁器

图2.5 战国铁双镰范

由于使用了很长时间，已经比较破旧了，如果再使用受到了损坏，只要书面向上报告就可以了，不用自己赔偿。据统计，战国铁器的出土地点已超过350处，遍及今天23个省、自治区②。学者认为在战国时期各国都有重要的冶铁手工业地点，一些冶铁中心也涌现出来，比如赵国的邯郸、楚国的宛等。在当时的长江下游地区，从考古发现来看，青铜农具的数量、种类仍然比较多。

农业水平的提高，除了工具进步，还有赖于农学和技术的发展。战国末期成书的《吕氏春秋》中《上农》《任地》《辨土》《审时》四篇，被学者称为战国末年农学的代表性著作，是对当时农业技术的总结和推广。其中《上农》篇讲到"上田夫食九人，下田夫食五人，可以益，不可以损，一人治之，十人食之"，这反映了随着生产力的提高，一个人耕种可以养活的人更多了。这就为春秋战国时期的其他变革奠定了重要的经济基础。生产力的提高，对于井田制也产生了直接冲击。

---

① 参杨宽《中国古代冶铁技术发展史》第一、二章，上海人民出版社，2004年。
② 中国社会科学院考古研究所编著《中国考古学·两周卷》，中国社会科学出版社，2004年，409页。

如前文所述，井田制的特点是公田和私田分开，采取劳役地租的形式。农民耕种公田以后再来耕种私田，公田的收成归于贵族或国家。随着生产力的提高，个人耕作能力加强，农民更愿意把精力放在耕种私有土地而不是耕种公田上，即《吕氏春秋·审分》所谓"今以众地者，公作则迟，有所匿其力也；分地则速，无所匿迟也"①。由于农民不愿意耕种公田，或者不愿意把更多的精力放在公田耕作上，从而造成了公田荒芜的景象。② 井田制是劳役地租，贵族的收成来自农民的劳作，如果农民出工不出力，贵族和国家的收入，当然会有所下降。这种情况推动了国家和贵族对相关制度进行调整。

齐国从公元前685年开始，采取了"相地而衰征"的政策，根据土地的好坏和等级来征收数量不同的赋税。此后有晋国的"作爰田"，之后还有更著名的鲁国的"初税亩"等。一般认为，初税亩的实行，标志着鲁国正式废除了公田和私田的划分。"税亩"就是履亩而税，一切按田亩多少来征收实物税，劳役地租变成了实物地租，实物地租成为君主、政权的主要财源，这意味着井田制完全瓦解，从而废除了井田制。此后又有楚国的"书土田"、郑国的"作丘赋"、秦国的"初租禾"，与初税亩意义大致相同。提供实物地租的人，就是所谓小农。

随着井田制的瓦解与小农的出现，社会结构也发生了相应的变化。吴荣曾认为："在井田制下面是'庐井有伍'，即田地和农民都是有组织的，组织即村社，国家通过村社来控制农民。战国则不然，井田上的村社这一中间层次没有了，国家直接把小块田地颁授给每

---

① "无所匿迟也"，陈奇猷认为当作"无所匿其力也"。见陈奇猷校释《吕氏春秋校释》，学林出版社，1984年，1033页。
② 参慈鸿飞、王志龙《村社共有土地份地制的历史考察》，《中国农史》2013年第4期。

户农民。"①

国家把土地颁授给农民，并收取农民以实物上缴的地租，这要求国家对人口和土地有比较清晰的掌控。因此，随着经济上由井田到小农的变化，国家制度也发生了重要的变革，"编户"出现，也就是户籍制度由此产生和发展。

中国的户籍制度渊源已久，按照《汉书》颜师古注的说法，"编户"就是列次名籍，政府以户为单位，登记成员的名字身份。《周礼》有一段记载，"司民掌登万民之数，自生齿以上皆书于版，辨其国中与其都鄙及其郊野，异其男女，岁登下其死生"，就是说司民官需要将百姓从出生开始的内容记录下来，要记录他的住所是在国、野、都、鄙，还要记录他的身份、性别，每年还要统计家庭中是否有人去世了，或者有没有新出生的人口。司民就是国家设立的管理人口的专职官员，从一家一丁到全家人口，国家都要了解清楚。户籍制度的确立不晚于战国前期，实际上是从春秋后期开始逐渐形成的，其目的是在井田制瓦解以后，有效地控制人力资源，掌控国家收入。文献也可以与之相应，这里举两个例子，一是《商君书·境内》篇："四境之内，丈夫女子皆有名于上，生者著，死者削。"人出生以后就要在户籍上登录，死了以后要去除。又《睡虎地秦墓竹简·秦律杂抄》说："匿敖童，及占癃不审，典、老赎耐。百姓不当老，至老时不用请，敢为诈伪者，赀二甲。典、老弗告，赀各一甲。伍人，户一盾，皆迁之。《傅律》。""傅律"指这个律文的名称，跟户籍有关。敖童就是成童，秦国规定，17 岁以上就要给国家服役。如果到了 17 岁不向国家汇报或虚报残疾以逃避赋役，典、老等基层管理人员要判以耐罪的处罚。秦国制度，60 岁为老，此后就不用给国家服

---

① 吴荣曾《战国授田制研究》，见吴荣曾《先秦两汉史研究》，中华书局，1995 年，89 页。

役。若某人年龄未到60岁而谎称60岁，或者到了60岁不汇报，也要处罪，罚相当于两副铠甲的钱。基层管理人员如果知情不报，也要处罪赀一甲。秦人有什伍连坐制度，伍人就是邻居，即该人的邻居每户要罚价值一块盾牌的钱，还都要被流放。可见，秦国对人口的控制是相当严格的。经济上从井田到小农的变迁，推动了国家户籍制的建立与发展，国家得以更严格地控制人口。这就是春秋战国时代经济的变迁，以及经济变迁带来的制度革新。

二、政治和军事：从争霸到兼并

变动的第二个方面，在政治和军事方面，由春秋到战国是从争霸到兼并的变化。

王权衰微与大国争霸，是春秋时期的特点。王权衰微的典型表现为：从"礼乐征伐自天子出"到"礼乐征伐自诸侯出"。这个时期，先后出现了若干个霸主，被称为春秋五霸。春秋五霸有不同的说法，一种说法认为是齐桓公、宋襄公、晋文公、秦穆公、楚庄王。还有一种说法是齐桓公、晋文公、楚庄王、吴王阖闾、越王勾践。其中共有的是齐桓公、晋文公和楚庄王。春秋争霸最主要的线索，可以视为晋楚之间的争霸，即一南一北两个政权之间的争霸。张荫麟《中国史纲》对春秋国家之间的战争模式做过概括，称之为"晋楚争霸的公式"。大意是说，晋楚之间发生了一场大战，决出了胜负，如果甲方胜了，那么原来依附于乙方的小国，都依附到甲方去；乙方经过一定的休整、发展以后，又打这些小国，一些小国被打击以后，有可能又依附于乙方。一来二去，甲乙之间再来一场大战，再分胜负。

春秋时期争霸战争的特点是什么？我们可以先来看看图2.6，图

图 2.6 春秋时期的一乘战车

上是一辆战车。春秋时期,一辆战车称为一乘,故有千乘之国、万乘之国的说法。战车就是春秋战争中最主要的武器或者叫作战平台,相当于现代战争中的主战坦克。一辆战车上有甲士三人,分别是车左、中御和戎右。中御或称车御,是驾车的,车左掌管射箭,也是车的首领,还有一个戎右或叫车右,掌持戈、矛应战。连同战车旁的步卒,一共30人,他们共同构成一乘。① 这时候的战车是单辕的,驾两匹马或是四匹马。据学者研究,要用单辕驾驭两匹马或四匹马是比较困难的。而且,在这个时代,战车相当昂贵,一个国家所能配备的战车数量也不是特别多。此外,这时候的士兵不是平民,而主要是贵族。这些因素都使得当时国家军队的数量不是很大。图2.7展示了战车的作战方式,一个战士站在车上,使用戈作为兵器,这也是当时最常见的一种兵器,其他的兵器还有矛、钺、斧、戟等。图2.8是一杆戈的示意图,可以看得更清楚,戈头加上杆大约有3米长。格斗的方式,主要是在战车相错的时候用戈的头啄击或者钩击。后来戈与矛相结合,就构成了戟(图2.9),戟在当时是一种更为先进的兵器。在小说《三国演义》中,吕布、典韦、太史慈都是用戟的。从先秦到三国时期所使用的戟,都是这种戈与矛的结合体。

---

① 春秋中晚期,随着战争的频繁,兵源拓展,乘的编制中步兵数量增多,向一乘75人制过渡。参见刘昭祥主编《中国军事制度史·军事组织体制编制卷》,大象出版社,1997年,79页。

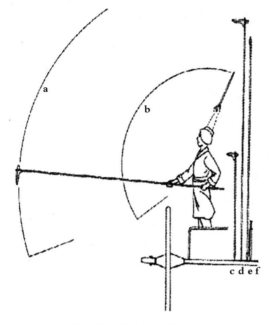
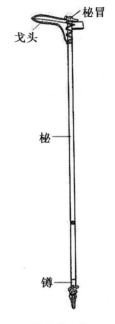

图 2.7 战车的作战方式　　　　图 2.8 戈

如前文所言,春秋时期,一个国家由于受到各方面的限制,其配备的军队和战车的数量不是很多,春秋时期大国之间战争的主要目的是争霸,这些使得春秋时期战争有如下特点:首先,由于战车比较昂贵,军队是贵族构成,决定了战争的规模不是特别大,持续时间也比较短,不过一两天的时间。其次,讲究礼节和程序,这是因

图 2.9 戟

为西周分封七十一国,姬姓有五十三,其中很多国家都是有亲属关系的,所以在战争中要讲究礼节。例如,春秋中,晋士匄率军攻齐,已经打到了齐的国都附近,这时候传来了齐灵公去世的消息,在现代战争中,这或许正是打击对手的绝佳机会,但是在春秋时代,有所谓"礼不加丧"的原则,晋就主动撤兵了。再如,一场晋楚之战中,晋军将领几次在战车的交错中见到楚王,都会下车给楚王行礼。

另外，在讲究程序方面，当时的战争基本上是双方约好时间和地点，排好阵势，双方互相射箭后，再驾车互相冲撞，剩下的就通过谈判来解决。

如此战争，现在来看会觉得相当奇怪。一个很有名的故事，是宋襄公的例子。《史记》卷三八记载，宋襄公与楚成王战于泓，楚人还没有过河的时候，有人就向宋襄公提议说，敌人数量多，趁他们没有过河正好攻击他们，宋襄公不听。楚军已经过河还没有排好阵势，有人又劝宋襄公说，这时候可以打了，宋襄公说要等人排好了再打。等楚人阵成，宋人击之，大败，宋襄公还负了伤。国人都埋怨宋襄公，但宋襄公说："君子不困人于阨，不鼓不成列。"宋襄公虽然比较迂腐，但只有在当时战争特点的背景下，才能够更好地理解宋襄公的行为，并不仅仅是愚蠢而已。

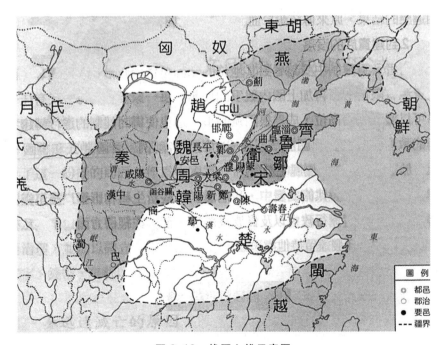

图 2.10　战国七雄示意图

春秋时期大小诸侯国有一百多个，大国崛起而并吞小国，到了战国时期，就剩下了所谓战国七雄（图2.10）。这时期各国之间的无主荒地越来越少，各国相互接壤，战争目的从争霸逐渐变为兼并，战争形式也产生了相应的变化。首先，军队数量扩张，原来的贵族兵变成了大量平民兵。其次，军事行动范围不断扩大，并不是仅仅是约好了地方和时间进行战车的冲击而已，军队主要是由步兵和骑兵构成。原因在于：第一，战车比较昂贵，难以扩大军队规模，所以更多地通过增加步兵以扩军。第二，从战争方式来看，《孙膑兵法》曰"易则利车，险则利徒"，如果在比较开阔的平原地带打仗，车战比较方便，但是如果在险要的地方布阵、据守、伏击，就需要步兵进行野战和包围战。步骑兵取代战车而成为战场的主角，车的地位也逐渐下降，后来主要用于辎重运输。第三，新武器的发明，特别是弩的发明对战车的衰落有重要作用。图2.11中的三张图分别是战国弩臂、秦始皇陵出土铜弩和西汉的弩机。弩相对于弓来说，力量更大、射程更远、穿透力更强。更重要的，是弩可以延时发射，便于以更密集的射击对付战车。弩的发明和使用，加速了战车的衰落。

战国弩臂

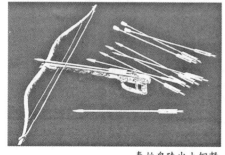
秦始皇陵出土铜弩

西汉弩机

图 2.11

骑兵也在战国时期出现了，著名的赵武灵王胡服骑射，是借鉴了当时游牧族群的装备组建了骑兵。骑兵的速度更快，冲击力更强。《战国策》对当时各国军事实力有如下记载："秦虎贲之士百余万，车千乘，骑万匹"，"楚带甲百万，车千乘，骑万匹"，"赵带甲数十万，车七千乘，骑六千匹"。反映出当时步骑兵的兴起，而且步兵的数量要远多于骑兵。士兵的防护装备也有进步，当时的皮甲胄主要是用水牛皮、犀牛皮来做的。据记载，一套好的甲胄可以用上百年。有的甲胄上还附着青铜组件加强对身体重要部位的防护。

从春秋到战国，士兵的防护、进攻装备，军队兵种构成，包括战争的方式都有所演变。战国时代，战争的惨烈程度也大为增加，春秋时期具有一定竞技色彩的、文质彬彬的战争荡然无存，代之以《孟子·离娄上》所说的"争地以战，杀人盈野；争城以战，杀人盈城"。秦国在统一道路上所经历的一系列战争，动辄斩首万人以上，可以显示出战争的惨烈程度。其中最著名的一次，是公元前260年，秦将白起率军破赵于长平，双方参战人数多达百万。《史记》所谓"诛屠四十余万之众，尽之于长平之下，流血成川，沸声若雷"。近年在山西高平地区发现了一些古战场的遗址，而且发现了白骨坑，学者分析认为死者是被杀后乱葬的赵军亡卒。①

从春秋到战国战争的演变，就是由争霸到兼并，军队规模大大扩展，以平民为主的步骑兵成为军队的主体，战争以消灭对方的有生力量为目的，其残酷程度大大增加。与此同时，人们对战争的思考、研究也越来越深入，逐渐成为一种专门的学问，并为各国诸侯所重视。最著名的两部著作是《孙子兵法》和《孙膑兵法》，它们是先秦时代兵家思想的代表作。《孙子兵法》开篇即言，"兵者，国之大事。死生之地，存亡之道，不可不察也"，将军事视为关系到国家生

---

① 山西省考古研究所、晋城市文化局、高平市博物馆《长平之战遗址永录1号尸骨坑发掘简报》，《文物》1996年第6期。

死存亡的大问题。军事专著的出现，是由战争推动的军事思想方面的发展。《孙膑兵法》是否真实存在，原来曾经被怀疑，1972年在山东临沂银雀山汉墓同时出土了《孙子兵法》和《孙膑兵法》的竹书，其存在得到证明。随着战争的专业化程度的提高，到了战国，文职与武职逐渐分离。

三、政治制度：从宗法分封制到专制官僚制

春秋战国时期，政治制度变化的指向也是很清晰的。概括地说，是从宗法分封制走向专制官僚制。

这可以从几个方面来看：第一，是从"世卿世禄"到俸禄制度的变化。西周分封体制下，形成了天子、诸侯、卿大夫、士的等级贵族制。在周的王畿和各诸侯国中，世袭的卿大夫按照声望和资历担任官职，并且享有一定的采邑收入，采邑大小由其爵位和职务的高低决定，不同等级的贵族以此方式获得一定数量的土地以及土地上的劳动者，这就是世卿世禄制。近年李峰的研究表明，世袭继承是西周获得政府职位的重要途径之一，世袭任命多集中出现在西周中期，随着时间的推移，周王任命的官员中，非世袭性的所占比例越来越高，即使一个人凭借其家族的服务史获得了任命，也不能保证他担任其祖、父曾经服务的职位。[①]

春秋延续了西周的世卿世禄制，官职是由贵族世袭的，但并非父子官职的严格世袭，只是按贵族的等级地位轮流担任差不多的官职。也就是根据父、祖的地位，子孙也可以获得相应的职位并保持他们的贵族身份，这是世卿世禄制的特点。在世卿世禄制下，官员的地位和荣耀主要来自于其父、祖。

[①] 李峰《西周的政体：中国早期的官僚制度和国家》，生活·读书·新知三联书店，2010年，212页。

俸禄制与世卿世禄制相对，通俗地说，俸禄制就是由国君给官员发工资。先秦的典籍对俸禄制度有很形象的描述，《荀子》里面讲俸禄制是"佣徒鬻卖"之道，具体如《韩非子》所言，"主卖官爵，臣卖智力"，国君提供官爵，官员为国君服务、出力。《韩非子》又说："明主之吏，宰相必起于州部，猛将必发于卒伍。"这是说在俸禄制下，实际上也是在一种雇佣制度之下，更多的平民有机会获得显赫的位置，并不像春秋时期父一辈、子一辈那样了。战国时期君主朝廷中的大臣有许多已经不是名门显贵，而是平步青云摄取公卿者。这样的大臣在朝廷中的位置多由君主好恶决定。① 战国与春秋的差异，体现于战国时代社会流动性的增强，平民可以通过不同的方式进入到统治阶层中。世卿世禄制下，官员的荣耀主要来自其父、祖，而俸禄制之下，官员的地位则来自国君，这是从世卿世禄制到俸禄制的一个很重要的变化，也体现出国君权力的增强。童书业在《春秋左传札记》中说："封土赐民之制，实为造成割据局面之基础。及谷禄制度兴，臣下无土地人民以为抗上之资，任之即官，去之即民，在上位者任免臣下无复困难，乃有统一局面出现之可能。故谷禄制度之兴，实春秋战国间政治、经济制度上一大变迁。"② 君主权力的上升过程，直接指向了秦汉以后的皇帝制度。

相应地，君主也在制度安排上做文章，希望建立有利于维护、加强君主权力的制度。

符玺制度是保证君主权力的一种技术性手段。公文用玺，发兵用符，出使用节，官员都是代表君权的，辅助君主行使他的权力。举一个例子，图2.12是秦国的杜虎符，是20世纪70年代出土的，是现存的三枚秦虎符之一。杜虎符左右两半，上面刻有铭文"兵甲

---

① 晁福林《春秋战国的社会变迁》，商务印书馆，2011年，725页。
② 童书业《春秋左传研究》（校订本），《童书业著作集》第一卷，中华书局，2008年，663页。

之符,右在君,左在杜,凡兴士披甲,用兵五十人以上,必会君符,乃敢行之,燔燧之事,虽毋会符,行殴(也)"。这个虎符一半在国君手里,另一半是在杜这个地方领兵将领手里,如果要调动五十人以上的军队,需要两半虎符能够合上才行。这是用技术手段保证发兵权掌握在国君手中的制度。这样,

图 2.12　秦杜虎符

我们就能理解为什么有信陵君"窃符救赵"的故事了。虎符的使用也一直延续到了后代。

对官员管理的水平和技术也有新的进展,出现了官员考核制度,即上计、考课制度。上计是地方行政官员定期向上级汇报地方治理情况,并且由中央加以考察。战国后期的《睡虎地秦墓竹简》中有一篇《为吏之道》,其中讲吏有五善,"一曰忠信敬上,二曰清廉毋谤,三曰举事审当,四曰喜为善行,五曰恭敬多让,五者毕至,必有大赏"。对官员提出了五个方面的要求,主要着眼点在于官员的工作态度和工作作风。"五善"之外还有"五失","一曰夸以迣,二曰贵以泰,三曰擅裚割,四曰犯上弗知害,五曰贱士而贵货贝"。所谓夸以迣,指这些官员奢侈而没有限度;贵以泰、擅裚割,指没有得到上级的允许,擅自作为。以上要求也就成为日后考察官员的依据。明文规定考察依据,有利于君主加强对官员的管理和监督。传世文献当中也有类似的记载,《荀子·王霸》篇说"岁终奉其成功,以效于君。当则可,不当则废"。"当"是称职之意。以工作是否称职作为赏罚的依据。

国家对地方官也有一些具体要求。《商君书·去强》记载:"强

国知十三数，竟内仓口之数，壮男壮女之数，老弱之数，官士之数，以言说取食者之数，利民之数，马牛刍藁之数，欲强国，不知国十三数，地虽利，民虽众，国愈弱至削。"这就是说国家对基层一些具体的数字要有所掌握，包括人口及其构成等情况，它们实际上也是国家要求地方官掌握的数字。以这些数字对地方官的政绩加以考核，这就是考课制度。

从春秋到战国的种种变革中，最能体现从宗法分封制到官僚制发展现象的是郡县制的建立。郡县制建立以前，地方实行的是分封制下的等级贵族制，卿大夫作为采邑主有自己的宫室、朝廷，甚至还有宗庙和社稷，并且掌握着一支独立的军队。春秋时代的卿大夫之家，是诸侯之下相对独立的政治组织。到战国时期，这种贵族等级制便向郡县制变化。郡县制不是一下子推行起来的，县最早出现在春秋初期，原来是国君直接统治的领邑，它的特点是国君直接控制，和国君分赏给卿大夫的采邑不同。在采邑上，卿大夫作为采邑主拥有比较完整的权力，而县的长官却没有，县是国君直接控制的地区，这是两者最主要的差别。此后，在春秋末年又出现了郡。郡开始设置在边地，与军事、边防有一定关系，其特点是地盘比县大，但是地位并不高。《左传》记载"克敌者，上大夫受县，下大夫受郡"，可以看出郡的地位比县还要低一些。

县与卿大夫的采邑不同，县内有一套集中的政治和军事组织，特别是有整套的征赋系统，便于国君集中统治，郡的存在又加强了边防，它们渐渐地就取代了贵族的采邑。战国社会变动剧烈，一些贵族没落，其土地被国君没收，不再进行分封，而是变成了郡和县。随着国君权力的扩大，实施郡县制的范围也在扩张，这是相辅相成的过程。郡县的长官由国君任免，不得世袭，郡县领域由国君控制，不作封赏，因此郡县组织渐渐成为国家权力直接支配的国土区域，成为各国加强中央集权制的重要步骤。

四、社会：从世袭到流动

第四个方面，是社会的变化，从世袭到流动。所谓"世袭"的典型，就是西周春秋时期"士之子恒为士，农之子恒为农"的固定不变的社会等级。战国以后，逐渐形成了"士农工商"的四民社会，并且从富贵合一变成了富贵分离。等级贵族制下的贵族既尊贵又富有，到了流动的社会，富与贵并不一定是合一的，庶人可以通过工商致富。《史记》中说，"有国强者或并群小以臣诸侯，而弱国或绝祀而灭世"，指的是在国家兼并下，社会上产生的巨大变动，在这些变动中，特别值得注意的一点，是"齐民化"，意思是使国家的百姓整齐化了。在西周春秋的等级贵族制下，社会阶层也是分成若干等的。春秋战国时期，从整体上说是贵族的势力受到了君主的打击，封国内分属于国君和不同等级贵族的人民的身份也逐渐整齐划一了，打破了以前的等级贵族制结构。这种齐民化的历程也是封建制度崩溃、郡县制建立的过程，是君主权力不断上升的过程。

齐民化的过程，让我们看到了中央集权制政府的影子。从理论上说，中央集权的政府，其基础是要掌握全国的人力资源，控制全国的财税资源，还需拥有最高的法权，"编户齐民"就是其中尤为重要的一项。"编户齐民"是列入国家户籍、身份平等的人民，户籍制度就是国家控制户口人丁，并且据以征收赋税、征发徭役的主要手段。国家对人力资源的掌控，既是对社会的控制，同时也是国家财税资源的重要保证。所以说编户齐民既构成了中央集权的基础，也造就了中央集权国家的社会结构。这种结构是一种二元结构，皇帝之下，万民平齐。这就是所谓编户齐民的结构，也是秦汉以后的官僚帝国体制中央集权政府下的社会结构。

五、学术:从贵族到民间

春秋战国时期是中国古代思想文化最为活跃的时期,战国"百家争鸣"局面的出现,为后人津津乐道。在这个时期,学术从贵族到民间,是"百家争鸣"出现的重要基础之一。孔子(前551—前479)(图2.13)是春秋末的教育家。在孔子以前,学在官府,教育是贵族的专利。教育的主要内容是所谓"六艺",即礼、乐、射、御、书、数。春秋末年,孔子宣扬"有教无类",提倡人人都有读书受教育的权利,奠定了教育、学术平民化的基础。若再往后看一点儿,也可以说是奠定了日后"布衣将相"的基础。

图 2.13　南宋马远绘《孔子像》

教育普及的直接结果,是"士"阶层的崛起。在西周和春秋时期,士是贵族中等级最低的一级,到了战国以后,其意义发生了变化，士成为知识分子的代称，士的数量迅速增加，社会地位也显著提高，并成为当时社会上最活跃的一个阶层。战国时期，游说和从师是士进入仕途的两个主要途径，当时一些有名的知识分子都有很多徒弟，他们周游列国、游说君主，有的人就可因此进入仕途。当时社会对这些知识分子也是比较重视的，典型的现象是在战国中期以后，各国有权势的大臣都养士为食客，著名的战国四君子，平原君、孟尝君、春申君、信陵君，以及战国后期的吕不韦等，身边都食客众多，聚集了大量人才，当然其中也不乏鸡鸣狗盗之徒。

总的来说，这个时期，士成为一个活跃的社会阶层，他们在政治、社会上的影响逐渐扩大。正是由于士的发展，文化学术的繁荣景象才得以出现，形成了"百家争鸣"的局面。所谓"诸子百家"，"子"是古代对人的尊称，"诸子"就是这些士人当中的佼佼者。《汉书·艺文志》对诸家的来源有一些探讨，说这个时期"王道既微，诸侯力政，时君世主，好恶殊方，是以九家之术蜂出并作，各引一端，崇其所善，以此驰说，取合诸侯"，面对当时社会的变革，各国都有富国强兵的追求，知识分子们纷纷利用自己的学识和能力迎合各国君主的需求，参与到这场社会变革中来，各家学说也纷竞而起，其中著名的、影响比较大的有儒、墨、道、法、名、阴阳等等。

儒家的创始人是孔子，"仁"是其学术的核心因素之一。但与后代的儒家相比，孔子的儒家学说更加偏重个人道德的修养。孟子、荀子以后，儒家学说渐渐地与国家治理相结合，孟子提出了"仁政论""性善论"，荀子则走出了更重要的一步，主张"礼法并重，德主刑辅"，这对后代儒家学说的发展，特别是在促使儒家成为国家政治学说的过程中，起到了关键性作用。当时与儒家齐名的墨家，影响也比较大，他们主张兼爱、非攻和尚贤。道家则分成老子、庄子两派，老子一派与国家的学说有一定的关联，称为"黄老之说"，以至于后来在汉初成为国家的重要指导思想。相对于老子，庄子一派更强调相对主义和个人主义,更强调个人方面消极自由的人生观。此外,名家主要强调逻辑问题,产生过一些著名的逻辑命题,如合同异、离坚白、白马非马等。

诸家学说除了内容不同,还有一些地域上的差异。儒家兴起于鲁国,墨家兴起于宋国,道家主要开始于南方,法家兴起于三晋地区,在秦尤其得到发展。这些学说与各地的文化传统有一定联系,出现了色彩缤纷的百家争鸣的局面。这里就引发出一个问题:战国时期如此活跃的学术和学说,为什么到了西汉就成了"独尊儒术"?除了汉武帝个人的推动以外,有没有其他原因?诸子的学说有无共同性?战国末年成书的《吕氏春秋》说"王者执一,而为万物正。军必有将,所以一之也;国必有君,所以一之也;天下必有天子,所以一之也;天子必执一,所以抟之也。一则治,两则乱。今御骊马者,使四人,人操一策,则不可以出于门闾者,不一也"①,就是说,国家要有统一的管理者,就像驾马车,如果四人同时赶车,车是无法前进的,这就强调了君主的权力。以色列学者尤锐在《展望永恒帝国》中提出,战国诸子思想中的共性,在于他们对君主权力的肯定。他说:"作为君主集权思想并不明显的孟子,和极端王权主义的法家学者,其思想的交汇并不是偶然的。事实上,没有任何一个文献,对君主垄断行政管理权力提出质疑。"②这个结论是有说服力的,也是和我们对这个时代大趋势的认识是一致的。

总之,春秋战国之际是古今一大变革之会,从此废去了以礼制为核心的贵族统治,建立了编户齐民体制,开始走向秦汉以后大一统的历史进程。春秋战国时代,如果我们把它放在中国古代史发展的总体中去考虑的话,是处于中国古代中央集权的专制君主官僚制

---

① 陈奇猷校释《吕氏春秋校释》卷一七《执一》,1132页。
② 尤锐《展望永恒帝国:战国时代的中国政治思想》,孙英刚译,王宇校,上海古籍出版社,2018年,68页。

国家的萌芽时期。这一定位强调了春秋战国变革的指向,即秦汉以后君主专制的官僚制国家体制。

阅读书目

童书业《春秋史》(校订本)第七至十二章,《童书业著作集》第一卷,中华书局,2008年。

杨宽《战国史》(增订本)第五章、第六章,上海人民出版社,1998年。

李学勤《东周与秦代文明》第二十章、第二十九章,上海人民出版社,2007年。

罗泰《宗子维城:从考古材料的角度看公元前1000至前250年的中国社会》,吴长青、张莉、彭鹏译,第七至九章,上海古籍出版社,2017年。

吴荣曾《战国授田制研究》,吴荣曾《先秦两汉史研究》,中华书局,1995年。

俞伟超《古史分期问题的考古学观察》,《文物》1981年第5、6期。

刘泽华《战国时期的"士"》,《历史研究》1987年第4期。

第三讲
秦始皇及其遗产

秦始皇创建了以专制皇权为核心的官僚帝国体制，这一体制延续了两千多年，从这个角度来说，秦始皇作为"千古一帝"是一点儿也不过分的。本章的内容，主要是围绕秦国的历史，特别是围绕秦始皇展开的。

谭嗣同和毛泽东都曾经评价秦始皇及其创建的体制，谭嗣同说"二千年来之政，秦政也"，毛泽东说"百代都行秦政法"。他们都认为秦之制度，给后代留下了许多历史遗产，并且源远流长，绵延中国古代两千多年的历史。

关于秦代的历史，可以提出很多问题。首先，为什么战国七雄当中秦能够完成统一？有人说是由于秦实行了变法，完成了富国强兵的目的，所以完成了统一。但是请注意，在战国时代，很多国家先后都曾进行变法，秦是实行变法最晚的国家，却是最成功的，其中原因值得我们思考。其次，秦统一以后为什么二世而亡？秦的制度和政策是有延续性的，在秦国时期，它使秦走上了富国强兵的道路，最终完成了统一，但是秦将同样的政策、制度用于统一国家的时候，却为什么造成了它的速亡呢？这也是本章要讨论的问题。

一、"虎狼之秦"：法家思想与秦军国主义发展特色

先看第一个问题。首先，需要引入两个概念帮助我们理解秦的

发展道路。这两个概念一是综合国力，二是国家能力。综合国力是指一个国家在一定时期全部可以动用的物质力量的总和，国家能力是指国家实现自己意志的能力。这两个概念既有一定关系，又存在一些差异。综合国力强的国家，并不意味着国家能力也一定强。相较于综合国力，国家能力的强弱，是决定战争胜负更加重要的因素。从这个角度来说，秦国塑造了强大的国家能力，它使秦国能够在比较短的时间内，迅速把国家的人力、物力、财力集中起来。关于这一过程，可以从秦国的发展历程角度进行考察。

秦地处西部，相对于东部诸国来说，秦是一个后起国家，西周末年方列为诸侯，秦地处戎狄之间，与戎狄的战争是秦的立国根基，这相当深刻地影响了它的社会风貌，造就了秦人尚武、剽悍之风。秦国社会历来具有比较浓厚的军事化色彩，因而秦国比较早就发展出了专制君权以及相当高的政治控制力和强大的社会动员能力。[①] 这些正是构成国家能力最重要的部分。《商君书·兵守》载，秦国有三军，"壮男为一军，壮女为一军，男女之老弱者为一军"，秦国军队数量是比较多的，在人口中占的比例是比较大的。《吴子·料敌》称："秦性强，其地险，其政严，其赏罚信，其人不让。"性强、地险、政严，说的正是秦地的政治文化特色。

在东方国家看来，秦属于异类。东部国家对秦国的评价多是"秦与戎、翟同俗，有虎狼之心，贪戾好利而无信，不识礼义德行。苟有利焉，不顾亲戚兄弟，若禽兽耳。此天下之所同知也"[②]。这里说"秦与戎、翟同俗"，戎是西戎，翟是北翟，即北狄。西戎和北狄是当时华夏族对西部、北部少数族的称呼。这便是说，秦地处西陲，和西部、北部少数族的风俗相差无几。其风俗是"有虎狼之心，贪

---

① 参阅步克《士大夫政治演生史稿》（第三版），北京大学出版社，2015年，200—201页。

② 诸祖耿《战国策集注汇考》（增补本）卷二四《魏三·魏将与秦攻韩》，凤凰出版社，2008年，1266页。

戾好利而无信",贪戾指的是贪婪、暴虐。秦"不识礼义德行",而讲究礼义德行正是西周以来东部国家的政治文化色彩。"苟有利焉,不顾亲戚兄弟,若禽兽耳",类似的描述,在华夏历史文献对北方少数族的描述当中,时常出现。

《战国策·韩策一》还记载:"山东之卒,被甲冒胄以会战,秦人捐甲徒裼以趋敌,左挈人头,右挟生虏。夫秦卒之与山东之卒也,犹孟贲之与怯夫也。"这条材料做了更加形象的对比。请注意,此"山东"与今天所说的山东省不同,先秦的文献中"山东"是指崤山以东,与当时流行的另一概念"关东",即函谷关以东所指是差不多的。大体上说,这个"山东"指的就是战国时期的六国地区。将六国的军队和秦国军队做对比:六国之卒打仗的时候是穿甲戴胄的,而秦国的士兵把铠甲扔掉,光着膀子就上了战场。秦国士兵左手提着敌军的人头,右胳膊夹着俘虏,十分勇猛。孟贲是战国时期有名的武士。秦国的士兵勇猛异常,相比之下,六国的军队就像懦夫一样了。由此可见,在六国人眼中,秦和六国的差距是巨大的。

"虎狼之秦"也是当时六国人对秦的一个普遍看法,对此现代学者也有研究和讨论。刘文瑞认为:秦文化具有浓厚的功利和实用色彩。与关东六国相比,它没有严格的宗法约束,缺乏人工的礼义雕琢,具有粗犷、剽悍乃至野蛮的西北风味。同时,它又处于狭隘闭塞的关隘之中、膏壤沃野千里而又视野狭窄,自春秋时农业生产就居于先进之列,"好稼穑,殖五谷"使其注重实际,不尚幻想,具有朴实、淳厚乃至蒙昧的民情乡俗。在行为准则和价值取向上,秦人是重农耕、讲实用、非道德、不浪漫的。秦文化的这种功利性和实用性,自秦穆公时已经滥觞。[①]

---

① 刘文瑞《征服与反抗——略论秦王朝的区域文化冲突》,《文博》1990年第5期。另参何晋《秦称"虎狼"考》,《文博》1999年第5期。

春秋五霸的构成有不同说法，其中一说就包含秦穆公，也就是从春秋时期开始，秦功利性和实用性的政治文化就已经初步获得了成功。在这样的政治文化背景之下，我们首先看到的是秦孕育出了比较强的王权。秦公一号墓遗址（图3.1）是至今所发现最大的先秦墓葬，其面积有5000余平方米，其180多个人牲、人殉也是先秦墓葬中数量最多的。在早期历史上，大型的公共工程往往是与集中化的强大王权相联系的。秦在春秋诸国当中并不是最富有的，技术也并不是最先进的，但是只有秦国出现了规模如此庞大的公共工程。可以理解为秦国的王权相当地强，能够集中全国的人力、物力建造如此巨大的工程。魏特夫在《东方专制主义》里提及，在早期国家当中，集权的君主往往是伟大的建设者，在君主权力集中的国家里，往往能够出现规模巨大的建筑工程。学者推测秦公一号墓的主人是春秋时期的秦景公（？—前537），可见在春秋时期，秦国君主的集权程度就相当高了。

图3.1　秦公一号墓遗址

秦孝公时期（前361年—前338年在位）的商鞅变法，是秦国发展史上的重大事件。商鞅变法以前，战国变法已经开始了。魏有李悝变法，楚有吴起变法。商鞅到秦国以后，与秦孝公先后谈了几次。先谈帝道，又谈王道，再谈霸道。秦孝公对霸道最感兴趣，商鞅就以此为基础进行变法。商鞅变法的目的，与其他国家变法的目的一致，就是以法家思想为主导的富国强兵。

秦政治文化所具有的功利性、实用性色彩与法家的治国方略不谋而合。上一讲谈到，先秦诸子学说具有一定的地域性，孔子和儒家出自鲁国，道家出自南方，而法家出自三晋。蒙文通指出："法家之士多出于三晋，而其功显于秦，则法家固西北民族之精神，入中夏与三代文物相渐渍，遂独成一家之说。"法家萌芽的地方就是今天的山西一带，在地域上跟秦有着密切的关系。蒙文通还讲："古今言者，胥以为商君变秦，为废仁义而即暴戾，若由文而退之野。是岂知商君之为缘饰秦人戎狄之旧俗，而使渐进于华夏之文耶？凡商君之法，多袭秦旧，而非商君之自我作古。"[①] 蒙文通认为，并不是商鞅以一套先进的制度去改造了秦国，商鞅这些变法的内容往往与秦的所谓戎狄旧俗吻合，是在秦的戎狄旧俗基础上发展出来的。从这个角度就更容易理解，为什么法家的变法在秦最为成功。

商鞅变法的核心是建立军功爵制。《史记》卷六八《商君列传》记："有军功者，各以率受上爵……宗室非有军功论，不得为属籍。明尊卑爵秩等级，各以差次，名田宅臣妾衣服以家次，有功者显荣，无功者虽富无所芬华。"《韩非子·定法》也说："商君之法曰：'斩一首者爵一级，欲为官者为五十石之官；斩二首者爵二级，欲为官者为百石之官。'官爵之迁与斩首之功相称也。"爵位和军功直接挂钩，是激励百姓去战场杀敌、立功的有效手段。

---

① 蒙文通《法家流变考》，见蒙文通《古学甄微》，巴蜀书社，1987年，304页；蒙文通《秦之社会》，见蒙文通《古史甄微》，巴蜀书社，1999年，237页。

在商鞅变法措施的激励之下，秦国的社会结构也发生了变化。杜正胜提出"军爵塑造新社会"："封建制度的君子小人分野取消了，万民同站在一条起跑线上，凭借个人在战场上的表现缔造自己的身分地位"，"爵不仅是秦人的第二生命，甚至比生命还宝贵。它是个人社会地位的权衡，田宅产业的凭依，职官权力之所出，名誉荣辱之所系，若欲出人头地，则非具备高爵不可"，"商鞅军爵制之树立正因此势而利导之，终于塑造成一个有别于封建阶级的新阶级社会"。① 西周以来建立的等级贵族制社会，人们的地位、财富来自其父祖。商鞅变法则对其进行了改革，人的财富、地位来自军爵，而军爵来自战场上的功勋。所以说军爵塑造新社会，塑造的是一个不同于等级贵族制的新社会。秦由此渐渐地走上了"军国主义"的道路。

这里的"军国主义"，主要指某个国家穷兵黩武，以对外扩张为目的，其他的政治、文化、经济等政策，都服务于军事。秦国就是走向了这样一条道路。《商君书·画策》说："民之见战也，如饿狼之见肉，则民用矣。凡战者，民之所恶也，能使民乐战者王。强国之民，父遗其子，兄遗其弟，妻遗其夫，皆曰：'不得，无返。'"这就是法家学者希望在国家政策的引导之下塑造出来的社会情景。百姓希望通过战争改变自己、改变家族的社会地位，故民之见战，如饿狼见肉。上阵之前，父亲对儿子、哥哥对弟弟、妻子对丈夫都说，打不了胜仗就不要回来。这体现了国家政策对社会心理和社会行为的影响和塑造。《商君书·赏刑》里讲："富贵之门必出于兵，是故民闻战而相贺也，起居、饮食所歌谣者，战也。"百姓的地位、荣耀来自战争，因此听说要打仗都兴奋无比。生活中大家热衷谈论的，都是关于打仗的事。国家政策都是围绕战争而设置，营造出了全民好

---

① 杜正胜《编户齐民：传统政治社会结构之形成》，联经出版事业公司，1990年，334、358页。

战的社会氛围。经过商鞅变法，秦走上了军国主义道路，构造了强大的战争机器。东汉王充在《论衡》中这样评价："商鞅相孝公，为秦开帝业。"

秦走上了富国强兵的道路，与六国之间的差异也越发明显。梁云从考古学角度比较了六国与秦的不同，在墓葬等级序列上，六国是多阶层、小间隔的，这与等级贵族制、宗法制塑造的社会相适应。秦国君主自身权力较大，变法以后，君权进一步上升，同时贵族的权力被压抑，在墓葬等级上反映出来就是严重的两极分化。国君墓和卿大夫墓的规格、规模的落差是特别大的。城址等级序列也反映了类似的情况，从城址可以看出，六国存在从国都以下逐级递减的大、中、小城市。而秦国的情况同样两极分化，国都之下直接为自然村落，缺乏中小城市。这都反映了君主和万民的二元结构。梁云对此做出总结："东西方在器物群演变、器用制度变化、都城形态演化方面的差别，主要属于文化发展道路的差别。在墓葬及城址等级序列方面的差别，则属于社会结构的差别。战国中期商鞅变法直接导致了秦器物群总体风格的突变，也从根本上废除了原来沿袭已久的用鼎和用圭制度。都城的新形态，充分体现了变法独尊君权的精神。"① 君权的独尊以及君主和万民的二元结构，也是秦汉以后中国两千年的特点。在君主制的发展和社会结构的演变上，秦与六国相比是先行一步的。这个角度有助于理解为什么秦能够统一六国。

经过变法，秦建立了强大的军队，其战斗力可以从秦兵马俑上看出端倪。虽然对兵马俑所属军队的性质尚有不同看法，但是兵马俑所显示的不同兵种组合、明确的等级、精良的装备还是能够体现秦军的组织水平与战斗力。图 3.2 左为二号坑的一尊彩绘俑，现在大家在秦陵博物馆看到的兵马俑都是灰色的，但是在刚出土的时候，有些兵马俑是彩绘的，只不过彩绘很快就风化掉了，现在已经看不

---

① 梁云《战国时代的东西差别——考古学的视野》，文物出版社，2008 年，262 页。

 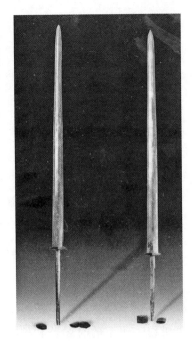

图 3.2 秦始皇兵马俑二号坑彩绘俑和青铜剑

到它本身的颜色。右边的是两柄青铜剑,青铜剑出土的时候并没有生锈,依然很锋利,表面有一种灰黑色的光泽。研究显示,青铜剑剑身加工工艺精湛,组织细密,没有沙眼。剑的表面可能经过铬盐氧化处理,具有良好的抗腐抗锈性能。秦陵还出土了4万多个三棱锥形铜箭镞,镞首呈三棱锥并带有流线型弧面的造型,具有导向性好、穿透能力强、加工容易等优点。对若干出土铜镞的测量表明,所有铜镞的三个棱脊的长度几乎完全相等,显示了秦始皇时代的兵器制造工艺水平的高超。[1] 另外还值得注意,秦的战车和马具,很多部件是可以互换的,是一种标准化的产品,便于战斗时随机利用、互换。这些都反映了秦国军事力量的强大,构成了"虎狼之秦"的利爪(图3.3)。

---

[1] 参袁仲一《秦兵马俑的考古发现与研究》,文物出版社,2014年,215—218页。

图 3.3　秦始皇兵马俑出土石铠甲（复原件）及青铜镞

二、"六王毕、四海一"：秦始皇的统一事业

战国后期，不少国家都有统一的理想。当魏庄襄王问孟子，谁能够统一天下的时候，孟子的回答是"不嗜杀人者能一之"，认为不愿意多杀人的君主能够完成统一。然而实际上，最后完成统一的却是杀人无数的秦始皇。

秦始皇名嬴政（前259—前210），13岁即位，成年以后的秦始皇身高1.9米以上，性格凶悍。他22岁时，除掉了嫪毐和吕不韦两个权臣，大权独揽，随后开始了统一的进程。公元前221年，39岁的秦始皇终于完成了统一的伟业。

秦始皇在统一后多次出巡，在游历考察的过程中留下了一些刻石。秦始皇山东琅琊台刻石："六合之内，皇帝之土，西涉流沙，南尽北户，东有东海，北过大夏，人迹所至，无不臣者。"始皇所立刻石今已不存，其后秦二世所立石刻诏书存留至今（图 3.4）。"六合"指东西南北上下；"流沙"指今天的甘肃地区；"北户"，学者认为是指今天越南的北部；"东有东海"，东已经到了海边；"北过大夏"，秦的北边，到达今天延安、太原一线。在这个区域内的人，都是秦始皇的臣民，这就是秦统一后大致的地理范围（图 3.5）。

图 3.4 秦二世琅琊台诏书刻石　　图 3.5 秦形势图

秦完成统一之后,首要问题是如何维系统一。秦始皇统一后开始着手制度建设。首先,他建立了皇帝制度。今天的"皇帝",就是来自秦始皇的创造。"王初并天下,自以为德兼三皇,功过五帝,乃更号曰:皇帝。"三皇、五帝是传说中的上古领袖,秦始皇就从这里面各取一字,创造了他自己的称号——皇帝。他还围绕皇帝设立了为他所独自享用的专称,比如命为制、令为诏、自称曰朕。当然这并不是秦始皇开创的,商代王就自称"予一人"。设置"朕"和"予一人"的目的,都是创造尊君的氛围。同时,秦始皇追尊其父秦庄襄王为太上皇。制曰:"死而以行为谥,如此,则子议父,臣议君也,甚无谓,朕弗取焉。自今已来,除谥法。"谥法是人死以后,对前人的评价,秦始皇要把这个谥法除掉,认为人死以后子议父、臣议君不好,转而想要"朕为始皇帝,后世以计数,二世三世至于万世,传之无穷"。当然这样的理想没有变成现实。

介绍一个古代如何称呼皇帝的小知识。古代称皇帝大体有两类。第一类是死后才有的称呼。死后的称呼,称为庙号和谥号。皇帝死后牌位入庙受到后人的祭祀，在庙中所称的名号就是庙号，往往被称作祖或宗，祖有功，宗有德，比如唐高祖、唐太宗、宋徽宗等。其次是谥号，是秦始皇希望除掉的称号，但是后来的汉武帝、魏孝文帝、隋炀帝等都是以谥号称呼的。谥号也有好坏之分，比如典型的坏谥号为炀，"好内远礼曰炀"。庙号和谥号都是皇帝死了以后才有的，是后人称前代皇帝用的一种办法。

第二类是皇帝生前就已经获得的称号，比如用年号和尊号来称呼。年号主要用于明清。明清两代皇帝，除了明英宗和清太宗、清穆宗有两个年号以外，其余皇帝都只有一个年号，所以称皇帝用年号是比较方便、准确的，比如永乐、乾隆、光绪等。还有一种是称尊号，不过今天习惯上用尊号来称呼的皇帝并不多，比较常见的只有武则天称的是尊号，其尊号为"则天大圣皇帝"。为什么不称尊号呢？因为称尊号也比较麻烦，不少皇帝的尊号会多次进行加字、更改，导致尊号很长，不易称呼。

秦始皇完成统一，是以军事实力为基础，在此后又创建了官僚帝国体制，军事组织与官僚制之间有着密切的关系。阎步克在《士大夫政治演生史稿》中就说："军功的提倡促成了社会的军事化，而在一定条件下的高度军事化，又经常意味着集权官僚制度化。发达的军事组织与官僚制度之间，存在着天然的亲和性：在集权制、科层制、分工制、非人格性以及对于效能和纪律的极意追求上，二者所遵循的原则经常是内在贯通的。"① 从这个角度我们可以理解，变法、富国强兵和此后秦建立的以皇帝制度为核心的官僚帝国体制之间的关系。

---

① 阎步克《士大夫政治演生史稿》（第三版），209 页。

三、"海内为郡县，法令由一统"：大一统帝制之创建

秦始皇统一以后，面临的最大问题是在幅员和组织都空前巨大的帝国里，如何能够维持皇帝和皇室的统治权力。秦始皇当然是一个雄才大略、能力很强的皇帝。理论上所有的权力都是他的，所有的事情都是由他决定的，但实际上却很难做到。《史记·秦始皇本纪》记载："天下之事无小大皆决于上。""上至以衡石量书，日夜有呈，不中呈不得休息。"皇帝的工作太繁重，秦始皇也忙不过来。于是他给自己定了工作量，一石在当时是120斤，他一天的工作量是批阅120斤的简牍文书，并且干不完就不休息。即便以如此的工作量，秦始皇也不可能做到"事无小大皆决于上"，因此皇帝必须要建立一套制度，帮助其管理庞大的帝国。秦始皇统一之后的制度建设，对后世产生了深远的影响。

《商君书》云："圣人之为国也，壹赏、壹刑、壹教。"追求整齐划一，是秦始皇制度建设的特点。首先是废分封、行郡县。分封制从西周开始到秦统一全国，已经实行了近千年，所以在秦始皇统一以后，丞相王绾等人就说"诸侯初破，燕、齐、荆地远，不为置王，毋以填之"，边远地区，如果不封一个王，是不好管理的，因此"请立诸子，唯上幸许"。提出了分封的计划。秦始皇把这事情让百官来讨论，"群臣皆以为便"，大臣们都认可分封的做法。这说明在当时人看来，已经实行了近千年的分封制有相当的合理性。廷尉李斯持反对意见，李斯议曰："周文武所封子弟同姓甚众，然后属疏远，相攻击如仇雠，诸侯更相诛伐，周天子弗能禁止。今海内赖陛下神灵一统，皆为郡县，诸子功臣以公赋税重赏赐之，甚足易制。天下无异意，则安宁之术也。置诸侯不便。"他说分封制并不好，以前西周大行分封，最后诸侯互相残杀，周天子无法控制。现在这些功臣、

子弟，只需要给他们一些物质上的赏赐即可，不必分封。秦始皇说："天下共苦战斗不休，以有侯王。赖宗庙，天下初定，又复立国，是树兵也，而求其宁息，岂不难哉！廷尉议是。"① 秦始皇拍板决定，肯定了李斯的意见，因此废除分封，把战国以来已经开始实行的郡县制用秦的强力推行到秦国的版图上。这是一次重要的变革。同时，秦还建立了配套的中央和地方制度，中央有三公和诸卿，地方是郡县二级制。这些在汉代的一讲当中还会进一步介绍。

其次，建立严格的户籍制度和繁密的法律制度。户籍制度在讲春秋战国变革时已经谈到，它是和富国强兵的目的联系在一起的。同样，秦始皇统一全国之后，"使黔首自实田"，黔首是指百姓，让百姓登记自己的田亩、户口，国家力图准确掌握全国的人力资源和财税资源。掌握最高法权也是集权的重要基础，《汉书·刑法志》称秦始皇"专任刑罚"。秦统一六国以后，以秦律为基础，参照六国律，制定了通行全境的法律。换句话说，秦朝基本上是把秦律推行到了全国范围，秦律的特点在于法网严密、条目繁重、轻罪重刑、严刑酷法。其严密到甚至人穿什么样的鞋子都有具体的规定，严酷到死刑之下就是不设期限的徒刑，用今天话说，就是所有徒刑都是无期徒刑。严刑酷法与秦的速亡是相关的。

秦统一后还建立了统一的军事制度，它规定：男子爵在不更以下，年龄在傅籍以上，一生中随时都有被征兵的可能性。秦军主要是由步兵和车、骑兵构成的混合编队，以步兵为主。通过秦始皇兵马俑，对秦的军队情况也可以窥其一二。从兵马俑中可以看到，秦已经实行了类似今天的军衔制度。兵马俑的不同冠饰，可以区分其身份。将军俑头戴鹖冠、军吏俑着板冠，而士兵俑则没有冠，只着介帻或为圆髻、扁髻（图3.6），类型等级清晰，制度化程度很高。

---

① 《史记》卷六《秦始皇本纪》，中华书局，1982年第2版，238—239页。

将军俑　军吏俑　士兵俑

图 3.6　秦兵马俑

除了政治制度的建设，秦也相当重视政权合法性的宣扬，最主要的是采纳了"五德终始说"。这种思想，是战国以来兴起的，认为世界是由金、木、水、火、土五种基本元素构成的。这五种元素构成了相克和相生两种关系，相克关系表现为：金克木、木克土、土克水、水克火、火克金，以此解释政权更替的合法性。秦始皇采纳此说，"以为周得火德，秦代周，德从所不胜"，周是火德，秦就自称为水德，以水克火之故。"方今水德之始，改年始，朝贺皆自十月朔。衣服旄旌节旗皆上黑。数以六为纪，符、法冠皆六寸，而舆六尺，六尺为步，乘六马"（《史记·秦始皇本纪》），十月为岁首、颜色尚黑、数字配六等，都是以水德为基准进行的相关制度安排。

在中国古代，五德相克主要用来论证通过战争获得政权的合法性。中国古代政权更迭的方式，除了战争以外，还有禅让。解释禅让政权的合法性，往往利用五德相生的说法。水生木、木生火、火生土、土生金、金生水。对政权合法性的论证，是秦政权建设中的重要一环，也为后代所继承。

《史记·秦始皇本纪》载秦始皇"平定天下，海内为郡县，法令由一统，自上古以来未尝有，五帝所不及"。总的来说，皇权的加强和神化，郡县制的全面推行，体现专制皇权的官僚机构和各种制度的建立，法律的完备和统一，皇帝对军队的控制加强，对政权合法性的论证等，都是专制主义中央集权的主要内容。这些内容在秦始皇建立统一帝国以后，基本建立起来，对后世产生了深远的影响。周良霄的《皇帝与皇权》，能够帮助我们理解中国古代的皇权包括中国古代的官僚帝国体制，可供参考。

秦巩固统一的措施还有一些。秦朝的疆域空前，为了巩固统一，加强中央对地方的控制，就要修筑道路，当时被称为驰道。《汉书·贾山传》记，秦"为驰道于天下，东穷燕、齐，南极吴、楚，江湖之上，濒海之观毕至。道广五十步，三丈而树，厚筑其外，隐以金椎，树以青松"。"道广五十步"，相当于今天的69米左右，据考古发掘秦直道和汉驰道遗迹，路面宽度往往达到50至60米，与文献所述相当。"厚筑其外"就是通过多层夯筑，使整个路面高于地表。"隐以金椎"，"隐"即"稳"字，即以金锥筑之使坚稳。① 罗马帝国建立以后，也修筑了大量的道路，或许可以说明这是稳固统一帝国所必需的工作。

为了达到一统，秦还推出了统一的文字、钱币、度量衡。中国各地的方言千差万别，虽然语言不通，但秦以后使用同样的文字，使书写交流成为可能，这对中华民族文化的发展及文化认同的产生，意义极其深远。

---

① 参王子今《秦汉交通史稿》，中共中央党校出版社，1994年，33—38页。

四、"天下苦秦"：秦国的暴政和速亡

对秦二世而亡的讨论，自古就有。唐代柳宗元《封建论》说，秦"不数载而天下大坏，其有由矣。亟役万人，暴其威刑，竭其货贿。负锄梃谪戍之徒，圜视而合从，大呼而成群。时则有叛人而无叛吏，人怨于下而吏畏于上，天下相合，杀守劫令而并起。咎在人怨，非郡邑之制失也。……酷刑苦役，而万人侧目。失在于政，不在于制，秦事然也"。大体上是说秦的灭亡，不是由于秦始皇奠定的这套以专制皇权为核心的官僚帝国体制，而是因为秦的暴政。

柳宗元认为秦的速亡和其暴政有着直接的关系。这样的分析是有见地的，史料也确实揭示出秦国在民力上的巨大滥用。《史记·秦始皇本纪》记载，秦国"隐宫徒刑者七十余万人，乃分作阿房宫，或作丽山。发北山石椁，乃写蜀、荆地材皆至。关中计宫三百，关外四百余"。参与劳作的人数量很大，工程很多，牵涉的地域范围也很广。"始皇初即位，穿治郦山，及并天下，天下徒送诣七十余万人，穿三泉，下铜而致椁，宫观百官奇器珍怪徙臧满之。令匠作机弩矢，有所穿近者辄射之。以水银为百川江河大海，机相灌输，上具天文，下具地理。以人鱼膏为烛，度不灭者久之。"这段文字是对秦始皇陵墓的描述，他动用了巨大的人力物力，建设规模巨大、豪华无比的工程。虽然目前并没有对秦始皇陵地宫进行挖掘工作，但据探测，始皇陵地宫范围内的汞含量是相当高的，和文献记载的"以水银为百川江河大海"相吻合。① 图3.7为2001年在始皇陵区的7号坑发现的铜仙鹤，与动物本身一样大，十分精美，也从侧面反映出始皇陵的奢华。

---

① 参段清波《秦始皇帝陵园考古研究》第六章第一节，北京大学出版社，2011年，101—104页。

图 3.7　秦始皇陵铜仙鹤

中国古代的帝王陵墓有两种：一种叫作覆土为陵，就是在地面上建一个坟包。还有一种是依山为陵，从山上挖进去建造墓室，著名的唐高宗、武则天之乾陵，就是依山为陵的。而在覆土为陵的陵墓当中，规模最大的就要数秦始皇陵了。规划中的秦陵封土高度不低于115米，受战争影响并没有完成，却也已经达到了50多米，是中国古代封土墓葬中最高的。封土堆下发现墓圹周围有一组环绕墓圹周边、上部高出地表30米左右、体量巨大、夯土厚约6—8厘米的台阶式夯土台，可以想象始皇陵是规模多么浩大的工程。工程都是由刑徒完成的。与浩大工程相应的，是在秦始皇陵以西赵背户村发现的32座秦代墓葬。这里共发现了骨架100具，基本上是二三十岁的青壮年。M41出土的一仰身直肢葬者，头骨上有刀伤痕迹，腰部残断。M33出土的8具骨架中，有1具有刀伤痕迹，俯身作挣扎状。M34出土骨架5组，计11具。其中第二组的3具骨架身首异处，四肢骨与躯干骨分离，堆置叠压，显系肢解。始皇陵的奢侈，赵背户墓葬群的悲惨，可以说是秦代社会的一幅缩影。①

秦对民力的过分压榨，是造成秦速亡的一个重要原因，《淮南子·氾论》记载道："秦之时，高为台榭，大为苑囿，远为驰道，铸金人，发適戍。入刍稿，头会箕赋，输于少府。丁壮丈夫，西至临洮、狄道，东至会稽、浮石，南至豫章、桂林，北至飞狐、阳原，道路死人以沟量。"由于秦对民力榨取的苛酷，百姓疲于奔命，有的死于奔赴的路上。对秦的人口以及刑徒的数量，历来学者的估计有比较大的差别。有估计1000万、2000万者，而葛剑雄推测有4000万左右②，他是深入研究相关史料并辨析前人成果后做出的审慎判断。李开元认为，仅阿房宫、骊山陵、长城、南越两疆的人力动员就已经达到900万，按一家五口计，连累家属就已超过了4000万。因此他说，秦的这些大的工程，包括战争，几乎牵动帝国的全部人口。③ 这是对秦滥用民力的一个直观认识。

秦要实施大的公共工程，加上对外战争，对百姓经济上的榨取是相当苛酷的。《汉书·食货志》称，秦"力役三十倍于古；田租口赋，盐铁之利，二十倍于古"。

从秦暴政、滥用民力角度理解秦的速亡，是有道理的。近些年来一些新的研究，推进了对此问题的认识。比如对区域文化差异的揭示，有利于从更为广阔的时空来思考这一问题。这实际上回到了秦与六国的差异问题上来。前文已述，在六国人眼中，秦是虎狼之辈，其文化面貌和六国的差异较大。秦统一全国，需要统一制度，其中就包括法律的统一，还致力于移风易俗的工作。《睡虎地秦墓竹简》的《语书》说："南郡守腾谓县、道啬夫：古者，民各有乡俗，其所利及好恶不同，或不便于民，害于邦。是以圣王作为法度，以

---

① 李学勤《东周与秦代文明》，上海人民出版社，2007年，158页。
② 葛剑雄《中国人口史》第一卷，复旦大学出版社，2002年，312页。
③ 李开元《复活的历史：秦帝国的崩溃》，中华书局，2007年，98页。

矫端民心,去其邪僻,除其恶俗。法律未足,民多诈巧,故后有间令下者。凡法律令者,以教导民,去其淫僻,除其恶俗,而使之于为善也。"《语书》是在秦统一六国的大局已定时发布的,这里"乡俗"被斥为"恶俗"而加以否定,让地方官做移风易俗的工作,清除各地原有价值体系下存在的风俗习惯,目的是彻底贯彻秦的法律。①

如此,就引发出了新的问题。秦在政治上统一了全国,但各地在文化上的差异仍相当大。在这种情况下,把适合在秦地实施的法律强力推行到六国以后,加剧了六国旧地人民对秦政的不满。从这个角度就可以理解,为什么这些法律在秦国实施已久,使秦走上了富国强兵的道路,最终完成了统一,但同样的制度推行于六国,却造成了秦的速亡。对于这个问题,代表性论著是陈苏镇的《〈春秋〉与"汉道"》,陈苏镇指出,秦之"法律令"与关东文化存在距离,特别是与楚俗之间存在较大距离。由文化差异与冲突引起的楚人对秦人的反感,及齐、赵等地人民对楚人反秦战争的同情,是导致秦朝灭亡的重要原因之一。区域文化差异的因素是有解释力的,它不仅能够解释天下苦秦和秦速亡的问题,而且和随后的汉初历史也有密切联系,能够帮忙我们理解汉初的历史。

五、"天下之势,方病大瘇":汉初王国问题

汉初王国问题放在秦这一节里,与近二十年来秦汉史研究的推进有关。汉初,尤其是在汉武帝之前这六十年,实行的郡国并行制与秦有着密切的联系,故而放在这一讲中更为合适。

首先来看看楚汉战争和西汉初年的分封。前文已述,分封制是

---

① 工藤元男《睡虎地秦简所见秦代国家与社会》,广濑薰雄、曹峰译,上海古籍出版社,2010年,357—361页。

从西周开始的，已经实行了近千年，秦废分封，推行郡县制，但二世而亡，在秦末之人看来，分封是具有合理性和正当性的，因此在楚汉战争中，项羽就已封王了。在项羽（前232—前202）和刘邦（前256—前195）之间，还有一些关键性的人物，韩信就是其中之一，当时武涉就对韩信说"当今二王之事，权在足下"，二王指的是刘邦和项羽，"足下右投则汉王胜，左投则项王胜"。蒯通也讲"当今两主之命悬于足下，足下为汉则汉胜，与楚则楚胜"（《史记·淮阴侯列传》）。韩信在楚汉相争中处于举足轻重的地位，后来韩信支持刘邦，打败了项羽。在功臣韩信、彭越等人的要求下，刘邦分封了七位异姓王，分别是楚王韩信、赵王张敖、韩王信、梁王彭越、淮南王黥布、燕王臧荼、长沙王吴芮。图3.8是一张异姓王的分布图，和战国地图比较的话，就可以很清晰地看到，这时异姓王所居的地区就是战国六国的旧地，从某种程度上可以说，战国格局在汉初以分封异姓王的形式再次出现了。因此，把战国末年到汉初的历史，放到这样一个单元中来看，是有其合理性的。

  由于分封制传统的存在，六国的旧贵族要求重新分封，这就促成了异姓王的形成。刘邦对这些异姓王当然是放心不下的，不久就平定了燕王臧荼的叛乱，后来又杀掉了韩信等异姓王，最终只剩下了一个地处边远的长沙王吴芮。剪除异姓王之后，刘邦推行郡县制也存在障碍，陈苏镇研究认为，"秦以郡县治东方，用秦吏秦法经纬天下，移风濯俗，结果激起东方社会的反抗，其中楚人表现得最激烈，齐人、赵人次之，其间包含着区域文化差异与冲突。而在刘邦重建帝业的过程中，这种区域文化的差异与冲突又一次显现出来，且仍以楚、齐、赵三地最为明显。由此我们看到，在东西文化尚未充分融合，战国时代的文化布局依然存在的情况下，刘邦建立汉家帝业，一方面必须'承秦'，包括承秦之制，另一方面又必须尊重东方社会的习俗"，这"是汉初实行郡国并行制的深层背景"，"郡国并

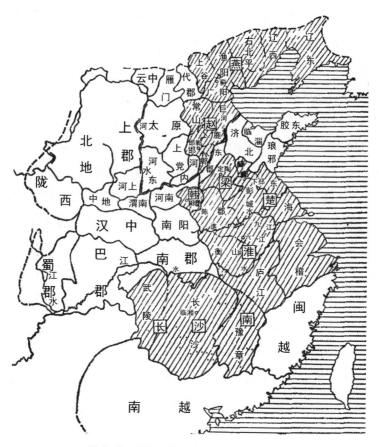

图 3.8 西汉初年异姓诸侯王国示意图

行的本质可能是东西异制,主要意义则是允许东方王国在一些方面和一定程度上从俗而治"。① 在刘邦除掉异姓王后,六国旧地和秦旧地的差距仍然存在,推行以秦法为基础的汉法仍然存在问题,所以在除掉异姓王之后,刘邦并没有马上推行郡县制,而是在异姓王的旧地接着分封了同姓王。这是分封同姓王的重要因素之一,另外还有一个因素,就是通过对秦二世而亡的反思,统治者普遍认为还是

---

① 陈苏镇《〈春秋〉与"汉道":两汉政治与政治文化研究》,中华书局,2020年,85、73页。

需要分封宗室拱卫皇权。

西汉从因功封王变成了因亲封王（表3.1），地盘仍然是六国的旧地。在分封之初，同姓王的地盘相当大，当时汉朝共有54个郡，诸侯国占据了39个，而且《汉书·诸侯王表》说大的王国，"夸（跨）州兼郡，连城数十，宫室百官同制京师"。诸侯国经济上也有相当实力，各王国统治的人口总数，将近中央直辖地区人口的一倍。人口在古代史上是极其重要的资源，而汉初这种现象就意味着，诸侯国的力量要强于中央，这对中央地区无疑构成了一种潜在的威胁。另外，在王国内，诸侯王也有相当大的自主权。诸侯王"自置吏，得赋敛"，政治上，除了王国相由皇帝任命，剩下所有的官员由诸侯王自己任命；经济上，有置税权和征税权，需要征的税和征税方法都由诸侯王自定。诸侯王"自为法令，拟于天子"，诸侯国法律用的不是汉律，而是以六国习俗、旧律为基础的法律。

表3.1　汉初同姓王

国名	荆	楚	齐	吴	淮南	赵	梁	淮阳	代
王名	刘贾	刘交	刘肥	刘濞	刘长	刘如意	刘恢	刘友	刘恒
与刘邦关系	从父子	弟	子	兄子	子	子	子	子	子

因此，西汉前期诸侯国的存在，是在经济权力、政治权力、法律权力上对皇权的分割。面对此种局势，中央十分忌惮。贾谊的《新书》谈到，"建武关、函谷关、临晋关者，大抵为备山东诸侯也"，这些关隘的设置就是为了对付山东的诸侯国势力。这个山东，还是指崤山以东地区，即关东地区。"天子之制在陛下，今大诸侯多其力，因建关而备之，若秦时之备六国也"，贾谊已经清楚地看到了汉初和战国格局的相似性，"禁游宦诸侯及无得出马关者，岂不曰诸侯得众则权益重，其国众车骑则力益多，故明为之法，无资诸侯"，要限制一些战略物资从关中地区流入关东地区。辛德勇对此也有论述："西汉初年，沿承秦制，严厉限制关中与关东地区的人员往来。

秦汉时期在地缘政治意义上，有一更为强烈的'关中本位政策'，其核心内容是区别对待关中和关东地区，依托关中，控御关东，特别是中原地带。"① 不论是汉人的看法，还是现代学者的讨论，都指明了一点，这个时期，地处秦关中旧地的中央对东方的势力是颇为忌惮的，而这种格局也是战国格局的延续。

对这样的情况，西汉文帝、景帝后开始着手处理。文帝即位初年，发生了淮南王刘长和济北王刘兴居的叛乱，虽然叛乱很快就被镇压，但是诸侯王对中央造成威胁的萌芽已经出现，当时就有人提出应对策略，比如贾谊上《治安策》，分析了当时的形势，"天下之势，方病大瘇，一胫之大几如要，一指之大几如股"，意思说，现在天下的形势就像一个人得了肿病一样，人的小腿肿得跟腰一样粗，一个指头肿得跟大腿一样粗。"失今不治，必为锢疾"，现在不去管它，以后更管不了。"后虽有扁鹊，不能为已"，即使有扁鹊这样的神医，都医治不了。因此，他给汉文帝的建议是"众建诸侯而少其力"，某位诸侯去世后，他的地盘要分给他的若干个儿子。这样诸侯的数量增多了，每一个诸侯的力量就变得小了。汉文帝采纳了他的建议。汉景帝时，御史大夫晁错意识到诸侯国对中央威胁的加剧，上《削藩策》，说按照现在的形势来看，诸侯国"削之亦反，不削亦反。削之，其反亟、祸小；不削之，其反迟，祸大"，现在削藩，诸侯王可能马上就会出现动乱的局面，但是造成的影响比较小；如果现在不削，诸侯王迟早还会反叛，等到了那个时候，动乱的影响就会更大。晁错提出削藩的建议，相对于"众建诸侯少其力"来说，是一种更激进的措施。"众建诸侯少其力"只是把诸侯的地盘一分为二，一分为三，总的地盘没有变化，而削藩是直接把诸侯国所属的郡县直接归属中央，自然是更为激进的措施。当汉景帝按照晁错的建议

---

① 辛德勇《两汉州制新考》，见辛德勇《秦汉政区与边界地理研究》，中华书局，2009年，112页。

实行了削藩以后，也正如晁错所预料的那样，爆发了诸侯国的叛乱，是为"吴楚七国之乱"。战乱爆发以后，中央派周亚夫率兵镇压，过程比较顺利，因为汉文帝的"众建诸侯少其力"政策已经发挥了作用，除了吴、楚以外，剩下的势力都不堪一击。

从景帝平定叛乱到武帝时期，中央又进一步做了制度上的调整，景帝五年（前152）下诏，"诸侯王不得复治国，天子为置吏"，中央任命诸侯国的官员。到了汉武帝时期，进一步推行了"推恩令""左官律""附益法"等，经过一系列措施以后，"诸侯惟得衣食租税，不与政事"（《汉书·诸侯王表》），诸侯王只剩下经济上的特权，政治上已经没有什么权力，王国的问题基本得到了解决。

这里想推荐一部近二十年来秦汉史研究中很有影响的著作，李开元的《汉帝国的建立与刘邦集团》，前述内容也多参考此书。李开元提出，"西汉二百余年，以武帝期为界，前后之历史状态差异极大。汉初之六十余年间，其历史状态具有相当的独特性，而此种独特性在很大程度上是战国末年以及秦楚汉间历史特征的延伸"[1]。他清晰地指出，汉初的历史放在战国末年至秦、楚、汉初这段历史来看的话，更能成为一个完整的历史单元，便于我们理解这段历史。为此，他提出"后战国时代"的概念，认为汉初这段历史是战国格局的复活。此概念揭示了时代特性，对深入地理解这段历史，有重要价值。书中还提出了另一个更具学术张力的概念——"马上天下"，此概念有不同的层次。一方面，中国古代国家的建立通过战争完成，战争形成了一个军功的受益集团，此集团的发展影响了国家的发展。另一方面，李开元还从"马上天下"概念，引申到中国古代王朝的循环问题，把思考引向了中国古代史的基本问题。

近二十年来，秦汉史研究领域一个相当重要的推进，就是注意

---

[1] 李开元《汉帝国的建立与刘邦集团：军功受益阶层研究（增订版）》，生活·读书·新知三联书店，2023年，87页。

到：秦在政治上统一之后，文化上还没有统一，政治统一和文化统一是不同步的。以前学界重视政治统一，对文化统一这方面重视不够，所以在解释秦亡的历史时，多强调秦的暴政。但是如果我们仅仅以暴政角度，就难以解释汉初六国格局复活的历史状态。若从文化的角度，从政治、文化统一不同步的角度来谈，对形成整体的解释更有益处。这里再引用陈苏镇的研究，"刘邦虽已称皇帝，其实仍是项羽式的'霸王'。此后出现的刘邦消灭异姓王以及文景削弱同姓王的过程，既是楚汉之争的继续，也是承秦立汉的继续，这一过程完成之际才是汉家帝业真正建成之时"①。各地区，特别是秦旧地与六国旧地之间文化的差异减小了，统一才能真正地建立起来。汉帝国继承的秦制，才能够在此基础上完善起来。胡宝国也有类似的论述，"极而言之，政治上结束战国是秦代，而文化上结束战国却是在汉代。只是政治的演变往往有明确的界标，而文化的变迁却没有清晰的标志"②。以上三位学者都是从不同的角度，关注到汉初这段历史的特殊性，使我们对这段历史，有了更深刻的认识，对秦的速亡，以及汉初的实行郡国并行制，也有了更深入的理解。

本讲内容强调了战国时代秦和六国的差别，秦国固有的戎狄性与法家的治国方略有相契合之处，这使得秦的变法后来居上，富国强兵，最终完成了统一。而政治的统一和文化的统一，是不同步的，秦完成了政治统一以后，把秦政强行推行到六国，由于文化差异存在，引起了六国强烈的不满和冲突，这是秦二世而亡的重要原因之一，同时也是汉初实行郡国并行制的深层背景。当文化上的统一渐渐完成之时，汉代的帝国体制才真正地建立起来。在这个时期，也发生重要政治地理格局的变化。本讲一直在强调秦与六国之间的差

---

① 陈苏镇《〈春秋〉与"汉道"：两汉政治与政治文化研究》，79页。
② 胡宝国《〈史记〉与战国文化传统》，见胡宝国《汉唐间史学的发展》（修订本），北京大学出版社，2014年，8页。

别，也就是一个东西并立的问题，而在秦汉之际还有一种新的政治地理格局正在出现，就是南北对峙。所谓的北，指的是秦始皇统一中国之际出现的匈奴帝国，这是一个统一的游牧帝国。游牧帝国和农耕帝国之间、游牧文化与农耕文化之间的对立和冲突，影响了此后中国两千年的历史。

阅读书目

李学勤《东周与秦代文明》第十四章、第十五章，上海人民出版社，2007年。

阎步克《士大夫政治演生史稿》（第三版）第六章、第七章，北京大学出版社，2015年。

李开元《汉帝国的建立与刘邦集团：军功受益阶层研究（增订版）》第三章、第六章，生活·读书·新知三联书店，2023年。

陈苏镇《〈春秋〉与"汉道"：两汉政治与政治文化研究》第一章，中华书局，2020年。

陈苏镇《研究中国古代政治文化的力作——读〈士大夫政治演生史稿〉》，《北京大学学报》（哲学社会科学版）1998年第1期。

陈侃理《读〈《春秋》与汉道〉》，《读书》2012年第7期。

叶炜《自觉的理论意识———读李开元先生〈汉帝国的建立与刘邦集团〉》，《北京大学学报》（哲学社会科学版）2001年第1期。

第四讲
汉代从无为走向全盛

本讲主要介绍两汉四百余年的历史。

秦统一以后，建立了以专制皇权为核心的官僚帝国体制，但它因秦朝的速亡而瓦解。实际上，西汉（前206—9）初年并没有继承统一的帝国体制，而是实行东西异制、从俗而治的方针，封建制度重新复活。真正把秦始皇的这套体制继承并稳定下来，成为此后两千年中国古代政治制度基础的，是在西汉中期的汉武帝时期。这个过程也是西汉从无为走到全盛的过程。此外西汉中期，不仅从政治体制上奠定了此后两千年的基础，而且还从统治思想上奠定了儒表法里的意识形态基础。同时，作为帝国的早期阶段，从制度到政治，还体现出不成熟的特征，宗室、外戚、宦官问题的接连出现，便是一种体现。从西汉到东汉，豪强士族的势力逐渐兴起，东汉（25—220）的政治深深打上了豪强士族的烙印。而豪强士族也是东汉从统一走向瓦解的重要因素之一。因此，本讲主要围绕这三个问题来讲述两汉四百余年的历史。

一、从无为到全盛

如上一讲所述，西汉初期实行郡国并行制，特别是在东方地区采用了从俗而治的管理方式。对于西汉整体而言，也是采取黄老无为而治。"黄老"是和"庄老"相对而言的概念。黄老和庄老是道家思想的两个分支，"黄"指黄帝，"老"指老子，黄老之术与政治、统治思想息息相关。采用黄老之术的主要原因在于，汉初社会经济凋敝、统治者吸取秦速亡的教训、"布衣将相"之局，以及东西异制、从俗而治的政治状态。

"汉兴，接秦之敝，诸侯并起，民失作业而大饥馑。凡米石五千，人相食，死者过半。……天下既定，民亡盖臧，自天子不能具醇驷，而将相或乘牛车。"出自《汉书·食货志》的这段文字，描述的就是汉初天下凋敝的状况。秦末战乱，民不聊生。汉初天下虽然已经安定，但是老百姓家里没有什么积蓄，就连皇帝都找不到四匹颜色一样的马来拉车，而将相则可能连马车都没有，只能将就乘牛车了。《史记》亦称"大城名都散亡，户口可得而数者十二三"。这表明当时户口数量的急剧减少。我们多次强调，户口的数量反映了古代的经济发展水平和政府控制能力。户口的减少，一方面意味着经济的凋敝，同时也意味着国家所能够掌控的户口数下降，国家的经济实力和能力都被严重削弱了。在此状况下，采取无为而治的方针就是有缘由的了。

经过了秦的短暂统治，以及秦汉之际的动荡不安，汉初时人反思这段历史，《老子》受到更多的关注，他们重新阅读《老子》，发现书中所讲的道理正好和秦以及秦汉之间这段历史相吻合。《老子》有这样的说法："法令滋彰，盗贼多有"，秦的法令繁密且残酷，但盗贼多起；"民不畏死，奈何以死惧之"，即便法令严酷，秦末百姓还是揭竿而起，并不怕死。老子还说，"飘风不终朝，骤雨不终日"，大风大雨持续的时间是不会长的，就好像秦的统治一样，二世而亡；"为者败之，执者失之"，"为者"是有为者，"执者"是执意坚决者，秦始皇和项羽都是这样的为者、执者，但最终他们都失败了；而

图 4.1 唐吴道子绘老子像

"自胜者强",在当时人看来,刘邦就是这样一个自胜者。刘邦是地痞无赖出身的酒色财气之徒,但是他攻下了咸阳以后,"财物无所取,妇女无所幸",他能够抑制自己的欲望,最终成功。所以《老子》里的话,在当时人看来正是和这段历史吻合的,汉初时人又重新思考《老子》并获得了启发。在世界史中也可以看到类似的影子。《老子》在世界的影响,以一战后在德国的影响为最大,当时的德国也是处于战争后的社会凋敝之中,那时候人们也有兴趣去读《老子》。据说当时《老子》的译本包括注本达到几十种。从秦始皇到汉高祖的历史是道家学说最好的注脚,故汉初之人对老子及其道家学说更为重视①。图4.1是唐代吴道子所绘老子像。

清代著名史学家赵翼(1727—1814)在其著作《廿二史札记》中,提出"布衣将相之局"的观点:"汉初诸臣,惟张良出身最贵,韩相之子也。其次则张苍,秦御史;叔孙通,秦待诏博士。次则萧何,沛主吏掾;曹参,狱掾;任敖,狱吏;周苛,泗水卒史;傅宽,魏骑将;申屠嘉,材官。其余陈平、王陵、陆贾、郦商、郦食其、夏侯婴等,皆白徒。樊哙则屠狗者,周勃则织薄曲、吹箫给丧事者,

---

① 参张荫麟《中国史纲》第十章第一节"道家学说的全盛及其影响",上海古籍出版社,1999年。

灌婴则贩缯者，娄敬则挽车者。一时人才皆出其中，致身将相，前此所未有。盖秦、汉间为天地一大变局。"这是很有眼光的认识，他揭示出了一个很大的变化：先秦以来的建国者，都是贵族出身，到了西汉，才有从皇帝到重要功臣，都是非贵族出身的情况。汉初从皇帝刘邦到将相，他们出身都是比较低微的，这意味着他们受的教育并不多，对儒家和法家的治国理论都不很熟悉，而道家的思想相对比较容易掌握，采用道家的治国理念也就是顺理成章的了。

再看看"东西异制"的问题。秦的速亡一方面是由于暴政，同时也在于文化上存在广泛的差异，当秦把它的一套政治措施推行到六国的时候，遭遇到了反弹。在文化依然没有统一的情况下，汉初退一步而行，在秦的旧地和六国的故土实行不一样的政策，这就是"从俗而治"。从俗而治实际上就是符合道家"无为而治"主张的，即不对当地多加干预，各地按照自己的方式和传统治理。以上四个方面共同构成了汉初采用黄老道家思想，采取无为而治的背景。

具体探讨"无为而治"，首先要理解黄老的思想。《汉书·艺文志》说："道家者流，盖出于史官，历记成败存亡祸福古今之道，然后知秉要执本，清虚以自守，卑弱以自持，此君人南面之术也。"君人南面之术，指的是君主的治国之术、政治哲学，所以黄老道家思想与庄老道家思想是不一样的。黄老道家思想包含统治思想在内，这在庄老道家思想中是没有的。西汉陆贾反思道："秦始皇设刑罚，为车裂之诛，以敛奸邪，筑长城于戎境，以备胡、越，征大吞小，威震天下，将帅横行，以服外国，蒙恬讨乱于外，李斯治法于内，事逾烦天下逾乱，法逾滋而天下逾炽，兵马益设而敌人逾多。秦非不欲治也，然失之者，乃举措太众，刑罚太极故也。"陆贾认为秦失败的关键在于"举措太众，刑罚太极"，国家对民力使用过度，治理措施又过于严酷、繁密，为六国旧地的百姓所不能容忍，导致秦之速亡。好比说秦国是一辆马车，由于跑得太快而散架了，西汉想要继续驾驶这辆破车,就必须由驾驶者放慢速度以维持稳定。陆贾提出统治的核心理念是"道莫大于无为,行莫大于谨敬"。①

汉初丞相曹参的所作所为,能够比较典型地反映"无为而治"的思想及其治理方式。《史记·曹相国世家》记载,曹参相齐,"闻胶西有盖公,善治黄、老言,使人厚币请之。既见盖公,盖公为言,治道贵清静而民自定,推此类具言之"。盖公对黄老之术是比较熟悉的,认为国家和地方政府对百姓的生活、生产,不过多地干预,这样百姓的生活就可安定下来。"参于是避正堂,舍盖公焉。其治要用黄老术,相齐九年,齐国安集,大称贤相",由于曹参请了盖公,并采取了盖公提出的建议,他相齐之九年的政绩是比较好的。后来曹参代萧何为汉相国,"举事无所变更,一遵萧何约束",这就是大家耳熟能详的"萧规曹随"的故事。曹参施政的主要特点是,"择郡国吏木诎于文辞,重厚长者",实行无为而治用"长者",长者一般指年岁比较大的人,在当时的背景之下,还有宽厚、仁慈、廉洁等特点,曹参选拔这类人做他的僚属。与此相对,"吏之言文刻深、欲务声名者,辄斥去之",他不用那些想要有所作为的人。曹参"日夜饮醇酒。卿大夫已下吏及宾客见参不事事,来者皆欲有言。至者,参辄饮以醇酒,间之,欲有所言,复饮之,醉而后去,终莫得开说,以为常",曹参不给那些想提建议者说话的机会。用现在的话说,"不折腾",这就是"无为而治"的重要特点。

《汉书·循吏传》载,汉初"反秦之敝,与民休息,凡事简易,禁罔疏阔,而相国萧、曹以宽厚清静为天下帅","民务稼穑,衣食滋殖"。无为而治的政策之下,在汉文帝和汉景帝时期,出现了历史上有名的"文景之治"。统治者躬修节俭,带头过着比较俭朴的生活。文帝曾经打算修一座露台,后来听说修建的费用达到百金,相当于普通人家十家的财产,于是便放弃了。在此期间,还采取了轻

---

① 王利器《新语校注》卷上《无为第四》,中华书局,1986年,59—62页。

徭薄赋的政策，十五税一，甚至三十税一。此外，相对于秦严刑酷法，汉初轻刑慎罚。近年湖北江陵张家山汉墓出土了《二年律令》和《奏谳书》，使学者得以了解西汉前期的法律及其执行情况。从刑名上来讲，很多刑罚来自秦国的法律，但是在量刑上比秦要宽松一些。文帝废除了肉刑，把秦的无期徒刑改为有期徒刑。在这样的治理措施下，也就是在汉初的无为而治之下，出现了百姓生活比较安定的局面，这就是历史上的文景之治。文景之治与日后的贞观之治、开天盛世、康乾盛世都不太一样，其特点在于社会整体并不是十分富庶，但是老百姓生活相对比较宽松、安定。

经过了汉初的休养生息，国家的财富不断积累，到了汉武帝时期，统治方针发生了变化。汉武帝是一位雄才大略的皇帝，开始放弃黄老之术和东西异制，转向建立一套大一统的体制，把秦始皇所建立的以专制皇权为核心的官僚帝国体制巩固了下来，真正奠定了此后两千年的基础。

汉武帝时期，加强皇帝和中央的权力，是其政策的核心之一。政治上主要举措是，规范中央制度，加强对地方的控制。秦已经建立了三公诸卿的制度，三公由三个职位共同构成，在不同的时期，三公的名称并不一致。秦和西汉前期的三公，是太尉、丞相、御史大夫；西汉后期的三公是大司马、大司徒、大司空；东汉的三公是太尉、司徒、司空。秦和西汉前期的三公，地位并不平等。丞相是主要负责人，御史大夫是丞相的副手，太尉并不常设，经常由丞相代理。这个时期可以说是以丞相为主的三公制。从西汉后期到东汉则是"三公鼎立"，意即三公按照职责有所区分，但地位上大体一致。

在秦和西汉前期，三公中的丞相地位最高，是当时的宰相。在中国古代史上，宰相并不是一个特别规范的名称，称为"宰相"的职位只在契丹所建立的辽朝出现过，而其他的时期，哪些职位可以认为是宰相就是可以讨论的了。我们参考祝总斌的著作《两汉魏晋南北朝宰相制度研究》，他主要从宰相权力角度界定了中国古代史上的宰相，提出宰相应该具备两种权力：参与讨论国家大事的议政权和监督百官执行权。用《后汉书·陈忠传》的话说，就是三公"入则参对而议政事，出则监察而董是非"。董，即督察之意。

西汉丞相有一个庞大的机构，称为丞相府。丞相府有若干曹，具体的曹名现在并不十分清楚。丞相府的属官，除了长史和司直由皇帝任命外，其余各曹的僚佐都由丞相自己来聘请委任，这就造成这些曹的属员与丞相之间构成了又一重的君臣关系，他们忠于自己的长官丞相，甚于忠于皇帝，这与后世的宰相具有比较大的差异。

在三公之下有所谓"九卿"，这九卿并不是一定有九个，而是一个约定俗成的说法，准确地说应该是"诸卿"（图 4.2），这是对丞相、御史大夫以下所设立的分掌实际政务的机构长官的总称，相当于今天国务院下属的各个部。西汉诸卿最显著的特点在于，其中不少尚有为皇帝个人服务的色彩和使命。比如太常，原来又称奉常，负责管理皇帝家庙；光禄勋负责皇帝的保卫工作；卫尉也是负责皇帝保卫的，它和光禄勋有分工，光禄勋是更贴身的保卫，卫尉则负责外围的保卫；太仆是给皇帝驾车的；廷尉负责刑狱；大鸿胪负责外交；宗正负责管理皇帝的宗族事务；大司农管理国家财政；少府管理帝室财政。诸卿中的太常、光禄、卫尉、太仆、宗正、少府都与皇家的事务相关。国家机构与帝室机构关系密切，这是帝国建立早期的显著特点，国家机构深深打上了皇帝个人及其家庭的烙印，其中在财政领域表现得尤为明显。国家的财政由大司农掌管，少府管理皇帝财政，即所谓的"大司农供军国之用，少府以养天子"。《汉书·王嘉传》记载，西汉后期元帝"温恭少欲，都内钱四十万万，水衡钱二十五万万，少府钱十八万万"。这是国家一年的收入，其中都内钱四十万万为大司农掌管，水衡钱和少府钱都是皇帝的收入，加起来达到四十三万万，超过了国家财政的收入，帝室财政在整个财政收入中占的比重相当大。

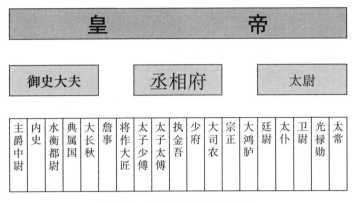

图 4.2 秦汉三公诸卿示意图

制度相对稳定，但不会一成不变。西汉中期特别是武帝时期，制度发展出现了一些新的现象，而这些现象渐渐成为日后制度变更的起点，其中最引人注目的是中朝官和尚书的发展。"中朝官"的"中"是内的意思，相对于朝廷的"外"，"中朝官"即在宫内办公、值班，为皇帝处理日常政务，特别是重大政务，充当参谋、顾问的角色，包括大司马、侍中等。还有一类是尚书，"尚"是掌管的意思，"书"指文书，尚书原来是传递文书的一些小官，职位并不太重要。汉武帝时，由于机构、大臣上疏太多，皇帝自己看不过来，因此需要找人帮助皇帝，对文书做先行处理，或是总结，或是提出初步的处理意见等。这样，尚书的权力渐渐提升。之后"领尚书事"一职设立，成为尚书的首领，帮助皇帝审批文书，尚书机构由此发展。

中朝官和尚书的共同特点，是他们都在皇帝周围工作，帮助皇帝处理政务，这可以与上文讲的无为而治联系起来看。汉初的布衣将相大多文化程度不高，而且又实行无为而治的政策，他们对儒家、法家的治国理念并不需要特别在意。这些功臣们的子弟，也没有因为自己家庭优越的地位而获得更好的教育。按照汉武帝以前的惯例，三公只能由功臣子弟担任，而这些功臣的后代又不能成为皇帝有力的辅佐，故而汉武帝的用人问题愈发突出。在中国历史上，当皇帝认为宰相能力不足的时候，通常有两种处理方式，一是增加宰相的人数，让更多的人参与到谋议中来；一是任用近臣，皇帝与身边的人商量。汉武帝即选择了后者。所以此时，在皇帝身边的中朝官以及帮助皇帝处理文书的尚书，就渐渐地发展壮大，使得三公的地位有所下降。随着尚书机构的发展，东汉产生了尚书台这一机构。

尚书台的产生也有其背景。东汉光武帝刘秀（前5—57）建国以后，不愿大权旁落，重蹈西汉后期的覆辙，所以不重三公，而是利用自己更信任的、更易操控的尚书机构。尚书台有一位千石的尚书令作为长官，副官包括尚书仆射、尚书左右丞等，以及诸曹尚书、诸曹郎。相比于当时秩级万石的三公，尚书令的秩级仅仅是千石，两者地位差距很大。任用千石之官的优点，一方面在于制度对其资格限制较少，皇帝可以比较灵活地选任；另一方面因为其地位与三公相比较低，皇帝也更便于驱使。

制度一方面具有相对稳定性，同时也在不断地调适、变化。前文已述，西汉以丞相为主导的丞相府的府属，除了长史、司直，都由丞相自己任命，这些府属对丞相的效忠程度甚至超过了对皇帝。对于异己力量，皇帝自然不能任其发展下去。因此，到了东汉尚书台时期，尚书令和诸曹郎均由皇帝任命，较为妥善地解决了这个问题。从政治学的角度来看，丞相和丞相府属之间是一种二级结构，而尚书台是尚书令、尚书仆射、尚书左右丞、诸曹尚书的多层级结构，也是更为合理的安排。在皇帝主观不愿大权旁落和客观行政合理化的双重背景下，东汉时期，尚书台的地位越来越重要，所以有"虽置三公，事归台阁"一语，虽然东汉三公仍然是制度上的宰相，但是政事却多由尚书台处理，发展到了西晋以后，尚书台成为新的宰相机构。①

汉武帝时期，中央对地方的控制也大为强化。西汉前期，中央对地方的控制较弱，有所谓"东西异制"，即东方诸国从俗而治，地方的权力相对较大。而随着汉武帝推行了一系列政策，诸侯王国的问题得以解决，中央对地方的控制程度也有所上升。其中很重要的一个制度建设，是设置了监察官员。汉武帝在元封年间设置了十三个监察区，称为十三州部，每一州部设一个刺史，《北堂书钞》说"刺者，言其刺举不法"，对不法的事情进行纠察，"史者，使也，言为天子之所使也"。刺史是协助皇帝监督地方的官员。

州是监察区而非行政区，而且，州刺史也没有固定的治所办公，即"传车周流，匪有定所"。刺史也没有制度上的僚佐，而是一个人带着随从，定期对地方进行巡查、监督。刺史的地位也比较低，只是一个六百石的官，而他的监督对象是二千石的郡太守。具体监察内容，被称为"六条问事"。第一条是"强宗豪右占田逾制、以强凌弱"，第二条是"二千石不奉诏书""侵渔百姓"，等等。从中可以很清楚地看到，第一条针对豪强，后五条针对二千石的郡太守。所以，刺史代表、协助天子管理地方，特别是管理地方官的意义是十分明确的。刺史的设置，标志着中国古代地方监察制度基本形成，奠定了中国古代监察制度的基础。用小官监察大官的设计思路，也为后代监察制度所继承。对于这种制度设计，顾炎武《日知录》说"夫秩卑而命之尊，官小而权之重，此小大相制，内外相维之意"；赵翼《陔馀丛考》也说"官轻则爱惜身家之念轻，而权重则整饬吏制之威重"，这些人的地位较低，为了升迁，会更加努力地履行其监督职责。

汉武帝时期，频繁的征战耗费了大量的财富，因此武帝施行了一系列经济上的垄断措施，以加强中央的财政能力。西汉前期，铸

---

① 关于中央制度的讨论，参祝总斌《两汉魏晋南北朝宰相制度研究》第2—5章，北京大学出版社，2017年。

币的权力相当分散，有些诸侯国也可以自己铸币。武帝首先改铸全国统一使用的五铢钱，严禁私铸。之后又收回了郡国铸钱的权力，五铢钱由中央专门的水衡三官铸造。其次是推行盐铁专营。盐是日常生活必需品，随着西汉时期铁农具的推广，铁的地位也越来越重要，汉武帝希望把这些关乎国计民生的大宗生意控制在国家手里。元狩四年（前119），汉武帝在产盐区设置盐官，在产铁区设置铁官，由盐铁官统一主持生产和销售，严禁私产私售，这样朝廷一方面获得了重利，另一方面也打击了以前从中得到巨额收入的富商大贾和大手工业者。《盐铁论》评价道："当此之时，四方征暴乱，车甲之费、克获之赏以亿万计，皆赡大司农"，此皆"盐铁之福也"。与之相应，中央实行均输和平准，即调剂运输和平抑物价。均输是调剂运输，国家控制土特产品的征收、运输、买卖；平准是国家以贱买贵卖的方式平抑物价。国家以此调控国家经济，并从中获利。此外，武帝还推出了直接打击富商大贾的算缗和告缗政策，算缗是对大商人征收的不动产税，每2000钱收120钱，直接上交国家。若有人隐瞒资产，不按照这个比例上交，国家鼓励揭发，被告者的财产全部没收，其中一部分奖励告发者，即为告缗。

从社会角度说，武帝的主要措施是打击不利于中央集权的势力，尤其是豪强和游侠。当时的豪强主要包括六国的旧贵族和一些新兴的商人地主，这些人"武断乡曲"，在自己家乡的影响力相当大，如《史记》说，"济南瞷氏，宗人三百余家，豪猾，二千石莫能制"。解决的举措则为迁徙，如《史记·主父偃列传》所记，"茂陵初立，天下豪桀并兼之家，乱众之民，皆可徙茂陵，内实京师，外销奸猾，此所谓不诛而害除。上从其计"。皇帝即位后很重要的一件事，是要给自己修建陵墓，茂陵即武帝陵。有人建议，趁此机会把那些豪强地主强行迁到茂陵。离开了宗族、乡里的背景，豪强地主的实力自然大打折扣。这种控制地方势力的办法,并不是武帝的新创,而是从商周以来就有的方式。

武帝着手打击的另一对象是游侠,他们属于一种更古老的势力。先秦学者就提出"侠以武犯禁"。《史记·游侠列传》说"今游侠,其行虽不轨于正义,然其言必信,其行必果,已诺必诚",同书《季布列传》也说,"楚人谚曰,得黄金百,不如得季布一诺"。游侠是社会形成的一种力量,"不轨于正义",与当时的法律有一定的冲突,但却被民间所信赖,对中央来说也是一种异己力量。游侠与国家所制定和维护的秩序相冲突,自然要严厉打击。游侠阶层在当时与东方的文化配合得更为紧密,所以游侠阶层是东方社会抗拒汉朝整合文化、实现法度大一统的最后堡垒。这里法度的大一统,指的是西汉把继承秦法而来的西汉法律推行到全国。打击游侠的办法实际上也主要是迁徙,郭解就是一位有名的游侠,影响力很大,有许多追随者。郭解的家境并不富有,达不到要迁徙的程度,但是中央仍然要迁徙他,甚至把他杀掉。当时的御史大夫公孙弘解释说,郭解是"布衣为任侠行权,以睚眦杀人"。所谓"以睚眦杀人",就是某人瞪了郭解一眼,可能就会有人把瞪郭解的人杀掉。虽然郭解自己不知道,但是"此罪甚于解杀之",其造成的社会影响比郭解亲自杀人还要严重,因此朝廷一定要杀掉他。

陈苏镇认为,"在旧贵族和诸侯王问题都已基本解决之后,汉朝终于向游侠宣战了。于是,在武帝的支持和直接干预下,大批关东豪侠被迁入关中,郭解则'家贫'而被徙,'无罪'而被诛。武帝这一举动所针对的不仅是郭解,也不仅是关东豪杰,而是整个东方文化,是与汉朝法律仍然抵牾不合的关东旧俗。公孙弘说得好,郭解身为布衣,却按民间的习俗和准则行使官府的权力,这比亲手杀人危害更大",自武帝迁徙豪杰,诛杀郭解之后,关东游侠的活动大大衰落了①。

经过了制度上的规范和变革，经济上的垄断财力，社会上的打击豪强和游侠等措施，西汉中央集权得以加强，大一统的体制逐渐确立，这就是本节所说的从无为到全盛的过程。此时西汉发展到了全盛时期，大一统的体制也真正奠定下来，影响了此后中国两千年的历史。

二、儒表法里统治思想之确立

汉武帝时期，以专制皇权为核心的中央集权的官僚帝国体制，得到了巩固和发展，在这个时期，统治思想也发生了变化。西汉初年"东西异制"，奉行的是以"无为"为特点的黄老之学。但到了汉武帝时期，东西异制的局面逐渐结束，黄老思想也不再合时宜了，需要新的统治思想以适应大一统的需要，儒家学派遂走向前台。

这个时期，先后有人提出尊儒思想。《汉书·武帝纪》载，武帝建元元年（前140），"诏丞相、御史、列侯、中二千石、二千石、诸侯相举贤良方正直言极谏之士。丞相〔卫〕绾奏：'所举贤良，或治申、商、韩非、苏秦、张仪之言，乱国政，请皆罢。'奏可"。皇帝下诏让大臣给国家推荐人才，被推荐的人才中，有人学的是申、商、韩非的法家思想，也有人学的是苏秦、张仪的纵横思想。但丞相卫绾认为，学习这些学说的人，对国家发展没有好处，需要把他们废掉，建议得到了皇帝的认可。这表明，以卫绾为首的大臣有统一思想的意识。至于统一到何处，董仲舒提出，"《春秋》大一统者，天地之常经，古今之通谊也。今师异道，人异论，百家殊方，指意不同，是以上亡以持一统"，他认为当时的思想比较混乱，需要统一

---

① 陈苏镇《〈春秋〉与"汉道"：两汉政治与政治文化研究》，中华书局，2011年，262页。

起来,"臣愚以为诸不在六艺之科孔子之术者,皆绝其道,勿使并进。邪辟之说灭息,然后统纪可一而法度可明,民知所从矣"(《汉书·董仲舒传》),提出把儒家的思想放到最高的位置上,对其他的思想则需要有所压制。

当时黄老道家思想还有一定的影响,特别是在有权势的人之中仍十分受推崇,如窦太后"好《老子》书",看不起儒家学说。因此,虽然董仲舒等人提出尊崇儒家思想,但是并没有马上得以推行,而是有一个渐进的过程。其中有几件比较重要的事情:首先,建元五年(前136)设置五经博士,儒家学说被定为官方认可的学说。第二年,支持黄老道家学说的重要人物窦太后去世,黄老道家的势力大受打击。随后,田蚡为丞相,"绌黄老、刑名百家之言,延文学儒者数百人"。接下来的一年,还有一个更具有标志性的事件,即元光元年(前134)"初令郡国举孝、廉",以儒学作为考察、选拔人才的标准,察举制得以确立。"公孙弘以《春秋》,白衣为天子三公,封以平津侯",公孙弘是一位儒生,本身没有什么背景,因为有儒学学问,而被天子命为三公。以公孙弘为榜样,"天下之学士靡然乡(向)风矣"(《史记·儒林列传》)。

察举制是一种推荐制度,以儒家的思想学说作为考察人才的标准,向国家推荐人才进入仕途。一方面,察举制确立了以儒家学说为选拔人才的指导思想,另一方面也使国家官员的来源更为广泛。需要注意的是,察举起到的是指挥棒的作用,这个过程并不是一蹴而就的,从当时官员的知识结构来看,儒家的思想渐渐占据上风,还要经历一个比较长的时间。察举制度是汉魏南北朝时期长期实行的选拔官员制度,阎步克《察举制度变迁史稿》对这项制度有细致入微的研究。

武帝"罢黜百家、独尊儒术"的做法,以统一思想为目的,与秦始皇焚书坑儒的诉求异曲同工。顾颉刚在其名著《秦汉的方士与儒生》(又名《汉代学术史略》)中论道:"秦始皇的统一思想是不要人民读书,他的手段是刑罚的裁制;汉武帝的统一思想是要人民只读一种书,他的手段是利禄的诱引。结果,始皇失败了,武帝成功了。"①王健文也说:罢黜百家"与秦始皇、李斯'禁私学'的考量如出一辙。不过其所选择发扬的思想内容不同:一为刑名,一为儒学;其表现形式相异:一为暴力镇压,一为利禄诱引"②。

独尊儒术之后,也并没有完全按照儒家的理念来治国。据《汉书·元帝纪》,西汉宣帝时,太子"见宣帝所用多文法吏,以刑名绳下,大臣杨恽、盖宽饶等坐刺讥辞语为罪而诛,尝侍燕从容言:'陛下持刑太深,宜用儒生。'宣帝作色曰:'汉家自有制度,本以霸王道杂之,奈何纯任德教,用周政乎!'"宣帝的太子见到宣帝用了很多的文法吏,文法吏是指并非儒生出身的官员,他们熟悉法家学说并利用法家"以刑名绳下"的方法进行管理。太子认为,宣帝以法家理论治理国家并不合适,应该任用儒生治理。宣帝听了以后很生气地说:"汉家自有制度,本以霸王道杂之。"所谓"霸王道杂之",即融合儒家和法家的理念,不偏向任何一家,这才是"汉家制度"。这其实也反映了中国古代的统治思想,亦可称作"儒表法里",内以法家思想为核心,外用儒家思想作为圆饰,这也与秦始皇的思想有共同之处。萧公权《中国政治思想史》说,"儒家思想至汉代取得正统学派之地位。此人所共知,无待赘述。然吾人如袭旧说,谓秦灭古学,至汉骤兴,则又与事实不尽相符。……实则始皇混一之后,即不真行法治,亦未摒弃儒术",他认为秦始皇也并未完全废弃儒术。"故始皇之治,兼用法、儒。上背孝公之旧制,下与武帝相契合。所不同者,始皇以任法为主,列儒术为诸子之一,武帝尊孔子为宗师,

---

① 顾颉刚《秦汉的方士与儒生》,北京出版社,2012年,56页。
② 王健文《学术与政治之间:试论秦皇汉武思想政策的历史意义》,见王健文主编《政治与权力》,"台湾学者中国史研究论丛"3,中国大百科全书出版社,2005年。

用管商以佐治而已",萧公权认为秦始皇与汉武帝有类似之处,都是儒家和法家的结合,只不过秦始皇以法家思想为主,而汉武帝以孔子为宗师,用管子、商鞅的法家思想佐治而已。[①] 从目的到措施,秦始皇与汉武帝有一脉相承之处,也就是说以专制皇权为核心的帝国体制建立以后,统治者都有同样的目的和需求,做法也异曲同工。"儒表法里"的统治理念,成为此后中国两千年统治思想中最核心的内容之一。

三、东汉政治与豪强士族

谈到东汉的历史,特别是政治史,就不能不提及外戚势力和豪强士族的发展问题。

外戚凭借与皇帝的婚姻关系,而成为皇帝家族的成员,主要指皇帝的母族和妻族。在中国古代史上,外戚问题最严重的,就是在东汉时期。西汉时期,外戚的势力已经开始渐露头角,最早的是刘邦的夫人吕后。刘邦公元前195年去世,惠帝即位,大权掌握在吕后手中。其间,吕后家族的诸吕被封为王,打破了"非刘氏不王"的传统。虽然这种情况并没有改变国家"无为而治"的策略,但却开启了皇帝暗弱、外戚当权的外戚政治格局。

当皇帝个人的权威很强时,外戚寄生于皇帝的阴影之下,不会对皇权构成威胁。武帝夫人卫子夫的兄弟卫青及其外甥霍去病,都有显赫的军功,权力也相当大,他们并没有对武帝的皇权构成威胁或对政治造成更多负面影响。当皇帝本身比较懦弱时,皇权容易旁落到身边人手中,外戚的势力就会更为突出地显露出来,西汉后期和东汉都是如此。以西汉后期元、成、哀、平四位皇帝为例,元帝

---

① 萧公权《中国政治思想史》,商务印书馆,2017年,281、282页。

时，信任堂舅许嘉，许嘉被任命为大司马、车骑将军，权倾一时。成帝的母亲是王皇后，成帝时，王氏兄弟掌权，以大将军王凤势力最大。史料载，成帝曾打算直接任用刘歆做常侍，左右觉得不妥，认为需要报告王凤才行。成帝说这只是一个小官，不必报告给王凤，左右不听，一定要报告。王凤不同意，最终成帝也没有能够任命刘歆。可见此时王家的势力在政治中的巨大影响。西汉的灭亡也与外戚直接相关，西汉王朝最终结束在王家的王莽手中。

到了东汉，外戚的影响更为广泛。东汉前期，外戚的势力受到了皇权的压制，但从东汉中后期开始，外戚在政治上的实力和影响大为加强，并且出现了外戚和宦官交替专权的局面，这是东汉政治史上一个引人注目的现象。出现这样局面，与东汉中后期皇帝自身的特点有关：一是皇帝即位年龄小，二是皇帝寿命不长（表4.1）。和帝以后，即位时年纪最大的皇帝不过十几岁，他们中寿命最长的，也不过三十几岁就去世了。即位年龄小且寿命不长意味着，皇帝即位后无法有效地行使皇帝的权力，同时子嗣也很少。这又造成东汉中后期皇帝的第三个特点，多由外藩入继大统，就是他们多不是上一个皇帝的儿子而自然继承皇位的，而是太后和外戚从其他藩王的子弟中选出来的。其中，安帝、少帝、质帝、桓帝、灵帝都是如此。这些宗室小孩子做了皇帝，他们的生母不能跟随入宫，朝政则由当时的太后把持。皇帝周围没有亲属，一旦有能力执政，想剪除外戚时，所依赖的也只能是身边的宦官。这样就造成了东汉中后期外戚与宦官交替专权的局面。

表4.1 东汉皇帝即位去世年龄

皇帝	即位年龄	去世年龄
和帝	10岁	27岁
殇帝	百天	2岁

(续表)

皇帝	即位年龄	去世年龄
安帝	10岁	32岁
少帝	不详	即位7月而卒
顺帝	11岁	30岁
冲帝	2岁	3岁
质帝	8岁	9岁
桓帝	13岁	36岁
灵帝	12岁	34岁

豪强士族是东汉时期一个很重要的社会阶层。从西汉的"布衣将相"之局,到魏晋特别是东晋时期的门阀政治,要理解其间的过渡,就需要重点关注豪强士族及其形成和发展的问题。

豪强士族,亦可称为士家大族或世家大族,其实是对同一个群体的不同称谓。"士族"或"世族"的不同名称,从不同侧面揭示了这个群体的色彩。"士"意味着其文化色彩,"世"反映的是他们在政治上累世做官的特点,而"豪强"则意味着他们"武断乡曲",在乡里影响力颇强,往往具有比较强的经济实力。这个群体具有经济、文化、政治等方面的多重特点。

豪强士族或者说世家大族,形成于西汉后期,东汉以后慢慢发展、巩固,其身份性逐渐加强。而这个阶层的产生,与上文提到的独尊儒术、设立察举,使得读书成为利禄之阶息息相关。读书,特别是读儒家经典成为利禄之阶,因而影响了人们读书时的选择,读儒家的书,并且世代相传。自武帝立五经博士、创立察举制,到了西汉末年的元始(1—5)年间"百有余年,传业者浸盛,支叶蕃滋,一经说至百余万言"(《汉书·儒林传》),对经的研究已经相当发达了,研究五经中一经的著作,已经达到百余万言。这意味着研究门槛不断提高,需要经过长期的积累才能达到。所以有谚语说,"遗子黄金满籯，不如一经"，给后代留下钱财，还不如留下对一经的学术积累。

读书和入仕联系起来，便出现了这样一些情况，《汉书·萧望之传》载，"家世以田为业，至望之，好学，治《齐诗》"，萧望之出身比较低微，但好学苦读，后通过察举入仕。《汉书·张禹传》载，"禹为人谨厚，内殖货财，家以田为业。及富贵，多买田至四百顷"，张禹当了官以后多置田产，经济上也富裕起来了，所以《汉书·贡禹传》说，"居官而置富者为雄桀，处奸而得利者为壮士，兄劝其弟，父勉其子，俗之坏败，乃至于是"。余英时《士与中国文化》论述豪强士族之形成，"一方面，是强宗大姓的士族化，另外一方面，是士人在政治上得势后，再转而扩张家族的财势。这两方面在多数情形下，当是互为因果的社会循环"①。用现在的话说，这些经济、政治、学术的精英，渐渐地融为一体，其结果就形成了东汉的豪强士族或者世家大族。

东汉还有一个引人注目的"累世经学"现象出现。前文已述，对于经书的研究，往往需要深厚的积累，不是通过简单的学习，就能入得了门。通经可以入仕，所以一些经学素养深厚的家族，往往社会地位很高。学术局限于少数私家，出现"累世经学"的局面。陈苏镇提出，"家族教育功能，也是世家大族的特征之一，甚至是最本质的特征。因为正是这一特征，使得世家大族同一般权贵、豪族、学者有了区别，也是世家大族向门阀士族的转变及门阀制度、士族政治的形成，有了能为社会和历史所接受的基本理由。世家大族的品格作风和政治素养，主要来自对儒学经典的研习和践履，故世代传经是他们的一大特点"②。也正因为世代传经、读经又可入仕，便出现了"世为边郡守""世为二千石"的情况，某些家族世世代代都可以达到一些比较高的官位。

---

① 余英时《士与中国文化》，上海人民出版社，2003 年，197 页。
② 陈苏镇《〈春秋〉与"汉道"：两汉政治与政治文化研究》，578 页。

在当时，最有名的家族要数弘农杨氏和汝南袁氏，由于他们世代传经，通经入仕，形成了"累世公卿"的现象。弘农杨氏世传欧阳《尚书》学，其家族被称为"四世三公"，四代人为官都到了三公的层次。汝南袁氏世传孟氏《易》学，其家族被称为"四世五公"，四代人中，出了五位三公。从"累世经学"发展到了"累世公卿"。这种变化的影响，是这些世家大族逐渐控制了地方的选举，史载"今选举不实，邪佞未去，权门请托，残吏放手，百姓愁怨，情无告诉"（《后汉书·明帝纪》），以豪强士族为代表的权门掌握了选举，"郡国举孝廉，率取年少能报恩者，耆宿大贤多见废弃"（《后汉书·樊鯈传》），郡国举孝廉，选的是比较年轻、家族背景比较好、当了官以后能给这些豪强士族回报的人。河南尹田歆也说，"今当举六孝廉，多得贵戚书命，不宜相违，欲自用一名士以报国家"（《后汉书·种暠传》），反映出东汉后期，地方的选举被这些豪强士族所垄断。这种局面的产生，就更为累世公卿的出现提供了基础。他们累世居官而有文化，宗族关系更为密切，最终的结果是出现了门第。门第，也是理解魏晋南北朝史的核心概念之一。

豪强士族获得了权力以后，需要在经济上巩固自己的地位，再通过权门请托，巩固政治上的地位。当时巩固经济地位的主要方式是买地并建设庄园，所谓"庄园经济"，就是东汉豪强士族的经济。"有求必给，闭门成市"是庄园经济的特点，一些基本的生活必需品都可以自给自足。随着东汉时豪强田庄的扩大，庄园经济在整个社会经济中所占的比例也越来越大。西汉经济发展，富的是国家，而东汉在豪强庄园经济发展的背景下，经济的发展和社会财富的增长，不是作为赋税流入国库，而是被豪强所攫取。这样一来，政治上，豪强士族或者说世家大族"累世公卿"，而且掌控地方的选举；经济上，主要的财富越来越多地流入了豪强家族手中，地方豪强与中央政府的矛盾越来越突出，对地方豪强士族的考察，能够帮助理解东汉瓦解的背景。

阅读书目

祝总斌《两汉魏晋南北朝宰相制度研究》第四章、第五章，北京大学出版社，2017年。

阎步克《帝国开端时期的官僚政治制度——秦汉》，见吴宗国主编《中国古代官僚政治制度研究》，北京大学出版社，2004年。

余英时《东汉政权之建立与士族大姓之关系》，见余英时《士与中国文化》，上海人民出版社，2003年。

陈苏镇《〈春秋〉与"汉道"：两汉政治与政治文化研究》第三章、第六章，中华书局，2020年。

陈苏镇《读〈两汉魏晋南北朝宰相制度研究〉》，《北京大学学报》（哲学社会科学版）1991年第3期。

第五讲
从统一到分裂

虽然东汉的灭亡时间是220年，但是从189年董卓之乱开始，一个动荡的时代就已开启，直到589年隋灭陈再次完成统一，经过了整整400年时间。这400年处于秦汉和隋唐两个统一帝国之间，以族群斗争为核心的动乱和分裂是这个时期的主要特点。在纷繁复杂的历史背景下，江南地区的开发和北方族群的凝聚，是这400年的历史成果。

汉晋之际，发生了东汉与西晋的两次分裂，原因各有不同。东汉的分裂与豪强士族的发展，以及豪强士族与中央集权的矛盾密切相关，而西晋的瓦解则是与民族问题紧密联系。本讲的四个问题，就是围绕这两次分裂，以及导致这两次分裂的主要因素展开。豪强与民族问题是导致东汉、西晋分裂的不同原因，同时二者也是分裂局面长期存续的重要原因。

一、豪强士族与中央集权政府之矛盾

东汉豪强士族的前身是从西汉后期慢慢发展起来的，东汉以后，其身份性更加成长，宗族性也有所发展。东汉的经济发展并没有促进国家的繁荣，而是使豪强士族实力进一步增长，它和中央集权政府的矛盾，主要表现在两个方面：一是对人口的争夺，二是对地方政权的控制。

作为一个中央集权政府，应该具备三个基础：掌握全国的人力资源，控制全国财税资源，拥有最高法权。豪强士族与中央集权政府的矛盾，首先表现在对人口的争夺上，这在东汉初期，已初露端倪。东汉初年有一著名的政治事件——度田事件。光武帝建武十三年（37），"是时，天下垦田多不以实，又户口年纪互有增减"（《后汉书·刘隆传》）。东汉建国初期，豪强士族就已经发展到一定水平和规模了，中央政府难以掌握准确的垦田数字，也不能确切地掌握户口数字以及人口年龄。当时条件下，中央集权政府想要垄断财力，其基础就是对户口和田亩的准确掌握。如果这两个数字都掌握不了，那么中央政府就无法有效地征收赋税，其财政基础就要受到影响。两年后的建武十五年，光武帝下诏，州郡检核垦田顷亩及户口年纪，并且考实二千石长吏阿枉不平者，这就是所谓"度田"。

"度田"的首要任务是检核人丁，当时被称为"案比"。类似的手段，秦时称为"头会"，隋唐时称为"貌阅"，都是针对隐蔽人口、田地问题所采取的办法。东汉"度田"工作进行得很不顺利，原因在于东汉豪强士族在地方的势力相当大，《续汉书·五行志》记载了当时的一句话，"小民负县官不过身死，负兵家灭门殄世"。普通百姓如果冒犯了地方官，可能会引来杀身之祸；但是如果得罪了那些掌握私兵的豪强士族，其后果可能招致灭门之灾。在这种情况下，建武十五年"诏下州郡检核其事，而刺史、太守多不平均，或优饶豪右，侵刻羸弱，百姓嗟怨，遮道号呼"（《后汉书·刘隆传》）。度田本来是针对豪强的，但是地方官执行的时候，却对豪强没有任何办法，甚至欺压百姓，拉拢豪强势力，造成了"百姓嗟怨，遮道号呼"的结果。出现这种状况，自然不能为中央政府所容忍。据《后汉书·光武帝本纪》，建武十六年"河南尹张伋及诸郡守十余人，坐度田不实,皆下狱死"。中央杀了一些地方官,却引来了更大的反弹,"郡国大姓及兵长、群盗处处并起,攻劫在所,害杀长吏"。这些掌握私兵、有武装的豪强并起,地方发生了暴动。不过这些人并没有结成很大的实体,而是各自为政,官兵到了就解散,官兵走了又重新聚结,尤其是在青、徐、幽、冀等当时经济最发达而且也是豪强势力最强的地区,反抗尤为激烈。为了解决问题,光武帝"遣使者下郡国,听群盗自相纠擿,五人共斩一人者,除其罪。吏虽逗留回避故纵者,皆勿问,听以禽讨为效。其牧守令长坐界内盗贼而不收捕者,又以畏愞捐城委守者,皆不以为负,但取获贼多少为殿最,唯蔽匿者乃罪之"。面对地方兵长、群盗处处并起的情况,中央采取的措施是一面镇压,一面安抚,即使对那些或离职或逃脱的地方官,也不过多地加以追责,只有隐蔽群盗的人才会受到处罚。于是地方官"更相追捕,贼并解散",地方的紧张局势得到缓解。接下来,"徙其魁帅于它郡,赋田受廪,使安生业",把群盗当中势力比较大的迁徙到其他的地方去,离开了以前的乡里,其势力就要大打折扣,"自是牛马放牧,邑门不闭"。度田事件中,中央对豪强势力进行打压,引发了其强烈反弹,中央不得不采取镇压与安抚并用的手段。事情虽然平息,但是豪强的势力并没有因此消减下去,反而在东汉慢慢地稳固下来,并得到了进一步发展。

豪强士族发展最主要的一个后果,或者说与中央构成的结构性矛盾,是对人口的争夺,通过表 5.1 可以清晰地感受到。这是东汉与三国时期人口数量的比较,157 年是东汉桓帝时期,户数是 1067 万,口数是 5648 万。而到了三国时期,魏、蜀、吴加起来的户数是 146 万,口数 767 万。三国和东汉相比,户数、口数都减少了近 86%,这是很惊人的下降。西晋 280 年完成统一后,户数 245 万,口数 1616 万,比东汉下降了 70% 以上。如何理解出现如此大幅度的人口下降？东汉是中国古代史上自然灾害的多发期和严重期，加之东汉末年开始的战乱，都是导致人口下降的重要因素，但并不是决定性的因素。唐长孺对此有过深入探讨。他认为，魏晋户口下降的原因虽有多方面，但根本原因在于魏晋时期封建大土地所有制的发展，也就是豪强士族的发展，使大量户口沦为私家的佃客。就是说这些隐蔽在豪强下的户口，不再为中央所掌握，中央就无法从这些户口中征发徭役、征收赋税，著籍户口远远低于实际户口。所以人口下降超过80%，更直接反映的是著籍户口的大量减少，即中央能够直接控制人口数量的下降。同时也要看到，专制皇权的强弱，一般取决于直接控制农民的数量，皇帝控制的人口数量的下降，意味着专制皇权的衰弱。[1]

表5.1　东汉三国户口数表

	时　间	户　数		口　数	
东汉	157年	10677960		56486856	
魏	263年	663423		4432881	
蜀	263年	280000	1466423	940000	7672881
吴	280年	523000		2300000	

豪强士族发展造成的第二个问题，是豪强士族对地方政权的控制。东汉时期对地方官的任用是有一定限制的，有所谓"三互法"，规定本地人不能够在本地任地方官，特别是不能担任地方官的长官等，目的是要限制地方官和地方势力的勾结。另外，这些地方官在地方任职的时间也是有限制的。在此制度背景下，一名外来的地方长官到任之初，对当地并不熟悉，需要辟署一些僚佐为自己所用。他所聘用的这些僚佐，一般来说都是当地的豪强子弟。东汉时期，

---

[1]　唐长孺《魏晋南北朝隋唐史三论》，武汉大学出版社，1992年，28—30页；唐长孺《魏晋南北朝史论丛续编》，生活·读书·新知三联书店，1959年，107页。

本地大姓子孙享有优先进用的权利，至迟到东汉后期已被视为通例。这导致了州郡僚佐中所谓"大吏右职"，即一些重要的职位，照例由本地的豪强大姓垄断，而每郡豪强士族的势力只有几家，所以州郡大吏就带有一定的世袭性，州郡僚属中的重要职位，都由这几家豪强士族把持。从官员选拔角度来看，汉代实行的察举制是由地方官向中央推荐的制度。地方郡太守辟署僚属、举荐秀孝，都要依据乡论，也就是依据地方的社会舆论，而主持、操纵乡里清议的，往往也是地方大姓中的名士，所以由地方向中央推荐官员的这个渠道，也被地方豪强士族所把持。①

《后汉书·党锢列传序》记载，南阳人宗资担任汝南太守，任用当地人范滂为功曹；弘农人成瑨到南阳任太守，亦用当地人岑晊为功曹。两个地方流传着这样的说法，"汝南'太守'范孟博，南阳宗资主画诺；南阳'太守'岑公孝，弘农成瑨但坐啸"。在当地人看来，汝南真正的太守不是宗资，而是他委任的功曹汝南大族范滂；南阳真正的太守也并非成瑨，而是他委任的功曹南阳大族岑晊。东汉崔寔《政论》记载，"州郡记，如霹雳，得诏书，但挂壁"，州郡下达的命令，地方特别重视，而中央来的诏书只是挂在那儿而已，得不到认真执行。这反映出中央对地方的控制能力降低了。钱穆《国史大纲》中对此局面有一评论："大抵东汉至桓、灵之际，朝廷禄位已不如处士虚声，社会重心在下不在上，此亦自秦统一以来世运一大转变也。"② 到了东汉后期，政治格局发生剧变，意味着中央集权政府的结构发生了问题，东汉政权走向衰亡。

---

① 参唐长孺《东汉末期的大姓名士》，见唐长孺《魏晋南北朝史论拾遗》，中华书局，1983年。
② 钱穆《国史大纲》，商务印书馆，1996年，189页。

二、 东汉的瓦解和三国鼎立

由于豪强士族势力的发展,东汉经济的发展并没有使国家进一步富强和稳定,而是造成了中央政府的贫弱和政治的不稳。东汉时期的自然灾害比较多,百姓的生活更为困苦,以至于东汉后期出现了很多流民,他们失去了自己的土地,被迫背井离乡。而流民的数量不断增加,在各地发生了一些暴动和起义,其中规模最大、对后世影响最深远的,是184年爆发的黄巾起义。

黄巾起义的爆发,对东汉政治制度有所冲击,尤其体现在对地方制度的影响上。西汉武帝建立了地方监察制度,全国设十三州部,每州置刺史一名,州是监察区而非行政区。此后州刺史的地位,在两汉之际,多次发生变动。州刺史的地位曾有过提高,从六百石变成真二千石,"成帝绥和元年(前8),以为刺史位下大夫而临二千石,轻重不相准,乃更为州牧,秩真二千石,位次九卿,九卿缺以高第补";但不久后便有人提出,六百石的刺史监察二千石的郡太守,监察官地位比较低,上进心更大,所以监察的效果更好,如果把刺史的秩级提高到真二千石,其中没有什么远大抱负的普通人,可能不做实事儿,没有办法发挥监察职能,故西汉"哀帝建平二年(前5),复为刺史","元寿二年(前1),复为牧",到东汉建武十八年(42)又"复为刺史"(《通典》卷三二)。刺史地位更重要的转变,发生在东汉末年黄巾起义爆发之后。由于州的范围大于郡,为了有效地镇压黄巾起义,需要把地方的实力加以整合,州被重视起来。《后汉书·刘焉传》载:"时灵帝政化衰缺,四方兵寇,〔刘〕焉以为刺史威轻,既不能禁,且用非其人,辄增暴乱。乃建议改置牧伯,镇安方夏,清选重臣,以居其任。"刘焉的建议是要用重臣任州牧,被皇帝采纳,于是"出焉为监军使者,领益州牧,太仆黄琬为豫州牧，宗正刘虞为幽州牧，皆以本秩居职"，以中央的九卿去任州牧，使得州牧的地位大大提高。所以《后汉书》说"州任之重，自此而始"。与之相应，以前边地刺史、太守主兵的制度，也由沿边州郡推广至腹地，以此镇压黄巾起义。这样，制度就发生了实质性的变化，州由监察区变成了一级行政区，郡县二级制变成了州、郡、县三级制，这是中国古代地方制度的一次重要调整。

州作为高级行政区，其特点是地域广大，长官权重且拥有军队，便诱发了割据，他们"大者连郡国，中者婴城邑，小者聚阡陌"。最高级行政区由于权力过大导致割据，这在秦汉以后的中国古代曾多次发生，东汉末年是第一次。东汉后期涌现的军阀，很多就是从州牧起家，这些割据的军阀，幽州有公孙瓒，冀州有袁绍，兖州有曹操，徐州开始是陶谦，后来又成为吕布和刘备争夺之地，扬州为袁术所据，江东入于孙策，荆州有刘表，益州是刘焉，另外在偏远地方还有汉中的张鲁，凉州的马腾、韩遂，辽东的公孙度。在崤山、华山以东的政治重心，发展最快、实力最强的是曹操。

曹操（155—220）（图 5.1）是汉末三国时期首屈一指的人物，史称其"姿貌短小而神明英发"（《世说新语·容止》引《魏氏春秋》），"御军三十余年，手不舍书，昼则讲武策，夜则思经传"，"才力绝人，手射飞鸟，躬禽猛兽，尝于南皮一日射雉获六十三头"（《三国志·魏书·武帝纪》注引王沈《魏书》）。他个人能力很强，在政治上也很有眼光，他接受了毛玠的建议，"宜奉天子以令不臣，修耕植，畜军资，如此则霸王之业可成也"（《三国志·魏书·毛玠传》），其核心就是把东汉的皇帝控制在自己手里，占领政治上的制高点。于是曹操在建安元年（196）控制汉献帝，定都许县（今河南许昌东），这就是有名的"挟天子而令诸侯"。也曾有人给袁绍提出过类似的建议，但袁绍认为皇帝在身边对自己是个约束，并未采纳。到曹操挟天子而令诸侯以后，袁绍后悔莫及。曹操的政治谋略，确有高人一筹之处。

建安五年官渡（今河南中牟境）之战后，曹操击败袁绍，成为中原的实际控制者。

图 5.1　曹操像、"魏武王常所用格虎大戟"石牌及曹操高陵墓道

在稳定了中原之后，曹操致力于内部的建设。首先，东汉后期，奢靡情况比较严重，曹操掌控政权以后，努力营造廉洁的政风，"天下之士莫不以廉节自励，虽贵宠之臣，舆服不敢过度"。其次，选拔人才方面，曹操提出"治平尚德行，有事赏功能"。"德行"是儒家所强调的选人原则，曹操强调的，是认为当时为多事之秋，因此要更加重视"功能"，目的是选拔所谓"不仁不孝，而有治国用兵之术者"，就是将那些以前按照儒家标准不能被选拔上来，却有实际能力的人提拔上来。曹操三次下达唯才是举令，选拔了一批人才作为他的辅佐，也成为曹丕建魏后重要的人才。曹操一生没有称帝，宋人

司马光在《资治通鉴》卷六八中评论说:"以魏武之暴戾强伉,加有大功于天下,其蓄无君之心久矣,乃至没身不敢废汉而自立,岂其志之不欲哉?犹畏名义而自抑也。"司马光认为曹操不是不想当皇帝,而是不想把自己置于一个骂名千载的位置上。田余庆指出,曹操"畏名义而自抑"背后,体现了东汉中原世家大族势力最大、儒学教化沾被最深的时代内涵①。曹操在汉献帝的背后,完成了做皇帝的一切准备,他去世后,他的儿子曹丕僭位,曹魏(220—265)建国。

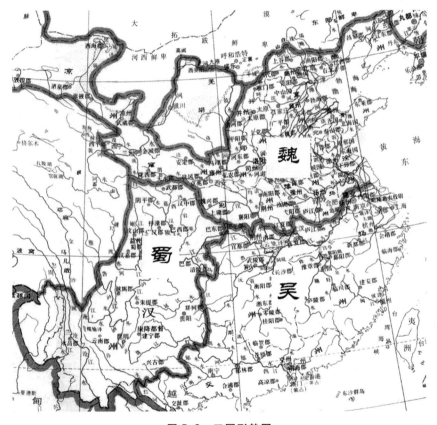

图 5.2 三国形势图

---

① 田余庆《孙吴建国的道路》,见田余庆《秦汉魏晋史探微》(重订本),中华书局,2011 年。

曹魏是三国（图5.2）中第一个建国的，其后是蜀（221—263）和吴（229—280）。杜甫"诸葛大名垂宇宙"的诗句为人熟知，在蜀的建国历程中，诸葛亮的作用十分重要。赤壁之战前夕，诸葛亮（图5.3）的《隆中对》表明了他对当时以及此后政治局势的看法，"今操已拥百万之众，挟天子而令诸侯，此诚不可与争锋"，曹操势力已成，刘备不能够与之作对。"孙权据有江东。已历三世，国险而民附，贤能为之用，此可以为援而不可图也"，江东已历经孙坚、孙策、孙权治理，政权稳固，刘备需要和孙权的势力相结合。"荆州北据汉、沔，利尽南海，东连吴会，西通巴、蜀，此用武之国，而其主不能守"，荆州的主人是刘表，荆州这个地区，在曹魏、孙权势力的夹击之下，难以长久，而刘表的能力有限，无法守御。"益州塞险，沃野千里，天府之土，高祖因之以成帝业，刘璋暗弱……若跨有荆、益，保其岩阻，西和诸戎，南抚夷越，外结好孙权，内修政理……诚如是，则霸业可成，汉室可兴矣"（《三国志·蜀书·诸葛亮传》），这是诸葛亮对刘备的建议。概况地说，就是与孙权联合，共拒曹操，同时伺机取刘表之荆州、刘璋之益州。

图5.3　元赵孟頫绘诸葛亮像

赤壁之战以后，刘备的地位才渐渐地奠定下来。元末明初罗贯中《三国演义》褒刘贬曹，为刘备说了很多好话，当然是艺术上的创造。从《三国志》的记载来看，刘备在三国人物中，应该说能力并不是很强，政治上反复无常，军事指挥也比较差，刘备"拙于用兵，每战则败"(《三国志·蜀书·先主传》注引《傅子》)。他之所以能够占据荆州、益州，靠的是他的权诈，以及刘表父子和刘璋的愚昧。后来在蜀定都，刘备其实并没有完全按照诸葛亮的策略行事，直到刘备去世以后，诸葛亮在蜀成为重要的领导者之一，才能按照他自己的想法，执行他的政治策略。① 诸葛亮整顿内政的同时，还发动了五次北伐，出兵汉中，与曹魏进行一系列战争。学者认为，诸葛亮的北伐是以攻为守，图谋自存。

孙吴的建国在这里不谈，推荐阅读田余庆关于孙吴及其建国问题的两篇论文，一篇是《孙吴建国的道路》，另一篇是《暨艳案及相关问题》。田余庆开宗明义提出了一个问题，孙吴霸业之起，在魏、蜀前，称王称帝，在魏、蜀后，其建国道路，曲折而漫长。他认为孙氏霸业稽延，症结盖在于调整与江东大族关系的需要，其内核则是求得孙吴政权的江东地域化。读者可以参考这两篇很能体现田先生治史风格的精彩论文。

从三国起，进入了六朝时代。所谓六朝，是指定都在今天南京的六个朝代，包括吴、东晋，以及南朝的宋、齐、梁、陈。日本学者也有把整个魏晋南北朝统称为六朝的说法。

存在豪强士族和中央政府矛盾的情况下，中央集权政府设置了一些有特色的制度，其中最具代表性的是曹魏屯田制、士家制和孙吴的世袭领兵制。

屯田是国家的私田，屯田客是国家的佃客，国家掌握了一部分土地，招揽一部分人，用军队的组织方式进行耕作。在众多人口被豪强士族隐蔽的情况下，中央政府为了争夺劳动力，避免劳动力无

---

① 参田余庆《〈隆中对〉再认识》，见田余庆《秦汉魏晋史探微》(重订本)。

限制地流入豪强士族，于是设立了这项制度。屯田制度是中央政府对豪强士族大土地经营方式的模拟①。

由于掌握不了人口，中央政府难以征收赋税，也难以征发兵役，为了保证有一定数量和规模的军队，曹魏和孙吴采取了类似的军事制度，曹魏叫士家制，孙吴叫世袭领兵制。两种制度的特点都是世袭兵，父辈子辈世代为兵，并且另有户籍，不入州郡的户版，以此保证这批人世代当兵，加强对他们的控制。曹魏的士家制和孙吴的世袭领兵制，也是中央政府对大姓豪门家兵的模拟②。制度设计的出发点，都是为了与豪强士族争夺对人口的控制，保证国家的赋税的收入和兵役的征发。翦伯赞主编的《中国史纲要》里讲，屯田制和士家制，就是国家在特定条件下，用豪强征敛方式剥削国家佃客、用私人部曲方式组织国家军队的制度。此类制度的存在，也是和豪强士族与中央政府之间的结构性矛盾相关。在这种矛盾之下所采取的特殊的制度，是三国制度的显著特点。

三、秦汉以来的民族问题

东汉豪强士族的发展，以及豪强士族和中央政府之间的结构性矛盾，是东汉政权瓦解的一个重要的原因。而西晋由统一走向分裂，则与族群矛盾密切相关。

首先回溯一下秦汉以来的民族问题。秦统一六国以后，在秦的北边和西边，从东到西分别有东胡、匈奴和羌，其中匈奴在当时势力最大。因为游牧生活的匈奴被称为胡，所以在今内蒙古高原东部进行狩猎、游牧活动的一些部落又被统称为东胡，东胡在秦汉之际

---

① 唐长孺《魏晋南北朝时期的客和部曲》，见唐长孺《魏晋南北朝史论拾遗》，中华书局，1988年。

② 唐长孺《魏晋南北朝隋唐史三论》，59页。

为匈奴所控制。西部羌这支古老的少数族，也为匈奴控制。所以这时候，在秦与匈奴之间，构成了农耕文明与游牧文明的冲突。这种冲突，并不仅仅发生在中国，日本学者江上波夫在《骑马民族国家》里有一概括性的论述："到了前四世纪或前三世纪之际，所谓'斯基泰·西伯利亚·蒙古文化'——即以金属武器和车马具武装一新，更进一步骑马民族化了的欧亚内大陆游牧民和半牧半猎民、半农半牧民们，就以南俄罗斯、吉尔吉斯草原、阿尔泰山地、米努斯辛克盆地以及长城地带为基地，一齐开始了他们向富饶的南方地区的侵寇。从此，以欧亚大陆为舞台，绵延反复了两千年的所谓'南北相争'活剧的第一幕就拉开了。在这一幕中，成为主角的是西方的斯基泰和东方的匈奴。"①

公元前3世纪前后，匈奴兴起于大漠南北。《史记·匈奴列传》对其风俗有所记载，匈奴"逐水草迁徙，毋城郭常处耕田之业，然亦各有分地。毋文书，以言语为约束"。"其俗：宽则随畜，因射猎禽兽为生业；急则人习战攻以侵伐，其天性也。""利则进，不利则退，不羞遁走，苟利所在，不知礼义"，"贵壮健，贱老弱，父死，妻其后母；兄弟死，皆取其妻妻之"。这与中原地区的风俗有很大差异，特别是最后一条"父死妻其后母，兄弟死，皆取其妻妻之"，在儒家的道德规范看来，属于乱伦的行为。但收继婚在古代北方民族中并不罕见，从民族学和人类学角度来说，这种行为是为了保证其族群有相当人口数量的一种方式。在秦始皇吞并六国之际，匈奴也在发展壮大。到冒顿单于（前234—前174）时期，匈奴逐渐统一了北方诸族，建立了横跨蒙古高原的统一帝国。这在中国历史上与秦统一有着同样重要的意义，长城内外两个统一政权先后出现，既反映了游牧文明与农耕文明的对峙与冲突，也开创了两个统一传统，二者

---

① 江上波夫《骑马民族国家》，张承志译，光明日报出版社，1988年，22页。

分别延续，为后来长城内外的大统一创造了前提条件①。中国古代史特别是秦汉以后的历史，对长城南北相次出现的统一政权，以及它们的冲突，应该给予充分重视，这是理解中国古代史一个非常重要的视角。

从冒顿单于完成统一开始，到汉武帝元朔元年（前128），是匈奴的极盛时期，与秦汉王朝的对比当中，匈奴处于优势地位。汉高祖刘邦曾被冒顿三十万匈奴骑兵围困于白登山（今山西大同东北）长达七日，汉派使臣带了厚礼见单于的妻子阏氏，在阏氏的劝说下，冒顿放走了刘邦。阏氏，也就是单于的王后在其中发挥了重要的作用，这是具有北族特点的。北族女性在政治生活中的地位，相比于中原的女性更为突出。在匈奴强而汉弱的情况下，白登之围后，汉政府采取了和亲的政策，将一些宗女嫁给匈奴单于，以维持稳定，一段时期内双方没有发生大的战争，汉朝获得了六十余年和平发展的环境。

随着西汉经济的复苏，国家更为富强，面对匈奴，汉从守势变为攻势。汉武帝时期有三次北击匈奴的战役，第一次是元朔二年（前127），卫青从云中出击至陇西，夺回河套一带，设置朔方郡，又徙民十万于朔方，发展生产，朔方地区的统治稳固下来。第二次是元狩二年（前121），霍去病自陇西出兵，重击匈奴右部，设立酒泉、武威、张掖、敦煌等河西四郡（图5.4）。其结果是"断匈奴右臂"，阻断了匈奴与羌人的联系，同时加强了内地和西域之间的交通与交流。匈奴失去河西走廊牧场，对其经济影响较大，《史记·匈奴列传》记"匈奴失祁连、焉支二山，乃歌曰：亡我祁连山，使我六畜不蕃息，失我焉支山，使我妇女无颜色"。第三次是元狩四年（前119），卫青出定襄，霍去病出代郡，穷追匈奴，最后匈奴远遁，而漠南无王庭。对

---

① 费孝通主编《中华民族多元一体格局》（修订本），中央民族大学出版社，1999年，257页。

匈奴这一次比较大的打击后,匈奴对西汉的威胁大大减小了。图5.5为霍去病墓马踏匈奴石雕,很能代表西汉石雕的粗犷特色。

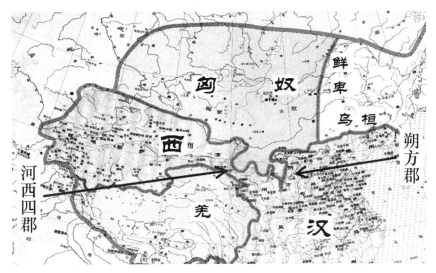

图 5.4　朔方及河西四郡位置示意图

三次汉匈战争,使匈奴进入了衰微和分裂时期,从公元前127年到公元91年,也就是从伊稚斜单于到北匈奴第二次西迁为止①。对汉朝来说,这是从西汉武帝元朔二年到东汉和帝永元三年(91)的时期。这一阶段,匈奴内部发生了许多事件,西汉宣帝时,匈奴内讧,结果五单于分立,之后又形成了分别由南方呼韩邪单于和北方郅支单于领导的

图 5.5　马踏匈奴石雕

---

①　对匈奴国家史的分期,参马长寿《北狄与匈奴》第二节,生活·读书·新知三联书店,1962年。

第五讲　从统一到分裂　113

两大对立势力。呼韩邪单于与西汉关系较好，元帝时王昭君嫁给呼韩邪为阏氏。呼韩邪死后，王昭君又依其俗嫁呼韩邪长子。《汉书·匈奴传》云："北边自宣帝以来，数世不见烟火之警，人民炽盛，牛马布野。"在这个阶段，双方处于一个比较安定、和平的阶段。

据《后汉书·南匈奴列传》，东汉初期"匈奴中连年旱蝗，赤地数千里，草木尽枯，人畜饥疫，死耗太半"。接着，匈奴又发生了内讧，东汉建武二十四年（48），匈奴分裂为南北两部。东汉对南、北匈奴，采取了不同的政策。东汉对南匈奴，是稳定其不受北匈奴的威胁，同时进行监视，防止南匈奴分裂或与北匈奴联合。东汉对北匈奴的策略，则是隔绝和封锁，断绝其与南匈奴以及西域诸国在政治上和经济上的联系，迫使北匈奴逐渐走上崩溃的道路。明帝时期，置度辽营，调原驻黎阳的虎牙营，屯于五原郡，切断了南、北匈奴的交通要道，扼阻了北匈奴南侵的道路。明帝永平十七年（74），窦固和耿忠合兵复出析罗漫山，击平车师前后王，切断了匈奴通西域的道路。和帝永元三年，东汉出居延塞，围北单于今天阿尔泰山的金微山，匈奴战败以后，离开蒙古高原，向西远徙，北匈奴从此灭亡。北匈奴灭亡后，漠北地区在政治上或者说权力上成为真空地带，之后内蒙古东部东胡的一支鲜卑部落向西迁徙，占据了北匈奴故地，残存于漠北的十余万户匈奴人也加入鲜卑，成为鲜卑的一部分，鲜卑代替了匈奴成为漠北草原新的主人。

四、西晋的短暂统一

西晋的建立者司马氏，是在曹魏时期发展起来的世家大族。从司马懿、司马昭到司马炎，已历三世。司马炎（236—290）效仿曹丕代汉，也通过禅让的方式建立了西晋（265—316），是为晋武帝。晋武帝建立西晋后不久，发动了灭吴战争，最终于280年统一全国。

但是统一持续时间不长，不过短短二十几年的时间。西晋的统一是短暂的、低层次的统一。西晋的统一为什么如此短命？很多学者从不同角度提出了意见，总结起来大体有三个方面：第一是统治集团严重奢侈腐化，第二是宗王权重，第三就是少数族内迁引发的族群矛盾。

一般来说，新政权伊始，统治者大多励精图治，但西晋从建国之初就出现了严重的奢侈腐化问题。学者从不同角度，分析了这种现象出现的原因。有人认为，晋司马氏集团在曹魏时期已经发展了十几年，其本身代表世家大族集团，司马炎是从这个集团坐上皇位的，自然对世家大族集团十分优宠，满足他们物质上的需求。另外，司马氏通过禅让的方式掌握政权，没有经过战争的涤荡，以前奢侈腐化的风气，也被西晋完整地继承了下来。还有学者从文化角度，认为是玄学的风气，造成了西晋统治者不太重视精神上的追求，而更加重视物质上的享受。

西晋统治者的奢侈腐化，可以从皇帝到大臣的行为看出来。《晋书·胡贵嫔传》记，"时帝多内宠，平吴之后复纳孙皓宫人数千，自此掖庭殆将万人，而并宠者甚众，帝莫知所适，常乘羊车，恣其所之，至便宴寝"，司马炎当了皇帝以后，国家相对安定，整天无所事事，晚上要去哪儿睡觉都搞不清楚，他坐着一个小车，由羊拉着，走到哪儿算哪儿。后宫的嫔妃们，为了让皇帝到自己这里休息，便"取竹叶插户，以盐汁洒地，而引帝车"，羊喜欢竹叶和盐的味道，于是宫人们把竹枝插在自己门口，又在门前撒上盐水，希望以此把羊吸引过来。开国皇帝浑浑噩噩，大臣也是如此。《晋书·何曾传》说何曾"性奢豪，务在华侈。帷帐车服，穷极绮丽，厨膳滋味，过于王者……食日万钱，犹曰无下箸处"，每天的饭钱达到一万钱，还说不知道吃什么。到他的儿子何劭"亦有父风，衣裘服玩，新故巨积，食必尽四方珍异，一日之供以钱二万为限"，比他父亲所费翻了一倍。大家熟知的石崇、王恺斗富的故事，也发生在这个时候。《晋书·傅咸传》说，"奢侈之费，甚于天灾……今者土广人稀而患不足，由于奢也"，认为西晋整个社会贫穷的情况不是由于天灾，而是由于统治者的奢侈无度。

这种风气，对政治的影响也是很恶劣的，时人王沈有一篇文章叫《释时论》，形容当时卖官鬻爵的情形："京邑翼翼，群士千亿，奔集势门，求官买职，童仆窥其车乘，阍寺相其服饰，亲客阴参于靖室，疏宾徙倚于门侧。"（《晋书·王沈传》）买官卖官是最严重的一种官场腐败形式，西晋开国不久就出现了这样的状况，大家纷纷跑到京城去活动关系"求官买职"。这些高官的家奴也根据买官办事人的情况，将其分成三六九等，如果车驾华丽、衣着光鲜，那么他们就被高看一眼，亲近的人被"阴参于靖室"，靖室就是很安静的屋子，把他们引到这儿来跟主人会见。穿着一般，或关系疏远的人，就连大门都进不去。西晋初年就是这样一种相当腐败的状况。

西晋的分封和宗王出镇制度，是造成西晋政局动荡的另一个原因。西周以来，分封成为一种古老的传统。皇帝以宗法血缘关系作为维系中央与地方利益一致、达到控制地方目的的重要手段，在秦汉以后的古代社会中也是不绝如缕、长期延续的，其内容与形式都有所变化，如从以封建王国为基础到以郡县制为基础；从军民财政统管到主要是军事的控制与对官吏的监督；在空间范围上从比较普遍到一些特殊地区。西晋重拾分封的原因，主要是当时有人认为，曹魏代汉、司马氏代魏的顺利进行，就是因为没有宗室来保卫皇权，造成权臣对皇权的威胁，所以需要分封宗室以拱卫皇权。随后，晋武帝便分封了宗室27王。但西晋分封与西周、西汉初期的分封有较大的差异。首先，宗王封国不大，所封不过一郡之地。而且宗王住在京城，并不去他们的封国实地管理。其次，封地的租税也并不全归宗王掌握，他们只能获得封地租税收入的三分之一。因此，王国的力量不强。但又有人提出这样不能够达到以宗室拱卫皇权的目的，建议宗王出镇。西晋在州之上设置都督区，都督区近似于今天的战区，所谓宗王出镇，就是由宗王担任都督，即出任战区司令。它产生的结果是宗王手握重兵，而且控制着战略要地。这样一来，宗王的势力就要大得多了。

当宗室获得较大权力时，若当朝皇帝的能力很强，一般不会出现太大的问题。晋武帝时就已经实行宗王出镇，但这个时期社会和政治都比较安定，宗王并没有对皇权构成威胁。而情况一旦发生变化，当皇帝的能力不强时，掌握重权的宗王就有可能威胁到皇权，甚至取而代之。晋武帝司马炎290年去世，惠帝即位。据史料记载，惠帝的智商不高，国家权力主要掌握在皇后贾南风的手里。贾南风是一个有权力欲的人，宫廷政变在晋武帝去世不久以后的291年就发生了。贾后先是唆使楚王司马玮杀掉辅政大臣杨骏，以汝南王司马亮辅政。几年后，又让楚王司马玮除掉汝南王司马亮，接着又以擅杀的罪名，除掉了司马玮，把一切大权掌握在自己手里。300年，掌握禁军的赵王司马伦又发动了政变，杀掉贾后并废掉惠帝，于次年登上皇位。司马伦以宫廷政变的方式获得了皇权，掌握重兵的宗王们自然不甘示弱，于是纷纷起兵，加入了这场争夺皇权的混战中。这样一来，争斗从一开始的宫廷政变演变为宗王之间的混战，这就是西晋末所谓的八王之乱（表5.2），它对西晋政权的打击是毁灭性的。

表5.2　晋末八王出镇表

楚王司马玮	都督荆州
汝南王司马亮	出镇许昌
赵王司马伦	出镇关中
齐王司马冏	都督豫州
成都王司马颖	都督冀州

(续表)

楚王司马玮	都督荆州
河间王司马颙	都督雍州
长沙王司马乂	
东海王司马越	都督徐州

除了宗王之间的混战，北方族群内迁带来的问题也对西晋的瓦解起了推波助澜的作用。东汉时期匈奴分为南北两部以后，南匈奴就已经开始内迁。南匈奴的呼韩邪单于得到了东汉政府的允许，分散所部，使匈奴部众分居于五原、朔方等八郡之地，这是第一次大规模的向汉代中国境内的迁徙。内迁与全球的气候变化也有关系，3—6世纪，全球气候正处于一个寒冷阶段，冷干气候导致了中亚游牧民族向西迁移及罗马帝国的崩解。在中国，有很多研究指出，当时的北方寒冷气候与草原民族南迁之间有着相当明显的关联①。西晋建立以后，塞外草原遇到了自然灾害，前后又有28万口匈奴和其他的杂胡入塞降晋，晋处之内地，与汉人杂居，匈奴进入长城以南地区的数量越来越多。有学者统计，这个时期陕西、山西一带匈奴所占的比例很高。所谓"五胡入华"，匈奴的数量居首。除此之外还有羯族，他们在西晋时入塞，主要分布于上党郡的武乡县。另外还有氐和羌，西晋时氐、羌的人口占关中地区的一半，数量也是比较大的。匈奴、羯、氐、羌族进入了长城以南地区，另外还有没有进入长城一带的鲜卑族，主要是附塞而居，分布广泛。

五胡虽统称为游牧民族，但也有差别。王明珂《游牧者的抉择》便对不同地区的游牧类型做了区分，并以此为基础做了更细致的研究。他这本书所要解答的一个关键问题是，为什么在西北高原河谷游牧的西羌是一个个分散的部落，出于森林草原地带的乌桓和鲜卑

---

① 葛全胜等《中国历朝气候变化》，科学出版社2010年，221页。

在进入中原之前，大多集结为部落联盟，而蒙古草原游牧的匈奴则能建立起其国家组织。不同地区的游牧民族，其政治组织方式具有差异性。王明珂认为其原因在于，这些民族有不同的游牧经济，或者说其国家、部落联盟及部落组织，也是其游牧经济生态的一部分。

中原发生八王之乱时，诸王纷纷利用这些进入内地的他族以充实兵力，将其纳入自己的政治势力范围中。五胡势力有的是主动进入，有的则是被迫加入，在当时有人提出徙戎论，认为进入内地的非汉族势力越来越强大，非常容易引起混乱，所以希望把他们迁移到原来的地方去。这样的建议实际上是行不通的，特别是当八王之乱爆发，各族势力纷纷起兵以后。刘渊是南匈奴贵族，304年于今山西离石起兵，建立了国号汉的政权。310年刘渊去世后，其子刘聪即位，316年攻破长安，俘虏了愍帝，西晋灭亡。西晋的灭亡，是在八王之乱的背景之下少数族参战的直接后果。

自八王之乱到西晋灭亡的北方混乱，对历史造成了重大影响，即人口的迁徙。这种迁徙一方面是非汉族人口进入中原地区，但更大量的是为了逃避战乱的中原汉人纷纷外迁。由于南方处于大体上安定的环境，并且司马睿在江南建立的东晋政权被汉人视为正统，更是吸引了最大多数的移民。这一时期移民的绝对数量和移民所占总人口的比例，在中国历史上都是空前的。这次南迁对中国历史的进程，特别是对南方的发展，具有重大意义。① 移民问题也是理解魏晋南北朝历史一个重要的角度。

本讲所述，是东汉和西晋两个政权从统一到分裂的过程，然而其原因各不相同。东汉分裂的重要因素是豪强士族的发展与中央集权的矛盾，而西晋瓦解的重要因素则是民族问题。豪强士族问题和民族问题，是造成东汉和西晋由统一走向分裂的两个重要的因素，

---

① 葛剑雄、曹树基、吴松弟《简明中国移民史》，福建人民出版社，1993年，145、153页。

而同时，这两个因素，也是使分裂局面得以维持和延续的重要因素，只有当这两个问题都解决之时，政权才能够再次统一。

阅读书目

唐长孺《魏晋南北朝隋唐史三论》第一篇，中华书局，2011年。

田余庆《孙吴建国的道路》《暨艳案及相关问题》，见田余庆《秦汉魏晋史探微》（重订本），中华书局，2011年。

葛剑雄、曹树基、吴松弟《简明中国移民史》第三章，福建人民出版社，1993年。

何德章《〈魏晋南北朝隋唐史三论〉述评》，《唐研究》第1卷，北京大学出版社，1995年。

第六讲
门阀政治及其解体

上一讲讨论了东汉与西晋两次从统一走到分裂的过程，东汉的分裂与豪强士族发展对中央集权体制的削弱、对皇权的削弱密切相关；而西晋的瓦解，族群矛盾在其中起了主要作用。这两个因素也贯穿于整个魏晋南北朝将近400年的历史过程当中，是分裂状况得以延续的重要原因。其中豪强士族造成的皇权不振在东晋南朝尤其突出，族群矛盾则在十六国北朝更为显著，只有当这两个问题基本解决以后，国家才重新走向统一。

一、 南北政治大势

在整个十六国东晋以及北朝、南朝的历史进程中，北方大部分时间处于多国并立的状态，而南方则是一个政权相对统一、几个政权先后更迭的状态。

西晋瓦解后，北方进入十六国（304—439）时期。"十六国"是指北方不同族群先后建立的一些国家。"十六国"是北魏以后的称呼，来自北魏崔鸿所撰《十六国春秋》。这期间北方实际先后有十九个国家，因为这部记载此阶段历史的《十六国春秋》，后代便称这一时期为"十六国"。十六国期间，前秦（350—394）曾短暂完成北方的统一,与之对峙的是南方的东晋(317—420)(图6.1)。东晋政权是在永嘉之乱以后,由西晋的皇室和一些高门士族南渡后建立的。这时候,漠北草原的主人是高车。前面提到过,自秦汉建立了统一帝国后,匈奴人在长城以北也建立了统一游牧帝国,这两个统一的传统都在不同的区域延续了下来,在长城以北地区,主要的统治者从匈奴、鲜卑变成了高车。

图6.1 前秦、东晋时期形势图

拓跋鲜卑建立的北魏(386—534)在5世纪前期完成北方统一后,与南方的南朝宋(420—479)、齐(479—502)、梁(502—557)相对峙。长城以北地区的主人,从高车变成了柔然(图6.2)。南北朝后期,北方,在北魏分裂后形成的东魏、西魏基础上,诞生了两

图 6.2 宋魏时期形势图

个新王朝，史称北齐（550—577）和北周（557—581）。长城以北，一个新的游牧帝国突厥已经形成，从北朝后期到隋唐时期，突厥的政治影响一直很大。有的学者将突厥、北齐、北周三者之间的政治关系称为"三国政治"，其中，突厥无疑占据主导地位，北齐和北周争相与突厥交好。这个时期，南朝处于最后一个王朝陈（557—589）的统治下，陈的地盘是南朝四朝当中最小的，面积与三国的孙吴差不多（图 6.3）。

东晋南朝时期，南方历史发展表现出几大趋向。首先，是从南强北弱到北强南弱。东晋时期，由于北方处于多国并立的分裂状态，东晋的势力相对较强。到了北魏与宋对峙的时期，北方的势力渐渐地超过了南方。其次，是从东晋门阀政治到南朝皇权政治，这是两

图 6.3 陈齐周时期形势图

个相对的概念,后面还会详谈。总体来说,从门阀政治到皇权政治,豪强士族的政治影响力不断降低。开国皇帝的身份,从两晋的高级士族到低级士族,再到寒人,南朝陈的建立者陈霸先(503—559),出身贫寒,曾为小吏。随着皇帝出身的下降,朝中大臣的出身也在下降,从"士族当权"到"寒人兴起"。"士族"主要指高门士族,寒人则指的是社会出身比较低的人,寒人为皇帝所青睐和利用,他们在朝廷中发挥着越来越大的作用。

北方经历了两个阶段,一是十六国时期,一是北魏建立以后的北朝时期。与南朝相比,北方大多数时间处于多国并立的状态,其间北方地区有三次统一,可以看作北朝历史发展的阶段性的事件。第一次是376年前秦的统一,第二次是439年北魏的统一,第三次是577年北周灭北齐后的统一。值得关注的是，在完成了北方的统一后，其统治者都致力于统一全国，发生了三次标志性的战争：第一次是淝水之战（383），第二次是瓜步之战（450），第三次则是由隋完成的平陈之战（589）。三次战争的结果不尽相同：淝水之战不仅没有完成统一，甚至还造成了前秦的瓦解；瓜步之战后形成了北强南弱的局势；隋灭陈，最终完成了统一全国的事业。之所以有不同的结果，正与族群矛盾因素息息相关，只有当族群矛盾基本解决、族群凝聚大体形成之时，统一战争才能够比较顺利地成功。

前秦苻坚（338—385）统一北方之后便与东晋进行了淝水之战。一些今天耳熟能详的成语，如投鞭断流、风声鹤唳、草木皆兵，都与淝水之战有关。淝水之战值得关注的一点在于，为什么一场规模并不是很大的战役失败，却直接导致了前秦政权的分崩离析？前秦随后分裂为后燕、后秦等新的势力。出现这种情况的根本因素之一，即在于当时北方内部的族群矛盾问题还没有得到很好的解决。淝水之战以后，姚苌回关陇，羌族反秦，"慕容垂擅兵河北，〔慕容〕泓、〔慕容〕冲寇逼京师，丁零杂虏，跋扈关洛，州郡奸豪，所在风扇，王纲弛绝，人怀利己"（《晋书·苻丕载记》）。前秦皇权的控制力一旦衰弱，各个势力便纷纷揭竿而起，建立自己的割据政权。田余庆认为，前秦"苻坚之兴，兴于他缓和了民族矛盾；苻坚之败，败于他远未消弭民族矛盾"，"其时北方民族关系确实还处于紧张而混乱的状态，从而还不存在统一南北的现实可能性"，具体可以参考《东晋门阀政治》中的相关讨论。①

北方的第二次统一由北魏完成。北魏太武帝时期，鲜卑的势力逐渐发展，先后灭掉了匈奴族所建立的夏、北燕，打败了卢水胡的

---

① 田余庆《北方民族关系与淝水之战性质问题》，见田余庆《东晋门阀政治》，北京大学出版社，2012年第5版，228—243页。

北凉沮渠氏政权，完成了北方的第二次统一。这时候，与北魏相对峙的是南朝宋，北魏又进行了一场希望统一全国的战争——瓜步之战。这场战争持续时间比较长，双方互有胜负，但最终还是北魏占据优势。瓜步之战后，刘宋的防线渐渐撤至淮南，北方的实力压倒南方，为最终由北方完成全国的统一奠定了基础。

第三次统一是北周的统一。北周的前身是西魏，577年北周灭北齐，完成了统一，但是此后没几年即为隋（581—618）所取代。隋的建立者杨坚（541—604）是北周外戚，最终隋灭南朝陈，在589年完成了全国的统一，结束了魏晋南北朝近400年的分裂格局。这里的问题是，为什么是由北朝统一了南朝，完成了全国的统一？其中有一个重要因素是不能忽略的，《晋书·颜含传》记载东晋的情况说，"王师岁动，编户虚耗，南北权豪竞招游食，国弊家丰，执事之忧"，到了梁代，"天下户口几亡其半"（《南史·郭祖深传》），说的都是国家所能够控制户口减少的状况。上一讲已述，与东汉相比，西晋的人口大幅减少，而且主要是国家控制的人口大为减少。人口被豪强地主隐蔽的现象，广泛存在于东晋南朝，相对于北朝来说是比较严重的。国家控制的人口减少，意味着中央集权能力和皇权都比较弱，极大地影响了物力、财力、人力的集中。而北方的情况则完全不同，在6世纪前期的北魏正光时期，"时惟全盛，户口之数，比夫晋之太康，倍而已矣"（《魏书·地形志》），"晋之太康"是指西晋灭吴后统一时的情况，北魏正光时期的人口比西晋统一以后还要多一倍。而南北朝末年，这种差别更为巨大，陈的户口数不过五六十万，而同一时期的北方，仅东魏户口就达到二百万户，文献没有记载西魏的情况，但从由西魏建立的北周，最终能够灭掉北齐来看的话，西魏北周的人口数也不少。由此可以得知，北方能够控制的人口数倍于南方，反映皇权在北方也比南方要强得多，这应该是北方最终有能力完成统一的一个重要因素。

二、东晋南朝皇权的变态与回归

(一) 门阀政治与门阀制度

理解东晋南朝政治、社会的主线是门阀政治与门阀制度。所谓皇权的变态，是指东晋门阀政治。以前当官的人家，门口有记述功状的两根柱子，左边的叫阀，右边的叫阅。先秦以来，"阀阅"主要指个人在仕途中所获得的功劳。东汉以后，世家大族兴起，同一家族的人纷纷进入仕途，出仕者个人的"阀阅"逐渐成为家族荣誉、声望的标志，发展到魏晋南北朝时期，门阀、阀阅即相当于门第。"门第"是魏晋南北朝时期政治、社会中十分重要的因素。

历来研究魏晋南北朝门第、士族问题的学者颇多，这里着重介绍田余庆的《东晋门阀政治》。在这部著作中，田余庆开宗明义，对他提出的"门阀政治"概念下了定义："门阀政治，质言之，是指士族与皇权的共治。"同时，作者还对门阀政治存在的时期做了分析，门阀政治"是一种在特定条件下出现的皇权政治的变态。它的存在是暂时的。它来自皇权政治，又逐步回归于皇权政治"，"严格意义的门阀政治只存在于江左的东晋时期"，"门阀士族存在并起着不同程度政治作用的历史时期，并不都是门阀政治时期"。[①] 东晋时期是门阀士族作用最强的时期，可以称之为"门阀政治"，而其他的时期则不是。田先生的研究，一方面使我们对士族在整个魏晋南北朝时期所起的作用有了进一步的认识，同时，他把门阀政治与皇权政治一起考察，也是一个很重要的突破。

《东晋门阀政治》一书的开篇为《释"王与马共天下"》，简明扼要地揭示出东晋门阀政治的特点，即"士族与皇权的共治"。东晋一

---

① 田余庆《东晋门阀政治》自序。

代的政治史，大部分时间表现为几个执政家族兴衰交替的历史，构成前后几个家族与皇权共治的政治态势。这几个家族以执政时间先后顺序，分别是琅邪王氏、颍川庾氏、谯国桓氏、陈郡谢氏和太原王氏。某氏前面的地理名词，当时被称为"郡望"，郡望与姓氏组合在一起，反映了这个家族地位的高低。比如姓王的人很多，但只有琅邪王氏和太原王氏是当时的高门，其他的王氏地位就低了。到了后代，特别是隋唐时期，门阀政治早已结束，但追求门第之风犹存，出现"假托郡望"的现象，根源也在于此。"王与马共天下"的说法来自《晋书·王敦传》："元帝初镇江东，威名未著，王敦与从弟导等同心翼戴，以隆中兴，时人为之语曰：王与马，共天下。"其中，"马"指的是东晋的建立者晋元帝司马睿（276—323），"王"指的是琅邪王氏兄弟，分别是王敦（266—324）和王导（276—339）。"王与马共天下"就是王氏家族与东晋皇帝共治的态势，以至于晋元帝"正会，引王丞相王导登御座，王公固辞，中宗（元帝）引之弥苦，王公曰：使太阳与万物同晖，臣下何以瞻仰"（《世说新语·宠礼》）。皇帝上朝的时候，希望把丞相王导拉上来与他同坐，这样的现象在中国历史上的其他时期几乎是看不到的，反映出东晋时期高级士族的势力相当大，皇帝要倚重他们共治才能够稳定统治。

士族与皇帝共治的手段和方式，可以从当时王氏兄弟担任的职位来理解。王导担任的是侍中、司空、录尚书事、领中书监，东晋时期的宰相机构是尚书台，录尚书事是尚书台的长官，可以称之为当时的宰相。而侍中及领中书监，分别是当时的门下省和中书省的长官，前者的主要职责是审核将要下达的诏书，后者则是协助皇帝起草诏书。王导所担任的这些职位，既是中央的要职，也是皇帝的重要助手，地位十分显赫。王敦的职位则为大将军，都督江扬荆湘交广六州诸军事，江荆二州牧，权力覆盖了当时东晋最重要的两个据点，即长江中游的荆州和江州。由此可以发现，王氏兄弟在朝中的影响是相当大的,所以史称:王敦"既素有重名,又立大功于江左,专任阃外,手控强兵,群从显贵,威权莫贰,遂欲专制朝廷,有问鼎之心,〔元〕帝畏而恶之",后王敦起兵攻入建康,"既入石头,拥兵不朝,放肆兵士劫掠内外。官省奔散,惟有侍中二人侍帝",于是元帝便"脱戎衣,着朝服,顾而言曰:欲得我处,但当早道,我自还琅邪,何至困百姓如此?"(《晋书·王敦传》)这是很无奈的话,体现了士族,特别是王氏家族的势力之强,连皇帝都拿他们没什么办法。

当时这些士族既然有这么大的权力,那他们为什么没有取司马氏而代之呢?田余庆说:"门阀政治是皇权与士族势力的某种平衡,也是适逢其会得以上升的某几家士族权力的某种平衡。"就是说在这种平衡没有打破的情况下,皇帝还可以维持他的位置,因为还有其他的士族在牵制与皇帝共治的士族,"东晋一朝,皇帝垂拱,士族当权,流民出力,门阀政治才能够维持"。更重要的是,"从宏观考察东晋南朝近三百年总的政治体制,主流是皇权政治而非门阀政治。门阀政治只是皇权政治在东晋百年间的变态,是政治体制演变的回流。门阀政治的存在是暂时性的,过渡性的,它是从皇权政治而来,又依一定的条件向皇权政治转化,向皇权政治回归。皇权政治的各种制度经过南朝百余年的发展,终于与北朝合流而形成隋唐制度的重要渊源"。① 这里特别想强调的,是田余庆所说的"主流是皇权政治而非门阀政治",为什么这么理解?

要了解一本学术著作的价值,最好从学术史中来把握。田余庆强调的"主流是皇权政治而非门阀政治",回应的是日本学者提出的"六朝贵族制"理论。"六朝贵族制"是日本学者20世纪前期提出的重要理论,在学界影响很大。"六朝"是指魏晋南北朝,但这个"六朝贵族制"理论还包括隋唐,认为魏晋南北朝包括隋唐都是贵族制

---

① 田余庆《东晋门阀政治》,343、333、345页。

的时代。此观点与当时日本史学界对西方历史以及对日本史的认识相关,西方与日本史上的中古时期是贵族制时期,日本学者在研究中国历史的时候,认为中国历史的发展与世界历史的发展也有类似之处,他们发现在中国的中古时代也存在一个皇权低微的时代,并认为这个皇权低微的时代就是贵族制的时代,所以称之为"六朝贵族制"。他们强调、突出的,是六朝贵族的自立性,认为贵族的权力是不依赖于皇权而独立的。日本京都学派的开创者内藤湖南就提出,这一时代的中国贵族是"作为地方名门望族延续相承的传统关系而形成的"①,他们的权力来自他们世世代代所构成的地方性权力。谷川道雄更强调"六朝贵族"的权力是"超越王朝权力而获得自立"②。独立于皇权的士族的权力构成了"六朝贵族制"理论的重要基础。这是我们理解《东晋门阀政治》的一个重要学术背景。

田余庆是从整个中国古代史的特点出发的,他特别强调,从整个中国古代史来说,重要的是皇权政治。如果从中国古代史发展的整个脉络、皇权政治的脉络来看的话,士族权力最强的时期就是在东晋,达到和皇权共治的程度,其他时代都没有达到这个程度;门阀政治即使到了极端的时期,士族权力与皇权还是共治的,它是皇权政治的变态,主流依然是皇权政治。士族权力的主要来源,还是在政府中担任官职。门阀政治从皇权政治中来,回归到皇权政治中去,从对魏晋南北朝历史的总体把握来说,田余庆的观点与日本学者有很大的差异。因此,这也是对六朝贵族制理论的回应,体现了《东晋门阀政治》的理论价值。

门阀政治只存在于东晋一朝,也就是士族权力最大、能和皇权共治的时候只存在于东晋,但是士族有特权的时代是比较长的,不仅仅在东晋。门阀制度,简单地说,就是按照门户等级区别士庶在

---

① 内藤湖南《中国史通论》,夏应元等译,九州出版社,2017年,361页。
② 谷川道雄《中国中世社会与共同体》,马彪译,中华书局,2002年,93页。

经济、政治、文化上所处的不同地位,就是按照门第来分配特权。祝总斌对门阀制度有很深入的研究,在《试论魏晋南北朝的门阀制度》中有论:"中古门阀制度,整个看来,最主要特征在于按门第高下选拔与任用官吏。"① 就是当官的特权是按门第来的,这是最主要的特权,其他特权是由当官的特权派生出来的。关于门阀制度的发展历程,祝先生认为门阀制度可以分为形成、鼎盛和衰落三个阶段。

1. 初步形成时期:曹魏、西晋

门阀制度是在曹魏、西晋时期形成的。曹魏出台九品中正制,人当官之前,要由当时的名士根据此人的德、才做一鉴定,鉴定以中正品的形式表现出来,中正品就是人品。人品共分九品,二品以上是高品。九品中正制在设立之初还是注重人的德和才的,但是西晋出现了所谓"二品系资",就是评定人品的时候要考虑门资、门第,即考虑本人或父祖先辈的官爵高下,这是选官注意门第的开始。其结果是根据门资定人品,当官的人、当官的子弟就能获得更好的评定,这就是"以居位为贵"。实行二品系资以后出现一种循环,那些有较高官位的人和他们的子弟才能获得人品二品,只有人品二品才具有获得较高官位的资格,有了较高的官位又可以继续为他们的后代获得人品二品提供资格。这样渐渐地就形成了"公门有公,卿门有卿"的局面。曹魏、西晋时期的特点,是官品决定人品和门第的高下,在朝当官还是最重要的。

2. 鼎盛时期:东晋、南北朝前期

魏晋时期按官位高低形成的门阀制度,到东晋以后发生变化,不是官品决定门品,而是门品决定官品,形成按血统高贵与否区别门阀的制度,出现了所谓"膏腴之族""华族""次门""役门"等长

---

① 祝总斌《试论魏晋南北朝的门阀制度》,收入祝总斌《材不材斋史学丛稿》,中华书局,2009年,156页。

期内一般不因官位有无、高低而发生变动的社会等级。社会上出现了一些典型的论述，所谓"凡厥衣冠，莫非二品，自此以还，遂成卑庶"（《宋书·恩幸传序》）、"贵仕素资，皆由门庆，平流进取，坐至公卿"（《南齐书》卷二三"史臣曰"）。能否当上高官，取决于是否门第二品，而高门出身的人什么都不用干，也可以做高官。

户籍上门第的高低一般也变不了，并不因为当官就可以改变门第。南朝宋时，低级士族宗越原为南阳次门，后被降为役门。宗越成为禁军将领后，"启太祖求复次门"（《宋书·宗越传》），希望改变他的门第。简言之，宗越当了四品将军，也并未能改变其门第。

这时候士庶之间的等级观念也很强，《宋书·王弘传》所谓"士庶之际，实自天隔"。请看《南史·江敩传》中的例子，"中书舍人纪僧真幸于〔南齐〕武帝，稍历军校，容表有士风，谓帝曰：'臣小人，出自本县武吏，邂逅圣时，阶荣至此，为儿昏，得荀昭光女，即时无复所须，唯就陛下乞作士大夫。'"纪僧真被南齐武帝宠任，他跟皇帝说自己出身比较低微，向皇帝请求改变其门第，进入到士族行列。皇帝怎么回答呢？"由〔司徒左长史〕江敩、〔吏部尚书〕谢瀹，我不得措此意，可自诣之。"武帝让他自己去找司徒左长史和吏部尚书，纪僧真"承旨诣敩，登榻坐定，敩便命左右曰：'移吾床让客。'"刚坐好，江敩就跟他的手下说，把我的位置挪开，不跟纪僧真坐在一起，"让客"就是让他走的意思，根本不和他谈改变门第的事儿。纪僧真"丧气而退，告武帝曰：'士大夫故非天子所命。'"门第是皇帝也难以改变的，这就是门阀制度鼎盛时期的情况。

3. 衰落时期：南北朝后期

门阀制度衰落时期最主要的特点，是士族在官吏选拔和任用上所享有的特权逐渐削弱，寒人或庶人在官员中的比重不断增加，士庶界限难以坚持，门品在选官上逐渐失去了意义，直到隋朝废除了九品中正制。南北朝后期，社会流动性加强，梁人沈峻"家世农夫，至峻好学",博通五经,尤长三礼,兼国子助教,后来还当到了五经博士(《梁书·沈峻传》)。沈峻以寒人出身,经过努力获得了显要官职。南朝陈的建立者陈霸先,以"其本甚微"的寒人身份夺得了帝位,更开了南朝的先例。

(二)东晋南朝的衰靡之气

社会上长期以门第作为最重要的身份标志,高门士族希望维护门第,这对东晋南朝的政治造成了诸多负面影响。这种"衰靡之气"主要从政治风气体现出来。《梁书·何敬容传》记载:"陈吏部尚书姚察曰:'魏正始及晋之中朝,时俗尚于玄虚,贵为放诞,尚书丞郎以上,簿领文案,不复经怀,皆成于令史。'"晋代尚书台是宰相机构,姚察说魏晋以后尚书丞、尚书郎以上国家重要官员都对行政文书漠不关心。文书是国家行政运转最重要的载体,官员对行政文书的审批,就是政务运作、决策的过程。而魏晋以后,这些行政文书的处理工作都是最基层的办事人员做的,"逮乎江左,此道弥扇",到了东晋南朝以后,这种风气更盛了。"望白署空,是称清贵;恪勤匪懈,终滞鄙俗",文书拿来了,官员对内容看都不看就找个空地儿签字,这叫"望白署空",大家认为这样的工作态度很有风度、很潇洒,而勤恳、努力工作的人却没有前途。结果"朝经废于上,职事隳于下",致使政务运转停滞。这是南朝后期的人对东晋南朝政风的评述。唐朝对官员的考核当中,有一条就是"恪勤匪懈",这是唐朝对官员工作态度的基本要求。但是在东晋南朝,"恪勤匪懈,终滞鄙俗",恪勤匪懈的工作态度是没有什么前途的。

当时高门士族追求的是"立言藉于虚无,谓之玄妙;处官不亲所司,谓之雅远;奉身散其廉操,谓之旷达。故砥砺之风,弥以陵迟"(《晋书·裴颜传》),在对"虚无""玄妙"的追求中,踏踏实实工作的风气没有了。做了高官,但浑浑噩噩,对于职责也不了解的人为数不少。这些高门士族的理想,是"一手持蟹螯,一手持酒杯,拍浮酒池中,便足了一生"(《世说新语·任诞》)。喝酒、吃药,是当时高门士族热衷的。鲁迅、王瑶都从文人与药、文人与酒的角度做过研究①。图 6.4 中的药丸,出土于南京东晋王丹虎墓,这些丹丸就是士族们吃的药,其主要成分是硫化汞,有一定毒性。

图 6.4　东晋王丹虎墓出土丹药

《颜氏家训》从当时北方人的角度看南朝的情况,认为"江南朝士,因晋中兴,南渡江,卒为羁旅。至今八九世,未有力田,悉资俸禄而食耳。假令有者,皆信僮仆为之,未尝目观起一坡土、耘一株苗,不知几月当下,几月当收,安识世间余务乎?故治官则不了,营家则不办,皆优闲之过也"。南方士族对社会、经济、政治都不太了解,所以在南朝后期,这些高门士族出不了人才,这也是南朝后期的皇帝任用寒人的背景之一。梁士大夫"出则车舆,入则扶侍,郊郭之内,无乘马者。……及侯景之乱,肤脆骨柔,不堪行步,体羸气弱,不耐寒暑,坐死仓猝者,往往而然。建康令王复性既儒雅,

---

①　参鲁迅《魏晋风度及文章与药及酒之关系》,收入《而已集》,《鲁迅全集》第三卷,人民文学出版社,1973 年;王瑶《文人与药》《文人与酒》,收入王瑶《中古文学史论集》,上海古籍出版社,1982 年。

未尝乘骑，见马嘶歕陆梁，莫不震慑，乃谓人曰：正是虎，何故名为马乎？其风俗至此"。这是对南朝高门士族的取笑，亦即南朝的"衰靡"士风的体现。高级士族在东汉时代还能够引领当时的社会，在东晋前期还能出王敦、王导等能力很强的高级官员，到了东晋后期和南朝时期，这些高级士族里越来越出不来人才了，高级士族权力的衰落和皇权的回归、兴起，都与此有关。从这个角度也可以理解为什么最终南朝被"尚武剽悍"的北朝所统一。

（三）南朝皇权的回归

南朝第一个朝代是宋，建立者是武将刘裕，刘裕之所以能够代替司马氏政权建立新的朝代，与高级士族的衰落是分不开的，皇权回归的一个重要原因就是高级士族的堕落。[1] 阎步克从军队与集权关系角度有论：刘裕来自北府兵武将，是靠军权和军功夺得皇位的，高门士族中却没能出皇帝。军人、军队和军事活动，是中国皇权的摇篮，军队和战争，是得以激活专制集权的途径之一。南朝皇权强于东晋，盖源于此。[2] 此外，对手的强大，也促进了南朝皇权的强化。十六国时期北方多国并立，东晋实力强于北方。至南朝，与刘宋对峙的北魏，其实力已超过南方。当一个国家面临着更强大政治体的压力时，它为了整合自身的实力，也更容易促成集中化的权力。

南朝皇权的回归首先体现在中央层面，加强军事，用寒人掌机要。刘裕是北府兵将领起家，他首先加强禁军，建立台军以拱卫皇权。《宋书》卷九四《恩幸传》："主威独运，官置百司，权不外假，

---

[1] 参祝总斌《试论东晋后期高级士族之没落及桓玄代晋之性质》，收入祝总斌《材不材斋史学丛稿》。
[2] 阎步克《波峰与波谷：秦汉魏晋南北朝的政治文明》，北京大学出版社，2017年，122页。

而刑政纠杂，理难遍通，耳目所寄，事归近习。"南朝皇权"主威独运"的同时，是"事归近习"，皇帝任用身边信任的人，特别是那些出身低微的寒人。赵翼敏锐地观察到南朝皇权政治中寒人兴起的现象，他说，"至宋、齐、梁、陈诸君，则无论贤否，皆威福自己，不肯假权于大臣"，南朝相对于东晋来说，皇权已在重振过程之中，朝中士族大臣的影响力则有所下降。赵翼认为，此时高门大族"门户已成，令、仆、三司，可安流平进，不屑竭智尽心，以邀恩宠，且风流相尚，罕以物务关怀"，高门大族的地位已固定下来，仅凭着家族地位就可以获得高位，他们并不看重皇帝对他们的恩宠，对实际政务也不关心。高门士族"迂诞浮华，不涉世务"，高门士族行政能力越来越差，这些人地位又高，不能随便批评、责罚。皇帝"不能藉以集事"，于是"不得不用寒人"。"人寒则希荣切而宣力勤，便于驱策，不觉倚之为心膂。"① 寒人出身低，为了获得高位，会更卖力地为皇帝办事。而且寒人出了问题，该打打，该罚罚，皇帝也无所顾忌。赵翼主要是从政治和社会角度来论述的，当代历史学家也论及此现象，唐长孺提出："南朝广泛存在着寒门地主与富有的商人，为了取得财富的保障，他们力求开辟和扩大自己的政治道路。"② 赵翼侧重皇帝的角度，而唐先生则更关注寒人主动的方面。

南朝皇权的回归还体现在地方层面，外托宗室。刘裕任用皇子担任荆州刺史，宗室担任扬州刺史。扬州在长江下游，荆州在长江中游，只要控制住了这两个地区，南方政局就基本稳定了。因此分别由皇子、宗室来担任这两个重要战略地区的长官。任用宗室，说明南朝皇权虽然有所回归，但是还不够强。如果皇权没有回归，宗

---

① 赵翼著，王树民校证《廿二史札记校证》卷八"南朝多以寒人掌机要"，中华书局，1984年，172—173页。
② 唐长孺《南朝寒人的兴起》，见唐长孺《魏晋南北朝史论丛续编》，生活·读书·新知三联书店，1959年，97页。

室也难以获得重用，一如东晋的情况。南朝皇权有所上升，开始重用宗室。但重用宗室是个两难问题。一方面重用宗室，让他们去担任重要地区的长官；另一方面有西汉、西晋的前车之鉴，皇帝对宗室很不信任。皇帝给宗室以权力，又对宗室严格控制、派人监视，甚至还有宋、齐屠戮宗室的事件发生。这也是制度演进中的现象，宗室政策到了北宋相对比较成熟，北宋在经济上给予宗室特权，但在政治上限制他们的参与。南朝宗室制度尚未成熟，所以宗室问题反复出现，难以解决。

南朝政治最主要的特点，如祝总斌总结：高级士族的进一步没落，寒族的逐渐兴起，以及与之相应的、实际政治中君权的伸张。

三、汉化胡化与北朝主流论

（一）汉化与胡化

汉化，是对历史上进入中原地区的非汉族而言的。历史上由进入中原的少数族建立的政权，多多少少都存在汉化的现象。对于汉化的看法，随着认识的推进，以及不同时代的不同情况，也出现了一些变化。以前学界说北族汉化主要强调这些北方的统治者认为自身文化落后于汉族文化，所以他们主动地去学习。现在学界说到汉化，更多地强调当北族的统治者在中原地区建立政权之后，他们为了有效地统治汉地而有目的地吸收、利用汉文化。这一点在历史早期和历史晚期也不太一样，越往后的非汉族统治者就越是有目的地引进利用汉文化，以加强他们对汉地的统治。胡化是对汉人而言的，指中原汉人的生活习惯、文化受到了北族的影响。

首先是北魏的汉化和六镇的胡化问题。北魏孝文帝拓跋宏（467—499）在位将近30年，可以490年为节点分为两个阶段，前期是孝文帝祖母冯太后（441—490）秉政时期，后期是孝文帝亲政时期。无论是冯太后秉政，还是孝文帝亲政，这两个时期主要的趋势都是进行汉化改革。

冯太后秉政时期，开始重用汉人官僚，由他们进行汉化的改革。到了孝文帝亲政以后，沿着这个趋势走得更远。491年，孝文帝采纳"五德终始说"，确定了北魏在五行中的位次，将东晋、宋、齐和十六国定为僭伪，北魏承西晋之金德为水德。对五行的宣示，是孝文帝对汉文化的利用。孝文帝为了加强他对汉地的控制，让汉人更加认同北魏政权，采用了这套五行相生的说法，把与北魏对立的南方政权认定为僭伪，申明自己才是正统所在。

孝文帝另一重大举措是太和十八年（494）迁都，由平城（今大同）迁都洛阳。《魏书·元澄传》记载："国家兴自北土，徙居平城，虽富有四海，文轨未一，此间用武之地，非可文治，移风易俗，信为甚难。崤函帝宅，河洛王里，因兹大举，光宅中原。"这是一个冠冕堂皇的理由，情况也确实如此，北魏进入中原越来越深，以大同这个地方来控制中原是不方便的，更好的选择就是洛阳。从地理位置来讲，洛阳地处中原，对控制北方包括进取南方都是有利的；更重要的是，孝文帝以"五行相生"来证明北魏政权的正统，上承西晋，洛阳不仅是古都，而且还是西晋的都城，迁都洛阳对北魏政权合法性的塑造，加强汉人对其政权的认同都是很有帮助的。这是孝文帝迁都的重要背景。另外还有一个背景：不少鲜卑贵族反对冯太后和孝文帝的汉化改革。冯太后的改革尚未明显触动旧势力的利益，孝文帝的改革对旧势力利益的触动比较大，所以遇到的反对声音更大。这种情况下，孝文帝迁都也是要摆脱旧势力的束缚，新的空间更有利于他实现政治抱负。

迁都洛阳后，孝文帝继续推行改革，改汉姓、定姓族。改汉姓，就是将鲜卑复姓改为音或意相近的汉姓，"诸功臣旧族自代来者，姓或重复,皆改之。于是始改拔拔氏为长孙氏,达奚氏为奚氏,乙旃氏为叔孙氏,丘穆陵氏为穆氏,步六孤氏为陆氏,贺赖氏为贺氏,独孤氏为刘氏"(《资治通鉴》卷一四〇)等,皇族拓跋改姓元,就是改汉姓的结果。孝文帝另一汉化举措是定姓族。在门阀政治和士族政治下,东晋和南朝前期形成了一些相对固定的社会等级,比如膏腴之族、华族、次门、役门等等,成为固定化的门第。孝文帝定姓族,一方面把山东旧族吸纳进来,就是崔、卢、李、郑这些在东汉以后就形成的大族,依然给他们比较高的社会地位;同时,对那些跟着他从平城到洛阳来的功臣,通过定姓族的方式固定他们在社会上的高级地位。但北魏和东晋南朝不同,南朝有一句话,叫"士大夫故非天子所命",就是皇帝也无权或者说很难改变一个家族的社会地位,而北朝的情况却正是皇帝用他的皇权来塑造社会结构。唐长孺有论,"孝文帝定士族,以当代官爵为主要标准,从而突破了'士族旧籍'的限止,建立了新的门阀序列","以朝廷的威权采取法律形式来制定门阀序列,北魏孝文帝定士族是第一次"。① 阎步克也认为,"北魏的士族高下,更多是由皇权确定、以当朝官爵为准"②。两位学者都指出了北魏与东晋南朝的差别,北魏是以皇权塑造社会结构。因此,北魏孝文帝的汉化不能仅仅视为对南朝的一味模仿,进而,孝文帝的改革甚至不仅是单向度的南朝化或汉化,而且他还要继承汉魏,重塑华夏传统③。

汉化的另一项措施,是禁止迁洛之鲜卑人穿着鲜卑的服饰、使用鲜卑的语言。"断诸北语,一从正音"(《魏书·元禧传》),要说汉语。从这一点来看,孝文帝的汉化确有独特的一面,一方面,他要

---

① 唐长孺《论北魏孝文帝定姓族》,见唐长孺《魏晋南北朝史论拾遗》,中华书局,1983年,83、91页。
② 阎步克《波峰与波谷——秦汉魏晋南北朝的政治文明》,177页。
③ 罗新《说北魏孝文帝之赐名》,见罗新《王化与山险:中古边裔论集》,北京大学出版社,2019年,215页。

利用汉文化加强统治的稳定性，另一方面，他也仰慕汉文化，所以会禁止鲜卑服饰、鲜卑语言。而此后的历史就不是这样了，到了清代，清代也有汉化措施，但还将"满语骑射"定为国策，就是一方面要汉化，另一方面要保持自己的文化传统，保留自己的服饰、自己的语言、自己尚武的风气。此时鲜卑本族的文化意识还不强。

还有一项措施，鲜卑贵族死后不能归葬大同，全部葬在洛阳附近。这在一定程度上割断了迁洛鲜卑贵族和旧势力的联系。他们都葬在洛阳北边的北邙山上，留下了很多的墓葬和墓志。

以上是孝文帝的主要汉化措施，还是相当激进的。这种激进的措施一方面使北魏政权在中原扎了根，有利于它的统治，另一方面也造成了其内部的分裂。

北魏内部不同政治势力之间的矛盾，最主要的，就是迁洛集团和六镇集团的矛盾。迁洛集团是跟着孝文帝来到洛阳定姓族、改汉姓、说汉语的这批人。而六镇集团是什么呢？北魏时代长城以北地区是柔然的势力范围，柔然作为一个北方族群对北魏的压力是相当大的。北魏初年，为了防范柔然，在平城以北、阴山以南的地区自西向东设置了六个军镇，分别是沃野镇、怀朔镇、武川镇、抚冥镇、柔玄镇、怀荒镇，也就是设置了六个军区来防范柔然（图6.5）。六镇集团，就是这些将领、士兵和他们的后代。这批人没有迁洛，保持了原来的鲜卑旧俗。六镇的胡化，就是不仅这批人保持了鲜卑的旧俗和传统，而且这一地带的汉人也受胡人的影响有了鲜卑的文化风俗。迁洛集团和六镇集团的矛盾是后来造成北魏分裂、瓦解的最重要因素。陈寅恪就说："边塞六镇之鲜卑及胡化之汉族，则仍保留其本来之胡化，而不为洛都汉化之所浸染，故中央政权所在之洛阳其汉化愈深，则边塞六镇胡化民族对于汉化之反动亦愈甚，卒酿成六镇之叛乱。"[①] 陈先生敏锐地揭示出六镇集团与迁洛集团的矛盾。

---

① 陈寅恪《唐代政治史述论稿》上篇，商务印书馆，2011年，197页。

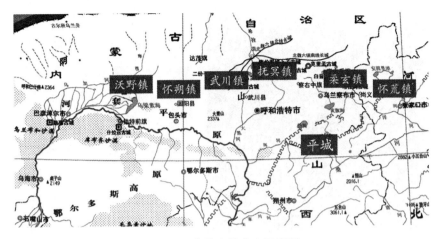

图 6.5 北魏六镇分布示意图

六镇集团的特点是什么？《魏书·元渊传》说这批人"征镇驱使，但为虞候白直，一生推迁，不过军主。然其往世房分留居京者得上品通官，在镇者便为清途所隔"。他们没有好的前途，一辈子升迁也不过是个中级军官，但他们家跟着孝文帝迁到洛阳的亲戚生活优越，都当了大官。在六镇的这批人"少年不得从师，长者不得游宦，独为匪人，言者流涕"，他们说起来这些就伤心。这批人与迁洛集团之间的隔阂、矛盾越来越大。六镇集团与迁洛集团矛盾的最终爆发就是 524 年的六镇之乱。六镇将领率兵打到了洛阳，北魏瓦解。

六镇之乱导致了北魏的瓦解，此后东魏、北齐和西魏、北周政权的核心成员也多属六镇集团，六镇之乱对北朝后期产生了深远影响。六镇军人当权之后，从表面上看，出现了与汉化反其道而行之的胡化现象。东魏、北齐时期，统治者重新使用鲜卑语，而且还出现了"鲜卑共轻中华朝士"的情况。西魏不但恢复了胡族诸将的胡姓，而且还广赐汉人胡姓。以上现象被称为胡化。如何来看待胡化？如果说汉化有一定的"进步"意义，那胡化是不是一种"反动"呢？六镇和迁洛集团这两个势力又如何重新结合在一起，成为北朝后期和隋唐统治集团的核心人物？下面通过一些具体的材料来看一看。

第六讲 门阀政治及其解体

作为传世文献的补充，墓志现在是研究南北朝历史，特别是北朝历史的重要资料。首先看一对夫妇的墓志（图6.6），丈夫王光，夫人叱罗招男。叱罗招男墓志中记载，她的祖父名叱罗退干，她的父亲名叱罗鉴。叱罗退干在其他的资料中有记载，一是在北魏太和十八年《孝文皇帝吊比干墓文》的碑阴题名里，有"直阁武卫中臣河南郡叱罗吐盖"。还有一方《元宝建墓志》，记"祖相国清河文献王，祖母河南罗氏"。元宝建的祖父是清河文献王，祖母是河南罗氏，而河南罗氏的父亲是罗盖，

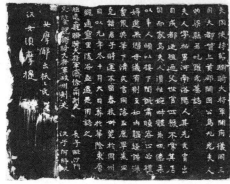

图 6.6 王光、叱罗招男夫妇墓志

官至"使持节，抚军将军，济、兖二州刺史"。在北魏孝文帝改汉姓以后，叱罗氏改成了罗氏，他的父亲罗盖如果没改汉姓，当为叱罗盖。叱罗盖、叱罗吐盖以及叱罗退干当为同一人。为什么他们应该是同一个人？从名字来看，"退干""吐盖"和"盖"当是对同一鲜卑语词的不同汉字译音，这种译音无定字现象，在当时人名上体现得相当突出。罗和叱罗因为改姓的缘故，也可以解释得通。从他的任职来说，济州、徐州刺史与济州、兖州刺史也有较强的相关性。所以我们可以确定叱罗招男的祖父就是叱罗盖或者叫罗盖，这个人出现在《孝文皇帝吊比干墓文》的碑阴题名中，表明他是孝文帝的随祭

官之一,是孝文帝的亲信。同时他的女儿又嫁给了孝文帝的儿子清河文献王,与孝文帝联姻,所以这个家族应该是孝文帝迁洛集团的核心家族之一。

再看叱罗招男的丈夫王光,叱罗招男墓志称之为乌丸光。王光墓志也记载了他家族的情况。王光的祖父是"使持节平南将军,并、雍二州刺史广阳公买",他的父亲是"持节征东将军,零丘太守,干阳侯于",这两个人的生平并不见于其他文献。墓志记述其"衔命居边,守兹蕃捍,遂家朔土,绵历四世",这个家族当是六镇家族,已经延续了几代。《魏书·元天穆传》称,北魏末年,"北镇纷乱,所在蜂起,六镇荡然,无复蕃捍,惟〔尔朱〕荣当职路冲,招聚散亡"。尔朱荣带兵打到了洛阳,与志文也能相互印证,"天柱大将军尔朱荣,率晋阳之甲匡定王室,援立孝庄,君颇有力焉",这个"君"即指王光,他跟随尔朱荣来到洛阳,从这个角度也可以得知,他是六镇集团的成员。

前文已述,六镇集团和迁洛汉化集团的矛盾很大,导致了六镇之乱的爆发。那么,分属迁洛核心家族的叱罗招男与北魏六镇集团的王光如何联姻?又产生了什么影响?虽然墓志里并没有记载,但是可以做一推测。北朝女子结婚的年龄基本在 13 岁左右,若以 13 岁作为叱罗招男嫁给王光的时间,可以知道两家联姻的时间当在永安三年(530)前后,而这个时间又恰恰是河阴之变(528)后不久。河阴之变是六镇集团打到洛阳以后,在河阴杀死了包括胡太后、幼帝以及两千多名王公、百官在内的汉化集团人士。动乱中,叱罗退干的儿子罗鉴一家逃过一劫,需要寻找新的靠山,于是他把女儿嫁给了六镇集团的将领王光(乌丸光)。与此推测相印证的是,东魏时期,元魏宗室女子多嫁给高欢家族以及其他六镇勋贵,和叱罗招男与王光的结合有类似之处。六镇集团和迁洛集团的矛盾导致了六镇之乱和北魏的瓦解,河阴之变后又通过婚姻的方式有所弥补,两个集团在新的形势下结合在一起，构成了新的统治集团。

上述两方墓志对王光名字的记载有所不同，叱罗招男墓志记载她的丈夫叫乌丸光，而几年以后王光自己的墓志却记载为王光，出现了胡姓、汉姓并用的现象。若检索其他材料可以知道，这种现象出现的时间比较晚，大体上是在北周建立以后。在隋代李丽仪墓志中，记载了她母亲家族的情况："母武川刘氏，长舅，柱国、荆安东南五十三州诸军事、荆州总管、荆州刺史、平原公顺。"大舅叫刘顺，二舅是"柱国、太保、荆州刺史、梁国公崇"，即刘崇。结合文献材料，可以知道这两个人的身份。在北朝，爵是平原公，且名顺的人只有侯莫陈顺；爵是梁国公，且名崇的人也只有侯莫陈崇，而且侯莫陈顺也恰恰是侯莫陈崇的兄长。所以墓志的刘顺、刘崇，就是侯莫陈顺、侯莫陈崇。侯莫陈和刘是什么关系呢？据庾信《周骠骑大将军开府侯莫陈道生墓志铭》，侯莫陈道生是"朔州武川人，本系阴山，出自国族。降及于魏，在秦作刘。……大统九年（543），更姓侯莫陈氏"。这个家族一直在北方的代郡武川生活，并没有跟随孝文帝迁洛，因此也没有被孝文帝赐汉姓，本姓刘，或者说早先与汉族聚居时间久了，便用了汉姓。从这个意义上来讲，西魏时期刘改侯莫陈就不是恢复他原来的胡姓，而是赐给他一个新的胡姓，这就说明西魏宇文泰赐鲜卑姓，不仅是针对汉人，而且还包含汉姓胡人。到了北周末年杨坚掌权后，把这些胡姓都恢复成汉姓了。不论是复汉姓还是赐胡姓，都是把汉人、胡人结合在一起，不区别对待，其目的是加强社会的整合，有助于族群的凝聚。

由六镇集团所建立的东魏北齐、西魏北周都有所谓胡化，但是此胡化与孝文帝的汉化是有差异的。汉化是北魏孝文帝改汉姓的目的，但是胡化并不是西魏复、赐胡姓的目的。第一，宇文泰复、赐胡姓有具体的政治目的，他不是为了胡化而胡化，复、赐胡姓的直接目的是在工具层面，而非胡化、汉化的价值层面。这与孝文帝改鲜卑姓为汉姓的意义有所不同。他的直接目的就是要塑造新的集团，这与孝文帝又有类似之处，但不完全一样。第二，西魏北周宇文泰在赐功臣鲜卑姓的同时，还经常赐功臣以名字，所赐的名都是汉字雅名，没有一个是鲜卑语名。① 即使仅从宇文泰赐姓名的角度来看，也并不能以单一的胡化来概括，一方面赐胡姓，另一方面还赐汉名，就说明他的目的不是单纯的胡化。第三，在复、赐胡姓的同时，宇文泰模仿《周礼》建立六官体制。《周礼》，一般认为是在战国到西汉之间写成的，主要讲的是儒家治国理政的理想，在后世被认为是三代制度的模板，在中国古代特别是在古代前半期，好几次改革都要回到《周礼》。《周礼》具有汉文化代表的意义。宇文泰模仿《周礼》，就是要站在汉文化的制高点上来进行他的制度改造。因此，从宇文泰改革的整体措施来看，并不是单纯的胡化和汉化，可以说他已经跳出了胡化和汉化，显示出整合胡族与汉族、创立新制度的取向。改革对社会的推进，是减少了胡汉矛盾。无论胡人还是汉人，同时被赐予胡姓、被赐予汉字雅名，到了隋朝建立之初，这一批人又不论胡汉，都被恢复汉姓。在这一波一波的重复、往返过程当中，胡和汉之间的区别慢慢泯灭，族群矛盾渐渐减少，他们慢慢地构成一个新的整体，文化上的融合，也塑造了北朝的"雄健之风"。

（二）北朝的雄健之风

《魏书》卷五三记载了一首北朝民歌，"李波小妹字雍容，褰裙逐马如卷蓬，左射右射必叠双。妇女尚如此，男子那可逢"，描绘了一位北方妇女的矫健形象。唐长孺指出"河北境内骑射之风的流行，

---

① 何德章《北朝鲜卑族人名的汉化——读北朝碑志札记之一》，《魏晋南北朝隋唐史资料》第14辑，武汉大学出版社，1996年。

反映了晋末以来内迁北方民族对汉族的巨大影响"①。这种影响表现为北朝的尚武、入世之风。宇文贵"少从师受学，尝辍书叹曰：男儿当提剑汗马以取公侯，何能如先生为博士也？"（《周书·宇文贵传》）李弼曾言："丈夫生世，会须履锋刃，平寇难，安社稷以取功名；安能碌碌依阶资以求荣位乎？"（《周书·李弼传》）高昂"每言男儿当横行天下，自取富贵，谁能端坐读书，作老博士也"（《北齐书·高昂传》）。都反映出当时的社会风气崇尚积极入世，通过战功获得荣耀、地位。这与南朝高门士族不务政事的态度形成了鲜明的对比。

（三）北朝主流论

如同北朝皇权强于南朝，从官僚制复兴角度，也可以看到北强于南的现象。法律是官僚制的结构性支撑，隋唐的法律就是从北朝一系发展而来。程树德在《九朝律考》中有所论述："自晋氏失驭，海内分裂，江左以清谈相尚，不崇名法。故其时中原律学，衰于南而盛于北。北朝自魏而齐而隋而唐，寻流溯源，自成一系，而南朝则与陈氏之亡而俱斩。窃尝推求其故，而知南朝诸律，实远逊北朝。"②从法律角度讲，南朝的法律到陈就已经走到了尽头，而北朝的法律则成为日后隋唐法律的重要基础，这与官僚制的复兴是密切结合的。

从这样的角度出发，田余庆、阎步克提出了"北朝主流论"。田余庆认为，"从宏观来看东晋南朝和十六国北朝全部历史运动的总体，其主流毕竟在北而不在南"；阎步克提出："汉唐盛世之间，魏晋南北朝是个帝国的低谷，北朝则构成了走出低谷、通向隋唐大帝国的历史出口。"他还在《变态与融合——魏晋南北朝》中说："与南

---

① 唐长孺《读〈李波小妹歌〉论北朝大族骑射之风》，《唐长孺社会文化史论丛》，武汉大学出版社，2001年，120页。
② 程树德《九朝律考》，中华书局，1963年，311页。

朝相比，北朝的官僚政治在运作上更为富有效能，而且在制度上赢得了众多进步。所以我们认为，北朝的强盛来自体制的力量，而体制的进步活力，则可以最终归结为北方的独特历史道路。……交替的'胡化'和'汉化'孕育出了强劲的官僚制化运动，它扭转了魏晋以来的帝国颓势，并构成了走出门阀士族政治、通向重振的隋唐大帝国的历史出口。"①北朝主流论，是从皇权、官僚制度、官僚政治的角度出发立论的。

最后，引用陈寅恪和费孝通的两段话，对本讲做一总结。陈寅恪认为，"李唐一族之所以崛兴，盖取塞外野蛮精悍之血，注入中原文化颓废之躯，旧染既除，新机重启，扩大恢张，遂能别创空前之世局"，文化的整合创造了隋唐繁荣的基础。费孝通说："汉族的壮大并不是单纯靠人口的自然增长，更重要的是靠吸收进入农业地区的非汉人，所以说是像滚雪球那样越滚越大。"②所谓的"五胡"到隋唐以后，除了羌以外都看不到了，他们并不是被消灭了，而是融入汉族中。而汉族由于吸收了大量他族成分，实际上也已经不再是原来的汉族了。这两段话概括了魏晋南北朝两个重要的历史遗产，一是文化的整合，二是族群的凝聚，这也构成了新统一帝国建立的重要基础。

阅读书目

田余庆《东晋门阀政治》之《释"王与马共天下"》《后论》，北京大学出版社，2012年。

祝总斌《试论魏晋南北朝的门阀制度》，见祝总斌《材不材斋史学丛稿》，中华

---

① 分见田余庆《东晋门阀政治》，345页；阎步克《波峰与波谷——秦汉魏晋南北朝的政治文明》，187页；阎步克《变态与融合——魏晋南北朝》，载吴宗国主编《中国古代官僚政治制度研究》，北京大学出版社，2004年，131页。

② 陈寅恪《李唐氏族之推测后记》，载《金明馆丛稿二编》，上海古籍出版社，1980年，303页；费孝通主编《中华民族多元一体格局》（修订本），中央民族大学出版社，1999年，16页。

书局，2009 年。

阎步克《波峰与波谷：秦汉魏晋南北朝的政治文明》第十二章，北京大学出版社，2017 年。

唐长孺《魏晋南北朝隋唐史三论》第二篇，中华书局，2011 年。

罗新《黑毡上的北魏皇帝（修订本）》，上海三联书店，2022 年。

祝总斌《评田余庆著〈东晋门阀政治〉》，《历史研究》1993 年第 1 期。

陈苏镇《东晋政治史研究的新成就——读〈东晋门阀政治〉》，《史学史研究》1989 年第 4 期。

第七讲
隋唐：回归统一帝国

一、新统一之重建

经过了近四百年的动荡和分裂，中国又走到了统一，隋唐在经济、社会、文化等方面，都比秦汉时代有所发展。统一之所以能达到更高的层次，和魏晋南北朝大分裂时期所提供的历史条件有关。

魏晋南北朝分裂时期留下的历史遗产，主要有三类，一是国土开发，二是族群凝聚，三是文化整合。族群的凝聚和文化的整合，在上一讲都已经谈到，这里着重讲一下国土开发的问题。所谓国土开发，主要是指对长江以南地区的开发。《禹贡》是先秦典籍《尚书》中的一篇，内容反映了《禹贡》成书时代，亦即战国人的天下观，还有当时人对天下土地肥沃程度的看法。《禹贡》将天下分为九州（图7.1），并对九州的土质进行了评价，分成上中下三等，下等的三个州为梁州、荆州和扬州，包括今天的四川、长江中游和长江下游地区。这些地区从中国古代后期一直到现在，都是经济发达的地区，而先秦时期的人却将其归类到土地最为贫瘠、土质最差的一等，其最主要的原因，就在于当时这些地区没有得到充分的开发和利用。

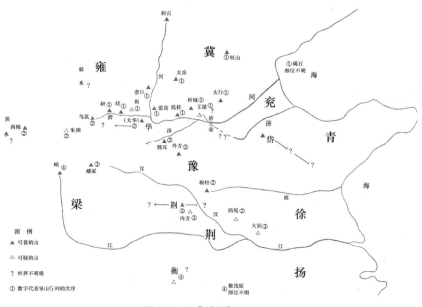

图 7.1 《禹贡》九州图

从汉代,特别是东汉以后开始,南方地区的土地开发工作渐渐有了进展。在南北朝期间,处于南方的政权为了自身政治的稳定,较为积极地对当地许多未开垦的地区进行了开发,南方的经济获得了显著进展。史称:扬州(今江南大部)"地广野丰,民勤本业,一岁或稔,则数郡忘饥。会土(今宁绍平原)带海傍湖,良畴亦数十万顷,膏腴上地,亩直一金","荆城(今湖北江陵)跨南楚之富,扬部有全吴之沃,鱼盐杞梓之利,充仞八方,丝绵布帛之饶,覆衣天下"。(《宋书》卷五四"史臣曰")

如何认识中国历史上的统一与分裂呢?根据葛剑雄的意见,"如果把基本上恢复前代的疆域、维持中原地区的和平安定作为标准,统一的时间是九百五十年"①。也就是从秦汉到明清时期,政权处于分裂比处于统一的时间要多,所以对于统一和分裂,应该看到它们是中国古代史发展过程中的不同形态。统一与分裂的不同时期,从

---

① 葛剑雄《统一与分裂》,商务印书馆,2013 年,65 页。

经济、政治发展角度看，也有着不同的特点。对于这个问题，田余庆认为："中国古代历史上有这样一种现象：中央集权国家，辉煌的文治武功，灿然可观的典章制度，规模巨大的建设工程，尽管多出现于统一时期，但是地区的经济、文化发展，包括小工程的兴建，却往往在分裂时期更为显著。一般来说，统一王朝的政治、文化以至经济中心多在首都及少数重镇，只有这些地方才有优先发展机会；远离交通干线的地区，例如南方腹地广大地区，发展速度则要缓慢一些。各地区发展的不平衡现象，往往在交替出现的分裂时期逐渐得到一些弥补。分裂时期的小国，为了自立自存，不得不勉力开发一些道路河渠等工程，以促进地区经济发展。而分裂时期地区经济的发展，又给以后出现的统一局面提供便利条件和更高的经济、文化基础。这是中国古代历史的一个周期性的发展过程。"[①] 不只是魏晋南北朝如此，从唐末五代的情况来考察，也同样可以得出类似的结论。总之，魏晋南北朝四百年的分裂，留下的最主要的遗产，即国土的开发、族群的凝聚、文化的整合，为隋唐官僚帝国更高层次的统一奠定了基础。

统一是由隋文帝杨坚完成的，杨坚与西魏北周的建立者宇文泰以及独孤信三个家族之间存在相互联姻关系。对于他们这种复杂的关系，赵翼在《廿二史札记》中指出，北周、隋、唐的建立者都出自北魏六镇之一的武川镇，他说武川镇是"王气所聚"。此后，陈寅恪在《隋唐制度渊源略论稿》中则从更具有现代学术意识的角度，提出"关陇集团"概念，或者称之为"关陇军事贵族集团"，北周、隋、唐从皇帝到将相大臣，多出自这个集团，集团内部的成员通过不同的方式紧密地联系在一起，联姻即手段之一。西魏北周的建立者宇

[①] 田余庆《古运河开发中所见的一个问题》，田余庆《秦汉魏晋史探微》（重订本），中华书局，2004年，400页。

文泰，其后代周明帝娶了独孤信的女儿，杨忠的儿子杨坚也娶了独孤信的女儿，杨坚和周明帝之间，用现在的话来说就是连襟的关系。他们都是当时统治集团的核心人物，独孤信是八柱国之一，杨忠是十二大将军之一，而隋文帝杨坚之所以能够比较轻易地获得政权，也是利用了这样的关系。此后，杨坚的女儿又成了周宣帝的皇后，杨坚顺理成章成了之后即位的周静帝的外祖父，故赵翼说"古来得天下之易，未有如隋文帝者"。581年杨坚建隋，年号开皇，并于589年平陈，完成了全国的统一。

隋朝（581—618）建立以后，北方的突厥分裂成了西突厥和东突厥，其势力有所削弱，对隋的军事压力有所减少，使隋拥有一个相对稳定的外部环境。在这样的情况下，隋朝进行了不少改革，在制度上多有创建，以此巩固统一局面，加强中央集权。其中，对后世影响最大的，一是改地方三级制为二级制，二是地方佐官由中央任命。

三级制形成的背景是东汉末年的黄巾起义，州从监察区变成了行政区，行政区划从郡县二级制变成了州郡县三级制，由此催生了割据和之后的分裂局面。三级制在整个魏晋南北朝时期，一个突出的问题是"州郡"这样的高级行政区数量急剧膨胀，其原因主要在于，统治者将地方官职作为对将领功臣的封授和奖励，使得"一郡分为四五，一县割成两三"（《宋书》卷一一"志序"），"牧守令长，虚增其数……百室之邑，便立州名，三户之民，空张郡目"（《北齐书·文宣帝纪》）。西晋统一时，全国仅有19个州，而南北朝后期的梁大同（535—546）年间，仅梁便有104个州，加上同时期北方东魏、西魏州的数量，总共达到220个州，州的数目增加了十倍多。之后北周灭北齐，统一北方，仅北方就有211个州，远远超过西晋统一时期州的数量。州数量膨胀造成的结果，是中央所直接面对的高级行政区数量太多，用现代行政学的话来说，就是"管理幅度过大"。

同时，三级的管理层次使得政令下达的速度受到影响，不利于中央对地方的有效控制。隋建国以后，问题更加突出。隋初民部尚书杨尚希曾说："当今郡县，倍多于古，或地无百里，数县并置，或户不满千，二郡分领。具僚以众，资费日多，吏卒人倍，租调岁减……所谓民少官多，十羊九牧。"（《隋书·杨尚希传》）为迅速解决问题，隋文帝采取了快刀斩乱麻的办法，"罢天下诸郡"，直接将三级制变成了州县二级制，全国的州数控制在 300 个左右。隋炀帝即位后把州改名为郡，数量进一步压缩到 190 个。

与之相呼应的制度建设，是地方佐官由中央任命，加强了中央对地方官员的管理和控制。《隋书·百官志》载："别置品官，皆吏部除授，每岁考殿最，刺史、县令三年一迁，佐官四年一迁"，所有九品以上的官员都由中央六部之一的吏部进行管理，每年都要对官员进行考核。同时，针对南北朝时期，刺史迁官时能携佐官一起迁转而形成利益集团的问题，将刺史和佐官通过迁转年限的不同区别开来，刺史、县令三年一迁，佐官四年一迁，使长官和他们的佐官不可能长期地待在一起，加强了对地方官的管理。《通典》卷一四载隋文帝时铨选制度，"〔吏部〕尚书举其大者，〔吏部〕侍郎铨其小者，则六品以下官吏，咸吏部所掌。自是，海内一命以上之官，州郡无复辟署矣"。南北朝时期，地方官有权辟署自己的僚佐，隋代则将这一部分权力收回了，九品以上的官员都由吏部任命，加强了隋的中央集权，给唐代以后的制度奠定了基础。

隋文帝去世，隋炀帝杨广即位。为了更有效地控制关东和江南地区，隋炀帝启动了两项大工程：一是营建新的统治据点东都洛阳，每月役丁达到二百万人，不到一年即告竣工；二是开凿大运河（图 7.2），从交通上沟通南北。其出发点都是为了巩固统一，但由于对当时社会产生了很大冲击，也是造成隋速亡的重要因素。从短期看，大运河的开凿加速了隋朝的崩溃，从长远来看，其历史功绩也是不可忽略的。唐代《元和郡县图志》说:"隋氏作之虽劳,后代实受其利。"明代学者于慎行在《谷山笔麈》卷一二《形势》中认为:"炀帝此举,为其国促数年之祚,而为后世开万世之利,可谓不仁而有功者矣。"直到今天,南水北调工程的很多段也都利用了大运河。

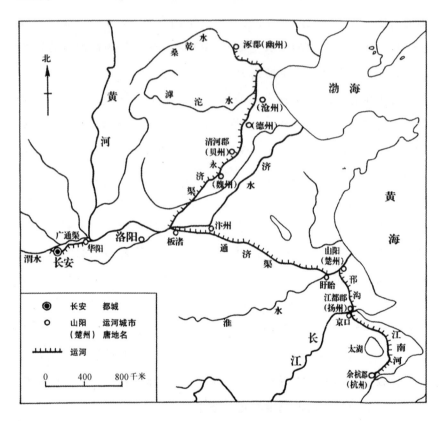

图 7.2 隋唐大运河示意图

二、唐代政治大势

唐代(618—907)二百九十年的政治发展,大体以持续八年的安史之乱(755—763)为界,之前是蒸蒸日上期,先后出现了"贞观之治""开天（开元、天宝）盛世"这两个所谓的"治世"时期，其后经过安史之乱的动荡，唐代仍然维持了一百多年，不过却是方镇林立、中央地方关系比较复杂的时期。下面分别对这两个时期做简单的介绍。

李唐家族同样出自关陇军事贵族集团，与独孤家族、杨隋家族有联姻关系。独孤信的两个女儿分别嫁给了隋文帝杨坚和唐高祖的父亲李昞，唐高祖李渊（566—635）是隋文帝独孤皇后的外甥，也就是隋炀帝的表兄。唐高祖之后的皇帝，是唐太宗李世民（599—649），他在回顾自己的辉煌历史时称："朕年十八便为经纶王业，北剪刘武周，西平薛举，东擒窦建德、王世充，二十四而天下定，二十九而居大位，四夷降伏，海内乂安。"（《贞观政要》卷一〇"论灾祥"）李世民跟随其父从太原起兵，作为重要将领，东征西讨，立下了显赫的功劳。当然，李世民是通过"玄武门之变"的非正常手段，杀害哥哥李建成和弟弟李元吉，逼迫高祖李渊退位，才得以登上皇位的。李世民即位以后，对此前的历史记录进行篡改，对于李渊和李建成都有所贬低。现代学者研究发现，从太原起兵到李唐建国，无论是李渊还是李建成，都发挥了重要作用。李世民在前方征战，李建成主要负责后勤工作，二者能力都比较强，均为李唐的建国做出了重要贡献。

太宗时期，政治较为清明，形成了"贞观之治"。李世民死后葬于昭陵，现存有著名的"昭陵六骏"浮雕，展现了李世民生前骑过的六匹战马，图中展示的是其中两匹，拳毛䯄（图 7.3）和飒露紫（图 7.4）。太宗之后是高宗、中宗、睿宗、武则天，又经过中宗、殇帝、睿宗到玄宗，唐朝处于蒸蒸日上的发展阶段。其中值得一提的是武则天（624—705），她出身于军功贵族之家，但并不属于关陇贵族集团的高层。武则天年轻时入宫，成了唐太宗的才人，是等级较低的姬妾。唐太宗去世后，部分未曾生育的姬妾按照惯例都要出家，唐高宗李治（628—683）在尼姑庵里见到了武则天，将她迎回宫中，封为嫔妃。直到永徽六年（655），高宗废原配王皇后，立武则天为皇后，史称"废王立武"。

图 7.3　拳毛䯄

图 7.4　飒露紫

王皇后家族属于关陇贵族集团的高层，"废王立武"的过程中，关陇贵族大多持反对意见。在高宗坚持废王皇后、立武则天之后，在政治上对关陇贵族，特别是其高层进行打击。先后贬褚遂良、韩瑗、来济、柳奭，显庆四年（659），罢关陇贵族的代表人物长孙无忌，后逼其自杀。这使得从北周到唐初以来的关陇贵族集团，受到了巨大的冲击。武则天趁着高宗身体不好的机会，掌握了一系列大权，成为中国历史上唯一的女皇帝。武则天在打击关陇贵族的同时，也用新人弥补这些空缺，发现并提拔了一批人才。史称"太后虽滥以禄位收天下人心，然不称职者，寻亦黜之，或加刑诛。挟刑赏之柄以驾御天下，政由己出，明察善断，故当时英贤亦竞为之用"（《资治通鉴》卷二〇五）。玄宗时期一些重要的官员，多是武则天时被提拔起来的，可以说武则天的一系列选拔人才的举措，为此后的盛世奠定了人才基础。陈寅恪《唐代政治史述论稿》也从武则天破坏关中本位政策，扩大用人范围角度论述道："故武周之代李唐，不仅为政治之变迁，实亦社会之革命。"①陈寅恪的书，比较难读，大家可

---

① 陈寅恪《唐代政治史述论稿》上篇，商务印书馆，2011年，202页。

参考汪荣祖《陈寅恪评传》，帮助了解陈寅恪先生的学术思想和学术观点。图7.5是唐高宗、武则天合葬的乾陵，陵墓依山而造，与秦始皇的覆土为陵有所区别。乾陵也是唐代帝陵中目前所知的唯一没有被盗掘的。

图7.5 乾陵

唐玄宗即位以后，唐代发展到了鼎盛的时期，《通典》卷七记载当时海晏河清、天下太平的情况说："至〔开元〕十三年（725）封泰山，米斗至十三文，青、齐谷斗至五文。自后天下无贵物，两京米斗不至二十文，面三十二文，绢一匹二百一十二文。东至宋、汴，西至岐州，夹路列店肆待客，酒馔丰溢。每店皆有驴赁客乘，倏忽数十里，谓之驿驴。南诣荆、襄，北至太原、范阳，西至蜀川、凉府，皆有店肆，以供商旅。远适数千里，不持寸刃。二十年，户七百八十六万一千二百三十六，口四千五百四十三万一千二百六十五。天宝元年（742），户八百三十四万八千三百九十五，口四千五百三十一万一千二百七十二。"户口数的增长，意味着国家能力的提高、中央集权的增强,这就是所谓的"开天盛世",与"文景之治""贞观之治"有很大不同。"文景之治"的特点是与民休息,百姓的生活相对安定,"贞观之治"的特点是政治清明,而"开天盛世"的特点是国家与百姓都比较富庶,且国力较强,杜甫诗曰"公私仓廪俱丰实",即"盛唐气象"的体现。位于唐长安东北龙首原上,居高临下的大明宫(图7.6),也是其代表。

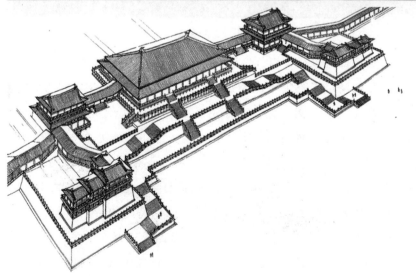

图7.6 大明宫含元殿遗址(上)及形制复原透视图(下)

然而，恰恰是在繁荣的天宝年间，出现了安史之乱这种巨大的社会动荡。其实，隐患在和平时期已经渐渐显露出来，与当时唐代的军事制度有密切关系。唐前期，实行府兵制，它有两个特点。一是"兵民合一"，《新唐书·兵志》载："府兵之置，居无事时耕于野，其番上者，宿卫京师而已。"平时民丁照常耕地，有常规的军事训练，定期去京师或边地宿卫，战时参军打仗。二是"兵将分离"，"若四方有事，则命将以出，事解辄罢，兵散于府，将归于朝"，以此防止将领专兵，对中央对皇权构成威胁。但没有无弊之制，府兵制兵将分离造成了"兵不知将，将不知兵"的问题，军队的战斗力会有所削弱。另外，在地域分布上，府兵制也有其特殊性。统领府兵的基层组织是折冲府，约有600个，其中40%设于唐首都附近的关中地区，接近关中的河东河南一带折冲府也比较多。其目的，在于"举关中之众以临四方"，即维持中央对地方的控制力。图7.7所示的是发兵时用的鱼符，与秦的虎符作用类似，但唐鱼符比秦虎符进步之处在于，皇帝手里拿的一半并非一个，而是多个，可以使皇帝的命令更具连续性，这是技术的进步。

图 7.7　唐道渠府鱼符拓片

玄宗时，社会承平日久，"四方丰稔，百姓乐业，户计一千余万，米每斗三钱。丁壮之夫，不识兵器，路不拾遗，行不赍粮"（《唐语林》卷三《夙慧》）。其中关键的一句是"丁壮之夫，不识兵器"，是说成人对武器、战争也相当陌生。《唐会要》卷二七载，"天宝末，天子以中原太平，修文教，废武备，销锋镝，以弱天下豪杰……不肖子弟为武官者，父兄摈之不齿"，百姓不以当兵为荣。府兵卫士"皆市人白徒，富者贩缯彩、食粱肉，壮者角抵拔河，翘木扛铁，日以寝斗，有事乃股栗不能授甲"。中原府兵日益积弱，边境的压力却丝毫没有减轻，东北有契丹，北部有突厥，西部吐蕃也已兴起。为此，朝廷在边州设置重兵。

为了备边，唐中央在边境设立了十个军区性质的方镇，其领导者称为节度使，管理方式与府兵也不一样。府兵制为征兵制，方镇则是以募兵保证兵源；府兵制是兵将分离，方镇则是兵将合一。节度使军队的战斗力要胜于府兵。从分布上看，天宝年间的中央军只有9万，而边镇兵却达到了49万，府兵制以中央控制地方的局面已然无存，从"内重外轻"变成"外重内轻"。

此外，唐代将领的身份也与安史之乱的爆发有一定关系。唐代重用蕃兵、蕃将，安史之乱前夕，北部和西部的范阳节度使、平卢节度使、河东节度使、朔方节度使、陇右节度使都是蕃将。安禄山是粟特人，安思顺是突厥人，哥舒翰是突骑施人（表7.1）。天宝年间战功卓著，曾任安西节度使的高仙芝，是高句丽人。安禄山颇得唐玄宗、杨贵妃的信任，身兼三节度使，也是"安史之乱"的始作俑者之一。唐玄宗天宝十四载（755），安禄山以讨杨国忠为名，发兵15万在范阳（今北京地区）起兵，安史之乱由此爆发。安史之乱影响颇广，持续八年，在此期间，玄宗逃难到成都，其子在宁夏灵武称帝，即唐肃宗。

表 7.1　安史之乱前夕西、北节度使族属状况表

职位	任职者	族属
范阳节度使	安禄山	粟特
平卢节度使		
河东节度使		
朔方节度使	安思顺	突厥
陇右节度使	哥舒翰	突骑施

安史之乱是唐朝历史的转折点，其后，唐朝陷入相对混乱的时期，制度也发生了较大的调整，其中对后世影响最大的，是地方制度的变革。为了镇压安史之乱，唐廷将方镇的形式从边境扩展到内地，以此整合地方势力，加快平叛速度。唐前期曾设置监察区"道"，贞观设十道，开元增为十五道。安史之乱时，中央利用"道"的长官采访使，让其兼任节度使，把监察官和军事将领合一，形成了方镇、州、县的三级制。东汉后期为镇压黄巾起义，将郡县二级变成了州郡县三级，造成了地方的割据，唐后期三级制下，割据也再次发生。《新唐书·兵志》载："方镇相望于内地，大者连州十余，小者犹兼三四，故兵骄则逐帅，帅强则叛上。或父死子握其兵而不肯代，或取舍由于士卒，往往自择将吏，号为'留后'，以邀命于朝。天子顾力不能制，则忍耻含垢，因而抚之，谓之姑息之政。"部分方镇的代际传承不由中央任命，而由方镇内部决定。部分方镇的官吏也由节度使自己任免，赋税也不向朝廷上贡，在政治、经济上都是独立于中央的状态。

需要注意的是，虽然当时的方镇很多，但是真正达到上述情况的，则主要是河北地区的方镇，即安史之乱的策源地，"虽名藩臣，羁縻而已"（《资治通鉴》卷二二三）。东南地区的方镇是国家能够控制的，中原、西南、西北地区则处于上述两种方镇的中间状态，虽与中央存在摩擦，但没有达到割据的程度，更深入的探讨可参考张国

刚《唐代藩镇研究》。

肃宗、代宗以后，中央致力于加强中央集权、约束方镇，扭转安史之乱时期"外重内轻"的局面，大力加强中央禁军建设。德宗扩大中央禁军之一的神策军，贞元十二年（796），设立左右神策护军中尉，由宦官担任，统领神策军。神策军的数量一度达到15万人左右，战斗力也较强。皇帝出于对武将的不信任，任命身边亲近的宦官担任禁军首领，也加剧了唐后期"宦官专权"的问题。唐代一直有宦官，但在玄宗以前，宦官对政治没有太大的影响，《资治通鉴》卷二六三说"宦官之祸，始于明皇，盛于肃、代，成于德宗，极于昭宗"。唐玄宗时期，著名的宦官高力士深得玄宗信任，参与了一些政务的处理，玄宗曾说，如果夜里是高力士值班，他睡得就比较踏实。这个时候，宦官并没有达到专权的程度，而到了肃宗、代宗时，情况有了变化。李辅国是肃宗在灵武即位时重要的支持者之一，深得肃宗信任，曾对刚刚即位的代宗说："大家但内里坐，外事听老奴处分。"（《旧唐书·李辅国传》）代宗时的程元振、鱼朝恩，则进一步达到了专权的程度，所以胡三省评价说，"去程得鱼，所谓去虺得虎也"（《资治通鉴》卷二二三），用鱼朝恩替代了程元振，好比除去一条毒蛇又来了一头老虎。所谓"成于德宗"，是指德宗让宦官担任神策护军中尉的安排，导致了唐朝宦官权力相当突出。传统史家往往强调唐后期宦官掌握了皇帝的废立，但新的研究认为这是一种错觉①。唐后期皇帝与宦官相互利用的复杂关系，值得进一步思考。

安史之乱后，唐代还能维持百余年的时间。要理解这样一个问题，需要结合唐代对南方的控制来考察。唐宪宗时期的《元和国计簿》载："天下方镇凡四十八，管州府二百九十五，县一千四百五十

---

① 陆扬《9世纪唐朝政治中的宦官领袖》，见陆扬《清流文化与唐帝国》，北京大学出版社，2016年。

三，户二百四十四万二百五十四，其凤翔、鄜坊、邠宁、振武、泾原、银夏、灵盐、河东、易定、魏博、镇冀、范阳、沧景、淮西、淄青十五道，凡七十一州，不申户口，每岁赋入倚办，止于浙江东西、宣歙、淮南、江西、鄂岳、福建、湖南等八道，合四十九州，一百四十四万户。"可见，中央租赋所依赖的是南方地区。《资治通鉴》卷二三二载：德宗贞元二年（786）"关中仓廪竭，禁军或自脱巾呼于道曰：'拘吾于军而不给粮，吾罪人也。'上忧之甚，会〔浙江东、西节度使〕韩滉运米三万斛至陕，李泌即奏之，上喜，遽至东宫谓太子曰：'米已至陕，吾父子得生矣。'"中央政权，甚至皇帝的存立，都与东南地区的支持有关。反过来说，中央之所以能够存在，也是和对东南地区的控制有关，正如唐人杜牧所言"江淮赋税，国用根本"（《樊川文集》卷一一《上李太尉论江贼书》）。

唐中央对东南的有效控制以及东南财富对北方的支持，靠的是隋炀帝开凿的大运河。从中国古代都城的移动来看（图7.8），由作为经济重心的南方支持作为政治中心的北方，不仅唐代如此，明清也是如此，体现了大运河的巨大历史价值。大运河的开凿，贯穿海河、黄河、淮河、长江、钱塘江五大水系，真正将中国历史上最基本的南北两大区，密切沟通起来，是唐代得以维系的重要基础。此后的政治中心从西往东移、经济重心从北向南移都与此息息相关。唐朝通过控制东南地区延续中央政权，而当其失去这种控制力的时候，唐朝也走向了灭亡。唐末方镇"皆自擅兵赋，迭相吞噬，朝廷不能制。江淮转运路绝，两河、江淮赋不上供，但岁时献奉而已。国命所能制者，河西、山南、剑南、岭南西道数十州。大约郡将自擅，常赋殆绝，藩侯废置，不自朝廷，王业于是荡然"（《旧唐书·僖宗本纪》）。907年，朱全忠（朱温）废哀帝，建都于汴，改国号为梁，史称后梁，唐灭亡。

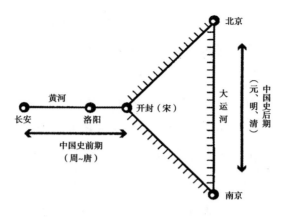

图 7.8　中国古代都城移动示意图

三、承上启下的隋唐制度

隋唐制度的"承上启下",可以从隋唐对于魏晋南北朝制度的继承、延续以及开创后代制度基础的角度来考察。陈寅恪有言:"综括言之,唐代之史可分前后两期,前期结束南北朝相承之旧局面,后期开启赵宋以降之新局面,关于政治、社会、经济者如此,关于文化、学术者亦莫不如此。"①从政治制度发展的角度来说,也可以分成类似的前后二期。本节主要从政治、财政、法制三个方面对隋唐的制度做简要介绍,具体来说是指三省制及其瓦解、从租庸调制到两税法、法律体系及其变化。

隋唐时期的"三省",是指尚书省、中书省、门下省,其长官是宰相。两汉实行的三公制中,三公是宰相。前面章节略有提及,尚书从汉武帝时开始发展,从作为管理文书的小官,逐渐获得了一些参政的权力,东汉时期成立尚书台,史称"虽置三公,事归台阁",三公虽仍是名义上的宰相,但其权力已被尚书台分去了部分。西晋

---

① 陈寅恪《论韩愈》,陈寅恪《金明馆丛稿初编》,生活·读书·新知三联书店,2001 年,332 页。

时期，尚书台便成为正式的宰相机构，其长官尚书令也获得了稳定的宰相权力，即议政权和监督百官执行权，三公变成尊崇之位，不再拥有实权。

作为宰相机构的尚书台和三公制之间的差异，主要表现在两个方面：第一是尚书符的使用。古代下行的公文书可以泛称为"符"，所谓"尚书符"指的是尚书可以根据当时的法律法规以及皇帝批准的原则，直接、自行处理事务，不必报请皇帝。而在三公制下，理论上所有事务、命令都从皇帝发出。尚书符的出现，是分层决策的发展，其发展的基础与全国政事的不断增加、皇帝不可能事事过问有直接关系。第二是各个长官与其属官的关系。三公制下的丞相有丞相府，丞相与府属之间构成了一种"君臣关系"，而尚书台的所有官员都由皇帝任命，所以不存在这种"君臣关系"，体现了一定理性行政的因素。

再看中书省。中书省原没有固定的机构，西汉时主要是由宦官担任的中尚书，承担省读文书的工作，西汉后期被废。至魏晋以后，中书重新建立，并获得了协助皇帝起草诏书的权力。南朝后期，中书省有了突出的进展，《隋书·百官志》载陈"国之政事，并由中书省。有中书舍人五人，领主事十人，书吏二百人。书吏不足，并取助书。分掌二十一局事，各当尚书诸曹，并为上司，总国内机要，而尚书唯听受而已"。说明中书省在南朝陈已凌驾于作为宰相机构的尚书省之上。中书省设立二十一局，作为尚书省所设二十一曹的上司，指导尚书诸曹的工作，显露出中书省替代尚书省成为新宰相机构的态势。历史并没有重复，隋唐形成了三省鼎立并为宰相机构之局面，南朝中书省的发展，为三省制的出现准备了条件[1]。

门下省同中书省一样，在西汉时没有具体的机构，只有侍中这

---

[1] 关于尚书、中书的发展，参祝总斌《两汉魏晋南北朝宰相制度研究》第6章、第9章，北京大学出版社，2017年。

一职位，"中"指在皇帝身边工作，"侍"表侍奉，侍中主要管理皇帝的生活起居。东汉设置了侍中寺，除了服务皇帝生活，还获得了一些参政的机会，帮助皇帝先行审查尚书呈递的文书。西晋时，侍中寺更名为门下省。东晋以后，门下省获得了"发布诏书"这项重要的职任，被称为"喉舌之任"。表7.2展示了梁、北齐、隋文帝、隋炀帝时期门下省下属诸局的情况，梁门下省有公车、太官、太医、骅骝厩，北齐门下省有主衣、尚食、尚药、殿中、斋帅、领左右，隋文帝时门下省有御府、尚食、尚药、殿内、城门、符玺六局。

表7.2 四朝门下省诸局情况表

朝代	门下省诸局					
梁	公车	太官	太医	骅骝厩		
北齐	主衣	尚食	尚药	殿中	斋帅	领左右
隋文帝	御府	尚食	尚药	殿内	城门	符玺
隋炀帝	符玺					

从名称上可以发现，这些机构主要是具有服务皇帝衣、食、行、医药等生活起居的性质。值得注意的是，隋文帝时期的符玺局掌管皇帝的印玺，与皇帝下发诏书相关，到了炀帝时期，六局仅留符玺局，其余都被移出门下省，又设置给事郎，省读尚书奏案。给皇帝生活服务的诸局，移出门下省，另外组成殿内省，统尚食、尚药、尚衣、尚舍、尚乘、尚辇六局。经过这一系列的变革，门下省最终摆脱了汉代以来服务于皇帝生活起居的色彩。

与中书省、门下省的职能调整相适应，两省在宫中的位置，也在隋文帝时期从皇帝的生活区移至皇帝的办公区，两省已成为比较纯粹的政务机构，三省制逐渐形成。

三省制下，中书省、门下省、尚书省三省的长官共同构成宰相团体，是一种集体宰相制，他们上午在政事堂共同议政，下午回各自官署办公。从这个角度讲,决策和行政相互分离,这是三省制的第一个特点。其次,三省按照政务处理程序分工,中书省协助皇帝起草诏书,门下省进行审核、颁发,尚书省具体执行,也是一种分权,但这种分权不同于三公鼎立时期的分权。三公鼎立时期的三公,其权力按照处理事务的不同来分割,如民政、军事、公共工程等。

唐前期,皇帝和大臣能比较好地尊重、利用制度。据《贞观政要·纳谏》,唐太宗时,宰相"右仆射封德彝等,并欲中男十八已上简点入军。敕三四出,〔给事中魏〕徵执奏以为不可",太宗怒,命令门下省出敕下发,但是魏徵依旧"不从,不肯署敕"。当时的尚书右仆射封德彝为了增加兵源,提议降低参军年龄,让18岁以上的男子从军,唐太宗对此表示认可,因此起草诏书,但在诏书下发的过程中,门下省官员表示反对。制度上,诏书下发需要门下省的长官侍中、副官黄门侍郎、判官给事中分别签字,而给事中魏徵不签字,最终不了了之。太宗经过反思,认为魏徵的做法是正确的,所以后来明确表示:"凡制敕不便,有执奏者,进其考",下属机构或官员发现朝廷决策有不合理的地方,暂缓执行并及时报告的话,年终考核时会得到奖励。合理利用制度对权力进行制约,避免非理性决策,形成了贞观时期比较清明的政治气氛。

作为决策体制的三省制实际上只存在于唐前期,到了玄宗时期,三省制基本瓦解。玄宗开元十一年（723）,进行了一项重要的改革,改政事堂号"中书门下"。这里不仅仅是改个名字这么简单,而是"列五房于其后,一曰吏房,二曰枢机房,三曰兵房,四曰户房,五曰刑礼房,分曹以主众务"(《新唐书·百官志一》)。从名字可以推测,这五房与此前的六部颇为类似,而中书门下与五房结合在一起,是把决策和行政又结合在了一起,中书门下掌握了从决策到执行的全部权力,成为最高的决策兼行政机关,这样一来,唐初以政务处理程序分工、决策与行政分离的三省制名存实亡,预示了此后中国古代中枢机构的演变方向，即从三省到一省的发展。对此问题的研究，可以参考吴宗国《盛唐政治制度研究》，以及刘后滨《唐代中书门下体制研究》。

决策系统之下是行政系统，表7.3显示了唐前期尚书省之下的行政系统，由六部二十四司和九寺五监共同构成。虽然表面上机构设置整齐、对称、美观，但如果深入探讨的话，追求美观的设计也有很多不合理的地方。比如六部与寺监之间有不少职能重复，六部各司机构设置虽然整齐，但各司之间的事务划分并不很明确，有的司很忙，有的司很闲，这都是日后需要改进的地方。

表7.3 尚书诸部、司、寺、监

尚书都省	吏部	吏部、司封、司勋、考功	太常寺	
	户部	户部、度支、金部、仓部	光禄寺	
			卫尉寺	国子监
	礼部	礼部、祠部、膳部、主客	宗正寺	少府监
			太仆寺	将作监
	兵部	兵部、职方、驾部、库部	大理寺	军器监
			鸿胪寺	都水监
	刑部	刑部、都官、比部、司门	司农寺	
	工部	工部、屯田、虞部、水部	太府寺	

决策、行政系统之外是监察系统。唐的监察机构是御史台，长官为御史大夫，副官为御史中丞，下面分为台院、殿院、察院，下设若干御史，职司监察。唐代对监察机构以及监察官员比较重视，《通典·职官六》称唐代"尤重宪官，故御史复为雄要"，说明御史地位较高。御史在履行监察权时，其独立性也比较突出，史载唐前期，"〔萧〕至忠为御史，而李承嘉为〔御史〕大夫，尝让诸御史曰：

'弹事有不咨大夫，可乎？'众不敢对。至忠独曰：'故事，台无长官。御史，天子耳目也。其所请奏当专达，若大夫许而后论，即劾大夫者，又谁白哉？'承嘉惭"（《新唐书·萧至忠传》）。萧至忠说的是，御史作为天子耳目的监察官，有事情可以直接报给皇帝。如果弹劾都需要先报请御史大夫，然后再汇报给皇帝的话，若弹劾的对象是御史大夫，御史该向谁汇报呢？从"承嘉惭"来看，这样的理由在当时是说得通的。监察官员的独立性，在服饰上也有所体现。唐代文官着进贤冠、武官着武冠（鹖冠），监察官员着獬豸冠。独立性也增强了监察官员的职业荣誉感，唐监察御史韦思谦曾言："御史出都，若不动摇山岳，震慑州县，诚旷职耳。"（《旧唐书·韦思谦传》）

唐代还有一项对后代影响至深的重要制度值得一谈，那就是科举制。中国古代选拔官员的制度，大体上可以分成三个阶段：第一阶段是先秦时代的世卿世禄制，以"世袭"为主要特点；第二个阶段是汉唐之间的察举制，以"推荐"为主要特点；第三个阶段是隋唐以至明清的科举制，以"考试"为主要特点。唐代科举考试分为常年举行的常科和不定期举行的制科。

唐代常科有秀才、明经、进士、明法、明书、明算六科，其中最重要的是明经和进士两科，明经相对容易一些，所以有一句话叫"三十老明经，五十少进士"，中进士成为参加科举者的最高追求。有一种常见的误解，认为隋唐科举制建立后，官员都来源于科举。实际上并非如此，吴宗国研究指出，武则天大开制科，增加了科举入仕的人数，但比起杂色入流和门荫入仕来，科举入仕在入流总数中仍然只占很小比重。科举制尤其是常科的进士科，直到唐后期的唐德宗、唐宪宗的贞元、元和之后，才成为宰相等高级官员的主要来源。另外，流行说法认为，唐代进士考试重诗赋，但吴宗国研究指出，唐代进士科考试主要看文章，开始以词藻为标准，后变成以文章的内容为主要考察点。"重诗赋"只存在于天宝到贞元年间，而其他大部分时期则不是。①

经济和财政制度,在唐代也有比较大的变化,概括地说,是从均田制、租庸调制向两税法的转变。均田制是国家颁布的田令,《旧唐书·食货志》载:"丁男、中男给一顷,笃疾、废疾给四十亩,寡妻妾三十亩,若为户者加二十亩。"对于唐朝实际上有没有授田,过去学界争论很大。随着各类敦煌、吐鲁番文书的出土,学者发现,授田数并不一定是国家实际授田亩的多少,而是反映了土地登录制度的变化,均田制同时也是一种限田、鼓励耕地的命令。租庸调制则与均田制相配合,既然百姓有一定的田亩,那么他们在这部分土地上的收获,需要部分上交国家。每丁岁交粟二石,是为"租",还要根据各地方的土产不同,上交一定的绢或布作为"调"。同时,丁有给国家服徭役的义务,如果不服徭役,则收其"庸",按照每日绢三尺的比例收取。

高宗、武则天至玄宗年间,土地兼并日益严重,大量农民失去自己的土地,租庸调成为沉重的负担,大量农民因此逃亡,成为地主的佃户,施行按丁征收的租庸调制愈发困难。敦煌发现的唐代白话诗对这种情况有所描绘:"贫穷田舍汉,庵子极孤恓。两共前生种,今世作夫妻。妇即客春捣,夫即客扶犁。黄昏到家里,无米复无柴。男女空饿肚,状似一食斋。里正追庸调,村头共相催。攛头巾子露,衫破肚皮开。体上无裈袴,足下复无鞋。丑妇来恶骂,啾唧搦头灰。里正被脚蹴,村头被拳搓。驱将见明府,打脊趁回来。租调无处出,还需里正倍(赔)。门前见债主,入户见贫妻。舍漏儿啼哭,重重逢苦灾。如此硬穷汉,村村一两枚。"② 在"如此硬穷汉,村村一两枚""租调无处出,还需里正赔"的情况下,协助国家征收赋税的里正等基层公职没人愿意做了,其结果则是政府无法再对户

---

① 吴宗国《唐代科举制度研究》,北京大学出版社,2010年,152、165、144页。
② 王梵志著,项楚校注《王梵志诗校注》,上海古籍出版社,1991年,651页。

籍进行有效的控制，无法有效地征收赋税。安史之乱以后，国家财政需求迫切，需要开启新的税源，而这个税源就是"两税"，即按户纳钱的户税和按亩纳钱的地税。户税、地税唐前期就有，只是在租庸调收入日渐减少的情况下，这两种附加税在政府收入中所占的比例越来越高，在安史之乱以后愈发重要起来。政府因势利导，在德宗建中元年（780），正式废除了租庸调制，颁行两税法。两税法实行以后，百姓的负担由两部分构成，一部分是谷物，按照田亩数征收，另一部分是税钱，按照户等征收。这意味着中国古代的赋税征收原则发生了重大的变化，从以丁身为本的人头税，到两税法"以贫富为差"的财产税。赋和役是中国古代农民的两种主要负担，两税法改变了前者的征收原则，役的部分到清代"摊丁入亩"后，也从按人头征收变成了按财产征收。

国家为了增加财政收入，还进一步征收工商税。先后对盐茶酒实行专卖，控制其生产、销售。最重要的是盐利，早在肃宗时期，第五琦"于诸道榷盐"，实行盐的专卖，以助军用。代宗末年，国家一年征赋收入总共一千二百万贯，其中盐利过半。唐政府还增加了如税茶、税竹、税木等名目。茶在唐朝中叶以后成了大众饮品，穆宗、武宗时又加茶税，所谓"天下税茶，增倍贞元"（《新唐书·食货志四》）。总之，唐后期为了解决财政困难，两税法和工商税兴起，这是唐代财政制度的重要变化，也对后代产生了深远的影响。

最后我们来谈一下法律制度。唐前期的法律体系由律、令、格、式四种形式共同构成，《唐六典·尚书刑部》解释说："律以正刑定罪，令以设范立制，格以禁违正邪，式以轨物程事。"律是刑法典，令是对于各种制度的规定，格是对律的补充，式是对令的补充。其中，律尤其值得谈一谈。

《唐律疏议》是现存最早、最完整的中国古代法典（图7.9）。先秦时，诸子对法律的认识是有差异的。法家法律的特点，如《管

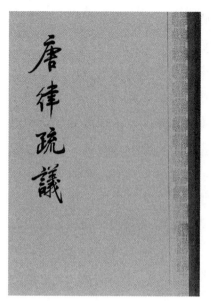

图 7.9

子·任法》所说"不知亲疏远近,贵贱美恶,以度量断之",量刑根据的是行为,而不是身份。与法家不同,儒家的法律思想要考虑人的身份和动机,与儒家所提倡的"别贵贱亲疏"的礼一脉相承,《左传》说:"名位不同,礼亦异数。"唐律的特点是"以礼为本,礼法并用",《唐律疏议》开篇就讲:"德礼为政教之本,刑罚为政教之用,犹昏晓阳秋,相须而相成也",可以理解为唐律将儒家的法律思想融入法家的法律思想中,将二者有机地结合起来。这也是汉魏以来法律儒家化的结果。[①]

唐律中的八议、十恶就是具体表现。"八议"是指议亲、议故、议贤、议能、议功、议贵、议勤、议宾,是对国家做过突出贡献、立过重要功勋,或者是皇亲国戚等人物的法律特权。唐代的刑罚有笞、杖、徒、流、死五等,《唐律疏议·名例律》规定"诸八议者犯死罪,皆条所坐及应议之状,先奏请议,议定奏裁",如果犯了死罪,需要报请皇帝,皇帝与宰相商议后方能处理。八议范围内的人犯流罪以下,则减一等处理。这就是根据人的身份,有不同的量刑标准。唐律中还有"犯十恶者不用此律"的规定,"十恶"即指谋反、谋大逆、谋叛、恶逆、不道、大不敬、不孝、不睦、不义、内乱等威胁到皇权或与儒家的伦理、道德相悖的行为,如果犯了其中之一,一般不会予以赦免,这就是常说的"十恶不赦"。

---

① 参瞿同祖《中国法律之儒家化》,见瞿同祖《中国法律与中国社会》,中华书局,1981 年。

对一些特殊的犯罪，统治者往往采取特殊的处理方式，也体现了儒家的法律思想，这里举两条法律规定。一是出自《唐律疏议·斗讼律》："诸殴伤妻者，减凡人二等……殴妾折伤以上，减妻二等。"意思是说，丈夫如果把妻子打伤了，在量刑的时候，比打伤普通人处理得要轻；如果丈夫打伤的是地位比妻更低的妾，量刑的时候比殴打妻子要更轻。反过来，若"诸妻殴夫，徒一年；若殴伤重者，加凡斗伤三等；死者，斩。媵及妾犯者，各加一等"。妻子打丈夫，判得要比丈夫打妻子重，而媵、妾打丈夫，判得更重。第二例也出自《唐律疏议·斗讼律》："诸告祖父母、父母者，绞。疏议曰：父为子天，有隐无犯。如有违失，理须谏诤，起敬起孝，无令陷罪。若有忘情弃礼而故告者，绞。"如果父母、祖父母犯了罪，作为儿孙的不能随便告发，若告发，儿孙均要处以绞刑，这里就体现了儒家所强调的家庭伦理。同时唐律又规定了这条法律的适用范围，"非缘坐之罪及谋叛以上而故告者"，若子孙所告为父母、祖父母犯谋反、大逆及谋判以上罪，此时不但准许子孙捕告，而且一经查实，其父母、祖父母依律处死，子孙则免罪。① 意味着法律维系皇权的目标凌驾于维持家庭伦理之上。以上规定明确体现了儒家对夫妻、父子、君臣伦理的规范。这里特别推荐瞿同祖《中国法律与中国社会》，它是了解中国古代法律制度及中国古代社会的一部优秀著作。

唐代法律的"律令格式"体系，在唐中期以后受到很大冲击，此后也发生了许多变化，其中，立法形式已开启了宋代"敕律令格式"的先声。《唐会要》载文宗大和四年（830）规定："从今已后，刑部、大理寺详断刑狱，一切取最后敕为定。"如果皇帝有敕令，即依照进行；若没有，才根据现行的法律执行，这几乎与宋代的情况相差无几了。

隋唐制度有承上启下的意义，政治制度上是三省制向一省制的

---

① 参刘俊文《唐律疏议笺解》卷二三《斗讼》，中华书局，1996年，1627页。

过渡，财政制度上是税丁向税产的发展，法律体系上是"律令格式"向"敕律令格式"的变化，这些都为后代制度奠定了重要的基础。在隋唐以前，理想的制度模式是回归三代，而在唐朝以后，唐便成为新的模板，回到唐代成为后代制度建设的理想之一，这也从侧面反映了隋唐制度承上启下的历史地位。

阅读书目

陈寅恪《唐代政治史述论稿》上篇，商务印书馆，2011年。

唐长孺《魏晋南北朝隋唐史三论》第三篇，中华书局，2011年。

吴宗国《唐代科举制度研究》第三章、第八章，北京大学出版社，2010年。

瞿同祖《中国法律与中国社会》，中华书局，1981年。

刘后滨《吴宗国〈唐代科举制度研究〉》，《唐研究》第1卷，北京大学出版社，1995年。

程泽时《法律儒家化的限度、价值冲突与预设——评〈中国法律与中国社会〉》，《法律社会学评论》2015年第2辑。

第八讲
唐代的经济发展与文化交流

唐代的经济和文化十分繁荣，对周边族群和国家产生了相当深远的影响，唐朝也在世界上为人所知。"唐"逐渐成为海外诸国对中国的代称，至今海外华人的聚居地，还被称为"唐人街"。唐代文化本身的发展及其对周边的影响，建立在唐代经济发展的基础之上，我们首先从唐代经济的发展讲起，再谈唐朝文化在东西两方面的影响，以及唐朝对外来文化的吸收。

一、唐代经济的发展与繁荣

首先来看看唐代的疆域形势，《新唐书·地理志》记述了玄宗时期唐代国家的边境四至："唐之盛时，开元、天宝之际，东至安东，西至安西，南至日南，北至单于府，盖南北如汉之盛，东不及而西过之。"东至安东都护府，其治所在今天的朝鲜平壤；西至安西都护府，其治所在今天的新疆龟兹；南至日南，在今天越南的清化；北至单于府是指今天内蒙古的和林格尔地区。对比两汉的边境，则"东不及而西过之"。《新唐书·突厥传》称："唐兴，蛮夷更盛衰，尝与中国亢衡者有四：突厥、吐蕃、回鹘、云南是也。"指出了在唐代周边对唐代政治社会产生重要影响的四个族群和地区，即北方的突厥、回鹘，西方和西南方的吐蕃、云南。它们对唐代的影响是有时间先后次序的，"凡突厥、吐蕃、回鹘，以盛衰先后为次，东夷、西域又次之，迹用兵之轻重也，终之以南蛮，记唐所繇亡云"。

隋朝建立时，北方的游牧帝国突厥是隋最为棘手的对手。突厥分裂为东突厥和西突厥后，其势力有所削弱，隋的外部压力有所缓解，为隋平陈并完成全国的统一，提供了相对宽松的外部环境。唐太宗和高宗时期，唐朝相继打败了东突厥和西突厥，唐的势力范围得到扩充。与此同时，地处西南的吐蕃悄然兴起。这时候的朝鲜半岛，新罗灭高句丽，进入了统一时代。到了开元年间，突厥第二汗国兴起，对唐北方的疆域构成威胁，吐蕃的势力在开元年间继续发展。到了唐后期，北方的突厥灭亡，取而代之的是回纥，后来改称"回鹘"。西部的吐蕃势力进一步发展，对唐的威胁已相当大，西南方的南诏也兴起，消耗了唐很多精力与有生力量，唐代灭亡与之有相当程度的关系。

接下来谈谈唐朝经济的发展。提到经济，一般比较注重人口和土地两个方面，唐代的经济发展，比较有代表性的方面是耕地面积的扩大、人口的增长与新居民区的出现。据估计，唐前期人口的峰值出现于玄宗天宝年间，约在 7475 万到 8050 万之间。这个数字，并不是国家户口上登记的数字，而是对实际人口的估算。古代文献对于当时人口数字的记载，大多并不能作为准确的数字直接使用，而是需要参考经过学者研究、修订的数据，这里用的是冻国栋《中国人口史》中的估算[①]。至于耕地面积，根据汪篯的研究，唐天宝时期，实际的耕地面积大约在 800 万顷至 850 万顷之间[②]。唐代的人均

[①] 冻国栋《中国人口史》第二卷"隋唐五代时期"，复旦大学出版社，2002 年，182 页。

[②] 汪篯《汪篯汉唐史论稿》，北京大学出版社，2017 年，73 页。

耕地数量相当大，在古代历史前期，是令人瞩目的。

与汉代相比，唐代居民分布的情况也发生了显著的变化。表8.1来自葛剑雄《中国人口发展史》，对比了汉唐之间人口密度最低的地区。

表8.1　西汉与唐人口密度最低地区比较

（单位：人/平方千米）

西汉			唐		
郡国	密度	今地	州	密度	今地
郁林	0.56	广西	营	0.06	辽宁
合浦	0.81	广西	瓜伊沙西庭	0.16	新疆
牂柯	0.84	云南	肃　甘	0.33	甘肃
南海	0.96	广东	灵盐夏胜	0.59	宁夏陕西内蒙古
交趾	1.02	越南	邕	0.64	广西

西汉时期，人口密度最低的地区在今天中国的广西、云南、广东以及今天的越南地区，即汉帝国的西南、南部边疆，意味着这些地方经济发展比较落后。到了唐代，人口密度最低的地区是今天的辽宁、新疆、甘肃、宁夏以及广西地区，除了广西不变，其他则变为今天的东北、西北地区，反映出南方的经济较之汉代有了明显的发展。从新的居民区建立的角度，也能看到类似的现象。表8.2引自吴宗国《隋唐五代简史》，列举了玄宗时期新建的州县。一般来说，中国古代国家新建州县的理由主要有二：一是出于军事的需要，在军事据点、交通要道上新建一些城市，以加强对该地区的控制；二是某些地区由于经济的发展，向国家上交赋税的潜力大为增强，国家设置新的政区以加强控制，更加有效地收取赋税。玄宗时期新设置的州县属于后者，新设置州县主要在今天的四川、福建、湖北、浙江、安徽等南方地区，便是唐代南方地区经济获得显著发展的有力证明。

表 8.2　唐玄宗时期新建州县

时间	新建	今属	时间	新建	今属
735 年	巴川县	四川	741 年	尤溪县	福建
736 年	汀州	福建	742 年	青阳县	安徽
737 年	唐城县	湖北	743 年	唐年县	湖北
738 年	明州	浙江	752 年	太平县	安徽
740 年	歙州	安徽	754 年	浦阳县	浙江

"开天盛世"与"贞观之治""文景之治"相比，是一个更为富庶的时期，这里的富庶既指国家的富庶，也指百姓的相对富庶。国家的富庶，可以从国家每年征收的粮食数中体现出来，《通典》记载，唐玄宗"天宝八年（749），通计天下仓粮屯收并和籴等见数，凡一亿九千六百六万二千二百二十石"。这是一个什么样的数字呢？学者认为，唐朝此阶段的实际人口数字在 7800 万左右。若以此计，则人均粮储 2.5 石。唐代成年人日食米 2 升，1 月 6 斗，2.5 石相当于一个成人 4 个月的口粮。换句话说，这些粮食足够当时全国人吃上 4 个月。此估算虽然粗疏，但也可见唐代粮食储备的规模相当惊人。杜甫诗中"小邑犹藏万家室""公私仓廪俱丰实"的描述，也能与之相互印证。社会财富的积累、经济的高速发展，为唐代高度的文化发展水平奠定了重要的基础。隋唐时期，都城附近重要的据点还设置了粮仓，如回洛仓、含嘉仓、渭南仓、太仓等。仓城规模也相当惊人，目前已经考古探明的回洛仓窖有 220 座、含嘉仓窖达 287 座，最大的口径约 18 米，深近 12 米，最小的口径约 8 米，深约 6 米，均口大底小，呈圆缸形。仅含嘉仓可储粮就超过 15 万吨（图 8.1）。

南方经济的发展，一方面是由于从东汉以来，特别是东晋、南朝分裂时期的政权，对南方经济的发展十分重视。另一方面值得关注的，是新技术的发明和利用。南方的自然条件，如水热等都较北方优越，但这些条件只有和一定的技术结合起来，才能比较充分地

图 8.1　唐洛阳含嘉仓粮窖遗址（左）及砖铭（右）

发挥到生产上。唐代出现了一系列适合南方水田耕作的农具以及相关技术，并且得到推广和应用，使得南方经济进一步发展成为可能。其中最为核心的工具，是江东犁，或称曲辕犁，它的发明和推广，对唐代南方农业的发展有着至关重要的意义。

图 8.2 对比了唐以前的直辕犁和唐代的曲辕犁。曲辕犁的结构比直辕犁复杂，由 11 个部件组成，犁镵、犁壁为铁制，其余为木制。犁镵与曲面犁壁的结合沿自汉代，到 18 世纪以前都比欧洲先进。曲辕犁相对于旧式直辕犁的进步，农业史家缪启愉概括为："所谓二牛抬杠是一根长长的辕从犁梢一直延伸到牛的肩部，顶端安设一根横木杠架在两头牛的肩胛上，犁地很不方便。现在改为向下弯曲的辕，配合犁槃、曲轭，淘汰了横杠直轭，缩短了犁辕长度，减轻了架压的重量，并且可以自由转动，操作起来自由灵活，又可以役使一头牛，大大提高了耕作效率。这是犁耕史上的一次重

图 8.2　唐代的直辕犁和曲辕犁

第八讲　唐代的经济发展与文化交流

大革命。"①较之以前二牛抬杠的直辕犁，江东犁的使用使得生产效率获得了明显的提升。以曲辕犁为核心的整个配套的农业生产工具，在唐代已经基本完备了。据唐代《耒耜经》载，唐后期江东使用的耕具除了犁以外还有耙、砺礋、碌碡等等，图8.3是现代学者复原出的这几种农具，与现代江南农具（图8.4）已经相差无几了。犁之后用耙耙碎土块，去掉杂草，再用砺礋或者碌碡碾平田面，加上从岭南引进来的耖，由此在唐代基本形成了"耕耙耖"一整套的技术措施。

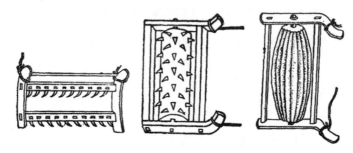

图8.3 部分唐代农具复原图

图8.4 现代江南农具

---

① 王祯撰，缪启愉译注《东鲁王氏农书译注》，上海古籍出版社，1994年，226页。参李伯重《唐代江南农业的发展》，北京大学出版社，2009年，70—74页。

从农业技术角度是如此,从治水的相关数据角度,我们也能得出类似的结论。表 8.3 的数据来自冀朝鼎《中国历史上的基本经济区与水利事业的发展》,反映了汉唐治水活动的发展以及地理分布的变化问题。总体来说,汉唐的水利工程多分布于陕西、河南地区,与其地处政权统治的核心地区密不可分。而汉唐突出的差异体现在南方,如江苏、安徽、浙江、江西、福建等地区,这些地区的水利事业在唐代有了长足进展,说明唐代在南方兴建的水利设施,数量相当庞大,已经赶上并超过了北方,这意味着国家对南方以及南方农业生产的重视。

表 8.3　汉至唐各地水利工程数量表①

	陕西	河南	山西	河北	甘肃	四川	江苏	安徽	浙江	江西	福建	广东	湖北	湖南	云南	合计
汉	18	19	4	5	1		1	1	4	1				1	1	56
三国	2	10	1	1	1	1		3	3	2						24
晋		4	1	2			2		3	1	2		1			16
南北朝			1	3			8	4	2					1		20
隋	9	4	3	1			1	1	2		4		2			27
唐	32	11	32	24	4	15	18	12	44	20	29		4	7	1	253

新技术的发明、推广加上国家的重视,使南方的经济获得了明显的发展,与之配合的,是耕作制度的变化。根据李伯重《唐代江南农业的发展》的研究,唐代农业耕作技术,从稻田的休闲制变成了一年一作制。江南还出现了稻麦复种制。北方也有所发展,普遍实行两年三熟的轮作复种制。农业工具的发展和配套工具的完善,国家对于农业的重视,大力兴建水利设施,农业耕作技术的演进,

---

① 冀朝鼎《中国历史上的基本经济区与水利事业的发展》,朱诗鳌译,中国社会科学出版社,1981 年,36 页。表中唐代"合计"数原作"254",计算后改。

共同促成了唐代经济发展,这为其他事业的发达奠定了坚实的物质基础。

二、 唐朝文化在东亚之影响

这里的"东亚"主要是指今天的日本和朝鲜半岛地区。

对于唐朝文化在东亚的传播及其影响,日本和韩国的学者历来比较重视,多有研究。日本学者堀敏一有论:"古代东亚国家之所以向中国朝贡,以各种不同的形式和中国发生关系,是因为各民族的国家形成比中国迟,所以有必要向中国学习其国家机构的建制及其运作。在这个时代,东亚各国与中国的交往,是以此为中心展开,并因此获得各种文化的。中国的国家机构建制及其运作,规定于律令之中。因此,对于各国而言,重要的是学习此律令,引入律令所规定的各项制度。"①这段话对于理解唐代文化对东亚的影响是很有意义的。堀敏一认为,这个时期的东亚国家都向唐朝学习,主要在于它们都属于后起的农耕国家。中国发展到唐朝,整个国家的运行机制已经比较成熟,这些后起且具有类似生产、生活方式的国家,需要向唐学习国家机构的建制及其运作方式。特别是唐前期,整个国家的运作规定于"律令格式"法律体系中,所以这时候东亚国家向唐朝学习,最主要的是学习律令中所规定的各项制度。

先看日本。日本与唐代的交往,日本使者最早不是由日本直接来到唐朝,而是通过新罗或者是乘坐新罗的使船到达唐朝的。日本最早的正史《日本书纪》记载7世纪前期的一条材料:"新罗遣大使奈末智洗尔,任那遣达率奈末智,并来朝。……是时,大唐学问者僧惠斋、惠光及医惠日、福因等,并从智洗尔等来之。于是惠日等共奏闻曰,留于唐国学者,皆学以成业,应唤。且其大唐国者,法

---

① 堀敏一《隋唐帝国与东亚》,韩昇、刘建英译,云南人民出版社,2002年,131页。

式备定之珍国也,常须达。"日本使者到唐学习以后回国,向国君报告说,唐朝是"法式备定之珍国",认为唐朝的制度对于日本十分重要,需要经常派专人去唐朝学习。当时日本和唐朝的交往,主要形式是遣唐使。遣唐使到达唐朝的路线有三条,分别被称为北路、南路、南岛路,北路是从今天日本的福冈,通过朝鲜半岛,到达山东的蓬莱;南路和南岛路,也是从日本福冈出发,但是其目的地是今天浙江的宁波,当时被称为明州。大体来说,早期的遣唐使多走北路,日本与新罗交恶后,开始走南路或者南岛路,其路程虽然比北路要短,但是当时的航海技术不够发达,南路或南岛路的危险更大。

据李斌城主编的《唐代文化》,日本先后派出遣唐使19次,但其中有3次没有成行,成行的16次见表8.4,可以分为四个阶段:第一、第二阶段是在太宗、高宗时期,每一次遣唐使人数、船数都比较少,这个时期主要是走北路,跟随新罗的使者一起来到唐朝。第三阶段是从武周到玄宗时期,这一阶段中几次遣唐使的特点,首先是规模扩大,每次船数、人数都相当多,而且遣唐使,如留学生、学问僧等人,在唐朝逗留学习的时间都相当长,他们回日本以后,带

表 8.4 日本遣唐使简表

	公元	船数	人数		公元	船数	人数
太宗	630				717	4	557
	653	1	121	玄宗	733	4	594
	654	2			752	4	500
高宗	659	2		肃宗	759	1	99
	665			代宗	777	4	778
	667				779	2	781
	669			德宗	804	4	805
武周	702			文宗	838	3	500

去了很多的典籍、技术，对日本影响也最大。第四阶段，日本遣唐使规模依然庞大，但他们向唐朝学习的热情，不再如武周、玄宗时期那么强了，由于不少遣唐使在日本国内已经有了较好的汉文化基础，来到唐朝后，停留学习的时间也相对较短。

在诸多遣唐使中，有几位在日唐文化交往中起到十分重要作用。第一位是吉备真备，他是在玄宗时期随遣唐使来到唐朝的，到达唐朝以后，他跟随国子监四门助教赵玄默学习。国子监是当时唐朝最高的学府，"四门助教"也是国子监六学中一个很重要的职位，吉备真备师从赵玄默17年，深通经史，到开元二十二年（734）回国时，将《唐礼》《大衍历经》《大衍历立成》《乐书要录》等典籍带回日本。介绍唐律时曾经谈过，唐律的特点是律礼结合，礼是唐代重要的社会规范，吉备真备把《唐礼》带回日本，对日本整个社会规范、国家制度的建立，有着重要的意义。另外，《大衍历》是唐朝刚刚颁行的、较前代有重大改进的历法，吉备真备把《大衍历》带回去，对日本的天文历法进行了改革，使日本的天文历法有了明显进步。有学者指出，吉备真备还对日本的学校进行了改革，依据唐代的制度，让日本的学校以《左传》《汉书》《礼记》等为教材。此外，据说围棋也是吉备真备带回去的，他是唐日交往中一位特别重要的人物。

还有一位，是被称为"弘法大师"的空海。与吉备真备不同，空海在入唐之前，就已经有了比较好的汉文化修养。他在德宗末年，即804年随遣唐使来到长安。作为僧人，他入居西明寺，并师从密宗开创者不空的弟子青龙寺惠果大师修习，很快就获得了"遍照金刚"的法号，这意味着他是密宗的正宗传人。空海本来打算在唐朝多学习几年，但是惠果大师临终嘱托，希望他尽快回到日本传法，空海于806年离开唐朝返回日本，带去了大量的佛教典籍以及唐人的诗文，对佛教和唐代世俗文化在日本的传播，起到了很大的推动作用。

空海的文化修养很好，留下了一部分作品。图8.5展示的是空海的书法作品《风信帖》，今为日本国宝；他的文论著作《文镜秘府论》，对于日本了解唐文化有着重要意义，也是我们今天了解汉唐文论的重要资料；《篆隶万象名义》是空海据《玉篇》编撰的字书，也是日本现存最古老的汉字字典。

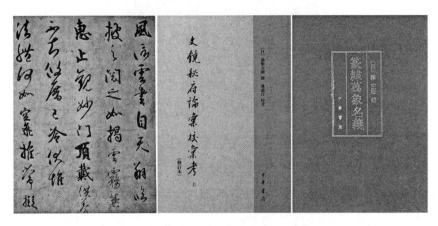

图 8.5　空海《风信帖》局部及其著作

除了以上两位日本学者，还必须提到的是中国僧人鉴真。鉴真有很高的修行，受戒弟子达四万多人，他一直致力于将唐代的佛法，特别是戒律这一套佛教文化传播到日本。但在当时，唐朝对私自出海有所限制，加上航海技术比较落后，鉴真几次出行都没有成功。天宝十二载（753），鉴真已经66岁，且双目失明，但他矢志不渝，终于在第6次东渡时，搭乘第11次遣唐使的船成功来到日本。抵达日本以后，他成为日本律宗的开山祖师，《唐大和上东征传》对鉴真的评价是"如一灯燃百千灯"。"灯"，佛教中指智慧，"传灯""燃灯"指的就是传承佛教知识、智慧，用以教化他人，使其他人获得觉悟。这是鉴真对于日本佛教的影响。鉴真东渡日本，随行者还有不少艺术家和能工巧匠，对日本在汉文学、医药、雕塑、绘画、建筑等方面，都有突出的贡献。图 8.6 为日本国宝，藏于日本奈良唐招提寺的鉴真和尚坐像。

图 8.6　鉴真坐像

基于对以上几位人物的介绍可以发现，在日唐交往中，遣唐使是最重要的形式。日本学者古濑奈津子评价说："遣唐使一行四处搜寻书籍，汲取唐的文明成果，然后将它们携带回国，唐代史书于此有专门记载。然后日本开始学习和吸纳唐的制度与文化，并根据大宝令之规定，试图构筑以天皇为中心的小中华帝国。基于唐礼形式的仪式也开始为维护以天皇为中心的朝廷秩序服务。"①

日本向唐朝学习，主要以制度为核心，文化则附着于制度之上。日本在孝德天皇（645—654 年在位）时期开始模仿中国，进行"大化改新"运动，天皇设置一些职位，由留唐回国的学者如僧旻、高向玄理等人担任，推动向唐朝学习的改革。大化改新后，日本开始比较全面地吸收唐文化，重点在于学习和模仿唐的各种政治制度，以完善各级统治机构。这种模仿在日本 8 世纪的奈良时期达到顶点。奈良时期，日本的首都是平城京，其设计与布局完全仿照唐代的首都长安城。图 8.7 清楚地显示了二者高度的相似性：从整体布局看，

---

① 古濑奈津子《遣唐使眼里的中国》，郑威译，武汉大学出版社，2007 年，144 页。

城廓均为方形,且均实行里坊制。宫城都位于中轴线的北端,而宫门以及宫门前大道的名字都是一样的,称为朱雀门、朱雀街。长安城有曲江池,平城京有越田池,它们的位置都在城之东南隅。平城京对唐长安城形制、布局的模仿程度之甚,于此可见一斑。①

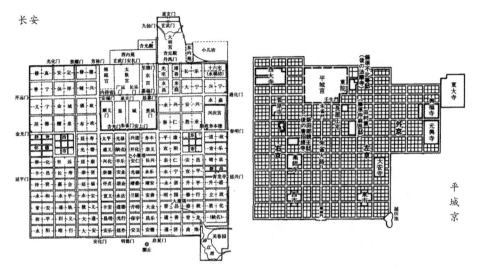

图 8.7　日本平城京与唐长安城布局对比图

官僚部门架构、政务运行、官员管理等方面,日本全方位向唐朝学习。在中央,唐代主要由三省、六部、九寺、五监、御史台、十二卫组成,日本则是分别模仿三省设置神祇官、太政官二官,其下仿照六部设置八省,包括中务省、式部省、治部省、民部省、兵部省、刑部省、大藏省、宫内省。当今中国的中央部委已经不叫省了,但日本目前中央机构还保留了"省"的称呼。仿照唐代的御史台,日本设置名为"弹正台"的监察机构;军事机构则有五卫。在地方,日本有国、郡、里三级。可以发现,日本在中央机构的设置方面对唐代的模仿和学习更为充分,而地方则要薄弱一些,其原因在

---

① 王仲殊《试论唐长安城与日本平城京及平安京何故皆以东半城(左京)为更繁荣》,《考古》2002 年第 11 期。

第八讲　唐代的经济发展与文化交流　187

于，日本地方机构的设置有传统制度的基础，而中央机构的基础比地方要弱，所以更需要也更容易进行变革。此外，从政务运行、职位权责分配着眼，唐代将一机构官员分为长官、通判官、判官、主典四等，称为"四等官"制，在日本也有类似的制度设计，分为长官、次官、判官、主典四等。日本还仿照唐代官员管理的九品制，设置了自己的位阶制。

在学习唐前期"律令格式"的基础上，日本先后编订了两套律令，即《大宝律令》和《养老律令》，这是按照年号命名的。一个有意思的现象是，唐代的律比较完整地保留下来，而令都散佚了；在日本正好相反，律已经散佚，恰恰是令相对完整地保留了下来。为什么会有这样的一种差异？有学者认为，对于日本统治者来说，令与国家的机构设置、机构运行直接相关，其地位更为重要；而律本身保留了相当多的本国文化的习惯法，对于日本当时学习的迫切性来说，律的地位更次要一些。因此，更被看重的令保留了下来。这反映出日本对于唐朝制度的学习有所侧重。

在教育方面也可以看到日本对唐代教育制度的学习。日本中央设置大学寮，相当于唐代的国子监，仿照唐代国子监的六学设置明经、纪传、明法、书道、算道、音道等六学；学习的内容也颇为一致，包括《礼记》《左传》《周礼》《尚书》等儒家经典以及一些史书典籍。

日本是一个善于学习的民族，这句话不仅指日本有着积极的学习态度，而且指其会根据本国的实际和需要，有所取舍地学习，比如日本就没有引入中国的宦官制度。

再看朝鲜半岛上的新罗。在南北朝、隋、唐初，朝鲜半岛上有高句丽、百济、新罗三个国家。高句丽和隋唐的矛盾一直存在，后来唐和新罗联合起来打败高句丽，也是出于唐和新罗共同的需求。

王小甫指出：唐初积极介入半岛事务，除了地缘政治因素、高句丽"倔强边徼"之外，新罗力求消灭对手、实现统一，而精心实施的战略拉动是一个重要原因。① 唐文化对朝鲜半岛的影响，在新罗统一时代尤为明显。

新罗时期，从金春秋掌权开始，就开始有计划地引进唐文化，引入了唐朝的衣冠制，包括官员服饰的规定以及相应的官员管理体制。654年金春秋即位以后，参照唐"律令格式"的法律体系，制定了理方府格。政治制度上，仿照唐朝的中书门下，设置执事省，其下设置六部；地方分为州、郡两级；经济制度也仿照唐的均田制和租庸调制，设置了丁田制和户籍制；教育方面，新罗也模仿唐制设计，成书于12世纪的高丽正史《三国史记》对此详述道：新罗国学"教授之法，以《周易》、《尚书》、《毛诗》、《礼记》、《春秋左氏传》、《文选》，分而为之业，博士若助教一人，或以《礼记》、《周易》、《论语》、《孝经》；或以《春秋左传》、《毛诗》、《论语》、《孝经》；或以《尚书》、《论语》、《孝经》、《文选》教授之。诸生读书以三品出身，读《春秋左氏传》、若《礼记》、若《文选》，而能通其义，兼明《论语》、《孝经》者为上；读《曲礼》、《论语》、《孝经》者为中；读《曲礼》、《孝经》者为下。若能兼通五经、三史、诸子百家书者，超擢用之"。可见，新罗国学的教学内容都是儒家经典，其要求基本上也取法唐朝国子监对于学生的要求。

还有一个值得关注的现象，到唐朝留学过的人在新罗得到特别的重用。同样出自《三国史记》的一条材料说："新罗用人论骨品，苟非其族，虽有鸿才杰功，不能逾越。我愿西游中华国，奋不世之略，立非常之功，自致荣路，备簪绅剑佩，出入天子之侧足矣。"这

---

① 参王小甫《总论：隋唐五代东北亚政治关系大势》《唐朝与新罗关系史论》，王小甫主编《盛唐时代与东北亚政局》，上海辞书出版社，2003年。

里的"骨品"与之前讲的东晋南朝门阀制度类似,均强调某人的家族和出身,德才则为次要。正因为新罗有这样严格的规定,所以有些士人希望留学唐朝,学成归来即可受到重视。同书亦载,一个叫子玉的人被人提拔做官,随后被人质疑其出身较低,无法胜任这个职位。于是有人告诉当时的国君说:"〔子玉〕虽不以文籍出身,曾入大唐为学生,不亦可用耶?"子玉曾经留学唐朝是他很重要的资本,有之,则会受到重视,顺利进入仕途。在当时的新罗,十分重视对唐朝的学习,也重视在唐朝学习过的人才。

以上探讨了唐对于东亚国家政治制度方面的影响,而唐文化的巨大影响也不可忽略,杨鸿烈《中国法律对东亚诸国的影响》和高明士《天下秩序与文化圈的探索》对此都有论述。高明士指出,唐代的教育对日本、新罗、越南,有着长远而深刻的影响。这种教育至少有三个特点,一是"汉字教育",二是"儒学教育",三是"养士教育"。"汉字教育",指这些教育均以汉文化和汉字为基础;"儒学教育",指学习的教材均为儒家经典;"养士教育",指教育的主要目的是培养当官的人才,这也是东亚汉字文化圈一个共有且颇具特色的现象。

三、 唐朝文化的西传

唐朝文化的西传,与唐朝文化对东亚的影响,在方式上存在比较明显的差别。唐朝文化对东亚,主要通过和平的方式如接受遣唐使等,而唐朝文化的西传,更多地与战争联系在一起,所以本节还是从政治史开始切入。

唐朝初年,突厥强盛,唐朝打开与西方交往的通道,是与对突厥的战争联系在一起的。太宗贞观四年(630),唐首先灭掉了东突厥，几年以后又击败了位于今天青海地区的吐谷浑。贞观十四年，灭高昌，在交河（今新疆吐鲁番市西约 10 千米）设置了一个重要的据点"安西都护府"。贞观二十二年，唐在西域的据点得到进一步完善，设置了"安西四镇"，即龟兹、焉耆、于阗、疏勒（图 8.8）。四镇的设立，对唐朝控制西域地区的稳定有重要作用。高宗显庆二年（657），唐灭西突厥，这样，唐打开了与西域、中亚以及更西部地区交往的道路，这就是著名的"丝绸之路"。

图 8.8 唐玄宗时期安西四镇示意图

太宗、高宗时期，唐朝与西域的交往比较顺畅且相当频繁，从一些史迹里可以看出来。高宗和武则天合葬于乾陵，乾陵陵园南门外有六十一蕃臣像（图 8.9），它们都是真人大小，通过其背部的刻字，可知道他们多是来自北方突厥诸部以及西域诸国的酋长。这些石像的头大都没有留存下来，可能是在明末清初的地震及战乱中被破坏掉的。章怀太子李贤墓中精美的壁画也能反映中外交往的景象，客使图中（图 8.10），画面左侧的三个人物当是唐朝中书省或门下省的官员，右侧的三个人物是来长安朝见皇帝的外国使臣。

图 8.9　乾陵六十一蕃臣像

图 8.10　《客使图》局部

唐太宗、高宗时期,一支重要的势力吐蕃正在唐朝西部兴起。松赞干布统一了西藏高原,建立了以今天拉萨为中心的吐蕃王朝。汉文史籍对吐蕃也有所记述,《旧唐书·吐蕃传》载:吐蕃人"弓剑不离身,重壮贱老,母拜于子,子倨于父,出入皆少者在前,老者居其后。军令严肃,每战,前队皆死,后队方进。重兵死,恶病终。

累代战没,以为甲门。临阵败北者,悬狐尾于其首,表其似狐之怯"。这段描述与汉代对匈奴风俗的描述颇有类似之处,这也说明,一个族群在其社会发展的早期阶段可能存在类似的现象。吐蕃的发展十分迅速,而且也注意到唐朝与周边少数族的联姻,听说"突厥及吐谷浑皆尚公主"后,吐蕃便遣使入唐,"多赍金宝,奉表求婚",希望与唐朝建立联姻关系。此后,才有唐太宗时文成公主入藏。高宗时期,吐蕃势力进一步拓展。《旧唐书·吐蕃传》载:"时吐蕃尽收羊同、党项及诸羌之地,东与凉、松、茂、嶲等州相接,南至婆罗门,西又攻陷龟兹、疏勒等四镇,北抵突厥,地方万余里。自汉、魏已来,西戎之盛,未之有也。"吐蕃已经发展成汉魏以来中原王朝西部最强大的势力,它攻陷了龟兹、疏勒等安西四镇,阻碍了唐与西域往来的通道,也不可避免地与唐朝产生越来越大的矛盾,直至兵戎相见。

  唐与吐蕃的战争中,一些重要的据点值得重视。西藏地处高原,吐蕃与其他地区的沟通,需要通过一些交通要道。两个重要的据点是西部的小勃律(今克什米尔地区之吉尔吉特)和青藏高原东缘的石堡城(今青海湟源县西南),它们也是唐朝与吐蕃争夺的焦点。谁能控制据点和交通要道,谁就能占据上风。玄宗开元年间,吐蕃包围小勃律,其国王没谨忙"求救于北庭节度使张嵩曰:勃律,唐之西门,勃律亡则西域皆为吐蕃矣"(《资治通鉴》卷二一二)。没谨忙的话清楚地说明了勃律作为战略要点,在唐控制西域中的作用。陈寅恪在《唐代政治述论稿》中也强调了勃律的重要地位:"唐关中乃王畿,故安西四镇为防护国家重心之要地,而小勃律所以成唐之西门也。玄宗之世,华夏、吐蕃、大食三大民族皆称盛强",这里的"大食",是指唐中期兴起的阿拉伯帝国阿拔斯王朝,唐称之为黑衣大食。"中国欲保其腹心之关陇,不能不固守四镇。欲固守四镇,又不能不扼据小勃律，以制吐蕃，而断绝其与大食通援之道。"① 开元、天宝年间，唐朝在与吐蕃的战争中一度取得了优势。天宝六载（747），高仙芝破小勃律，两年后，哥舒翰克石堡城，唐在西域的势力达到了鼎盛时期。《资治通鉴》卷二一六载："是时中国盛强，自安远门西尽唐境万二千里，闾阎相望，桑麻翳野，天下称富庶者无如陇右。"承平局面的出现，主要就是因为唐拿下了小勃律、石堡城这两个重要的据点，控制了通往西域的道路，吐蕃的势力被限制在青藏高原之上。

在这个时期，还发生了一件中西文化交流史上的大事，就是天宝十载（751）唐和黑衣大食在怛逻斯城（今哈萨克斯坦江布尔州首府塔拉兹市以西附近）发生的怛逻斯之战。这并不是一场规模很大的战役，怛逻斯城为唐军所围困，黑衣大食派兵来解救，最后里外夹攻，打败了高仙芝所率领的军队。这次战役对唐朝并没有特别大的影响，但是它在世界历史上却有着重要而深远的意义，尤其是在东西文化的传播上。原因在于，唐战败后，大批唐朝的士兵、工匠被俘到了阿拉伯地区。据一些阿拉伯文献的记载，被俘的中国人里面有造纸的工匠，他们在撒马尔罕建立了伊斯兰世界的第一座纸坊。造纸术在9世纪传入了北非的埃及，10世纪以后，摩洛哥的首府非斯成为造纸业的中心，造纸术由此传入欧洲的西班牙、意大利等国②。科学技术史家李约瑟认为，造纸技术的西传，为欧洲的文艺复兴铺平了道路。唐造纸术的西传，与怛逻斯之战关系密切，文化的传播并不仅仅是和平时期的产物，战争有时候同样会促进文化的交流和传播。

除了传播方式的不同，传播的内容也有所差异。唐文化向东亚

---

① 陈寅恪《外族盛衰之连环性及外患与内政之关系》，陈寅恪《唐代政治史述论稿》下篇，商务印书馆，2011年，331页。

② 张广达《海舶来天方 丝路通大食——中国与阿拉伯世界的历史联系的回顾》，周一良主编《中外文化交流史》，河南人民出版社，1987年。

传播的核心是政治制度，对西域的传播却不是如此。其中很重要的原因，就在于唐和东亚诸国，都是农耕文明的国家，而北部、西部这些国家多为游牧国家，双方的经济基础不一样，所以对东亚国家来说，律令制度、国家机构、国家制度十分重要，而这对北部和西部的国家来说，意义较小，故文化传播的内容也有比较明显的差异。

四、唐代的外来文明

前面探讨了唐代文化对东、西方的重要影响，唐朝本身的文化繁荣，也得益于外来文化的影响。张广达、王小甫《天涯若比邻》对此有所论述，他们认为：唐朝"是中国文化史上少有的既善于继承，又能够兼收并蓄的时代。尤其是在宗教、艺术、器用乃至习俗等方面，通过西域传来的印度、中亚、西亚文明以及通过南海传来的南亚文明，对隋唐文化的影响既深且远。其实，唐代文化本身就是一种中外、胡汉混合的文化"，"正是多种文化的交流汇聚，才形成了绚丽多彩的唐代文明"。① 向达《唐代长安与西域文明》，描述了唐代长安所集中的外来文化因素："第七世纪以降唐之长安，几乎为一国际的都会，各种人民、各种宗教，无不可于长安得之"，"异族入居长安者多，于是长安胡化盛极一时，此种胡化大率为西域风之好尚：服饰、饮食、宫室、乐舞、绘画，竞事纷泊。其极社会各方面，隐约皆有所化，好之者盖不仅帝王及一二贵戚达官已也"。②

具体地来看一下。首先是宗教方面，玄奘法师在太宗贞观年间前往天竺，即今天的印度学习佛法，他回来之后进行佛经的翻译工

---

① 张广达、王小甫《天涯若比邻——中外文化交流史略》，中华书局（香港），1988年，105页。
② 向达《唐代长安与西域文明》，生活·读书·新知三联书店，1957年，41页。

作。在玄奘的影响之下，唐代的佛教获得了长足的发展，形成了若干佛教的宗派，大体上有以智𫖮为代表的天台宗，以玄奘作为创始人的法相宗，以及净土宗、华严宗、禅宗、密宗等。不同的宗派，其所依据的佛教经典也有一定差异。

这些宗派对日后佛教在中国的发展产生了重要的影响，其中有特色的应当是禅宗。与其他宗派对比，禅宗是高度本土化的佛教宗派，禅宗与儒家的一些理念有共同之处。此外还有净土宗，对后世影响也很大，主要原因在于它的信仰门槛较低，在民间有着众多信众。而有的宗派修行门槛较高，如玄奘创建的法相宗，若没有比较高的文化、佛教修养，就难以理解其中的内涵，故而不易于修行与传播。佛教在唐代的影响广泛且深远，对中国文化的发展也产生了重要的作用，我们耳熟能详的"世界""觉悟""自由""境界"等词汇其实都来自佛教。

除佛教外，唐代流行的宗教，还有合称为"三夷教"的祆教、景教、摩尼教。祆教和摩尼教在中亚、西域地区十分流行，传播到中国后，都有不少信徒。唐代的职员令里，设有专门管理祆教教徒的官职"萨宝"，可见唐代的祆教信徒是有相当规模的。景教是基督教的聂斯脱利派，随着《大秦景教流行中国碑》、敦煌汉文《大秦景教三威蒙度赞》的发现，学者对景教在唐代发展的情况有了进一步的认识。对三夷教的研究，是中外文化交往中颇受学者重视的领域，荣新江《中古中国与外来文明》对这些问题都有讨论，可供参考。出现较晚但发展迅速的伊斯兰教，也在隋唐时代传入中国。

唐与西域的交流，在社会风俗以及音乐、舞蹈、体育中都有所体现。元稹《法曲》曰："女为胡妇学胡妆，伎进胡音务胡乐……胡音胡骑与胡妆，五十年来竞纷泊。"从西域而来的文化，在唐代十分流行。唐代的舞蹈，大体上分为软舞和健舞。健舞有不少来自中亚，如著名的胡旋舞、柘枝舞、胡腾舞等。白居易的《胡旋舞》，描写了胡旋舞舞蹈的情况:"胡旋女,胡旋女,心应弦,手应鼓,弦鼓一声双袖举,回雪飘飘转蓬舞。"安禄山就擅长胡旋舞,"中有太真外禄山,二人最道能胡旋。梨花园中册作妃,金鸡障下养为儿"。安禄山是来自中亚的粟特人,和"太真"杨贵妃一样能跳胡旋舞。

隋和唐初时期,贵族女子出门要戴幂䍠(图8.11左),这是一种长及身的面罩,"不欲途路窥之"。武周时期,幂䍠渐被只遮盖脸部的帷帽(图8.11右)所替代,玄宗后干脆连帷帽都不要了。《旧唐书·舆服志》描述:开元年间"从驾宫人骑马者,皆着胡帽,靓妆露面,无复障蔽。士庶之家,又相仿效,帷帽之制,绝不行用。俄又露髻驰骋,或有着丈夫衣服靴衫,而尊卑内外,斯一贯矣。"幂䍠、帷帽、胡帽均非汉地传统服饰,女子喜着胡服、男装,相较于男性服饰来说,唐代女性日常服饰的等级性没有那么严格,倾向于流行什么就穿什么。

图8.11 持幂䍠和戴帷帽的唐代女性

唐代的音乐也能反映不少外来文化的影响。唐代的音乐可以分成两类，雅乐和燕乐，雅乐是祭祀音乐，燕乐是娱乐音乐，"燕乐"中的"燕"，有时候也可写成"宴会"的"宴"。表 8.5 罗列了隋文帝、隋炀帝、唐太宗时期的燕乐，从这些音乐的名字里，就可以感受到它和异域文化的密切关系，如西凉、龟兹、天竺、康国、疏勒、安国、高丽、高昌等。龟兹是安西四镇之一，天竺是今天的印度，康国、安国，属于"昭武九姓"的国家。其中，清乐（清商乐）是汉族传统民间音乐，"龟兹乐"是西域音乐的代表，"西凉乐"则是西域音乐与中原音乐融合的产物。

表 8.5　隋唐燕乐

隋文帝	国伎	清商伎	高丽伎	天竺伎	安国伎	龟兹伎	文康伎		
隋炀帝	清乐	西凉	龟兹	天竺	康国	疏勒	安国	高丽	礼毕
唐太宗	清乐	西凉	龟兹	天竺	康国	疏勒	安国	高丽	燕乐	高昌

唐代马球也十分流行。对于马球的来源，众说纷纭，有人说来自吐蕃，有人说来自波斯。马球这种东西，不是老百姓玩得起的，《长安少年行》诗云："追逐轻薄伴，闲游不著绯。长拢出猎马，数换打球衣。"描绘的就是穿着绯衣的五品以上官员闲暇时参与马球运动的场景。此外，唐人日常生活的器物也深受外来文化的影响，如隋李静训墓出土的玻璃罐，在当时，中国是生产不了玻璃的，所以它们应该是舶来品。西安何家村窖藏的唐舞马衔杯纹银壶，为模仿北方游牧文化的皮囊制成，工艺精湛。人物纹八棱金杯，无论造型还是纹饰均明显具有粟特银器特点（图 8.12）。学者对此也早有注意并有所研究，美国学者谢弗《唐代的外来文明》，是一部百科全书式的著作，罗列了唐代文化中的外来因素，包括动物、植物、器具等等，对我们深入理解唐代文化交流非常有帮助。

鎏金舞马衔杯纹银壶　　人物纹八棱金杯

图 8.12　何家村窖藏出土唐代银壶、金杯

唐代文化的繁荣，与其文化中兼容并包的特质有着直接关系。众所周知，唐太宗被当时阿尔泰语系的民族尊称为"天可汗"，这是当时少数族对于唐作为君主的承认。唐太宗的一段话，可以帮助我们更好地理解唐代这种开放的心态，他说："自古皆贵中华，贱夷狄，朕独爱之如一，故其种落皆依朕如父母……朕所以成今日之功也。"（《资治通鉴》卷一九八）以前的国家多讲"华夷之辨"，而唐朝则抱有一种开放包容的心态，这成就了唐代的文化繁荣。与"天可汗"形成对比的，是清代所谓"天朝"观念，后者并非一种开放的心态，而是一种自恃高大、故步自封的观念，从一个侧面体现了唐与清在文化格局上的差别。

阅读书目

张广达、王小甫《天涯若比邻——中外文化交流史略》第四章，中华书局（香港），1988 年。

向达《唐代长安与西域文明》，见向达《唐代长安与西域文明》，商务印书馆，2017 年。

谢弗《唐代的外来文明》第一章，吴玉贵译，中国社会科学出版社，1995 年。

荣新江《中古中国与外来文明》（修订版）第三篇，生活·读书·新知三联书店，2014年。

荣新江《向达先生和他的〈唐代长安与西域文明〉》，见向达《唐代长安与西域文明》附录，商务印书馆，2017年。

李鸿宾《中西学术之间：荣新江新著〈中古中国与外来文明〉》，《中国边疆史地研究》2002年第12卷第4期。

第九讲
祖宗之法与宋朝制度

五代十国时期（907—979）不过七十余年，是一个多国并立的分裂时期，随后就进入了北宋（960—1127）和南宋（1127—1279）。北宋、南宋共有三百多年的历史，此时在北方与之对峙的政权，先后有契丹建立的辽（907—1125）、党项建立的西夏（1038—1227）、女真建立的金（1115—1234），从严格意义上说，两宋并不是恢复了统一的时代。

两宋三百余年的历史在中国古代史上独具特色：从国力上说，它并不是很强，甚至有些积贫积弱；从疆域上说，它一直受到北方民族的巨大威胁，没有恢复此前隋唐的疆域，甚至有人称北宋为"鼻涕宋"。但从另外一个角度看，宋代也是一个经济、文化获得相当发展的时期，如宋词、宋代文人画、宋学等；有的学者指出，中国古代经济发展最快的阶段是8到13世纪，其主体正好处于两宋时期。这是值得我们去仔细考察的时代，本讲主要从政治制度的角度对两宋简要介绍。

一、五代十国与北宋的建立

从五代十国疆域示意图（图9.1）可以看出，这时东北的契丹已经发展起来。10世纪前半叶的北方，是梁、唐、晋、汉、周五代更迭时期。同时的南方，则处于多国并立的状态，在今天的江淮地区，先后有吴、南唐两个政权，两浙地区是吴越，福建地区是闽，两湖地区是南平和楚，在今天的四川地区，先后有前蜀、后蜀两个政权，在广东地区是南汉，再加上北方的北汉，共同构成了十国。

图 9.1　五代十国疆域示意图

五代的国号分别是梁、唐、晋、汉、周，为了不和以前的同名朝代混淆，都要加上"后"字，以示区别。五代延续五十余年，先后有十四个人当了皇帝，历经五朝，皇帝却有八个姓。后唐有三姓，后周有二姓，原因在于其中几位皇帝把皇位传给了他的养子，这在整个中国古代史上也是十分罕见的现象。由此可以看出五代是一个战争频繁、皇位更迭迅速的时期。十国的存续时间比五代要长一些，除地处北方的北汉外，南方的九个国家中，南唐、后蜀、吴越、南汉和南平等五个国家都灭于北宋。

值得注意的是，同样是分裂时期，十六国和南北朝时，北方处于多国并立的状态，而南方先后存在的东晋、宋、齐、梁、陈几个政权则相对统一；到了五代十国时期，北方是几个国家相对统一、依次更迭，而南方处于多国并立的状态。有学者从经济角度对此问题进行过探讨，李剑农《宋元明经济史稿》提出："吴越闽楚，据地皆甚促狭，亦竟各能维持数十年之割据政权，是可于经济上得一解释；即此等区域，经济上之发展，已达相当程度，非但各足以维持一政府机关，并足以维持相当之兵力以保守之；换言之此类割据势力之能存在，即各区经济势力发展之反映也。"① 南方之所以处于多国并立的状态，正是南方经济取得一定发展的表现之一，如此，才能支持南方数个政权同时存在。

五代十国时期，中国的整体政治地理格局也发生了一些改变。钱穆《国史大纲》有论："中国西北部文物骤衰，实为唐中叶以后一极要之转变……黄河流域之气运，不仅关中以西不复兴，即中部洛阳一带亦不够再做文化、政治的中心点。中国社会的力量，渐渐退缩到东边来。……自此以后，南方社会，遂渐渐跨驾到北方社会的上面去。"②这里提示了两点：第一，政治中心从西向东移动。前面讲隋朝大运河时也提到了政治中心从西向东移，以及都城的移动从东西之间变成了南北之间。第二，南方社会的发展程度已有超越北方的迹象。吕思勉也表达了类似的看法："从此以后，塞外开发的气运，暂向东北，辽、金、元、清相继而兴。"③他敏锐地指出，此后对中国古代史产生更大影响的，是东北地区发展出来的族群。

五代十国，是一个兵荒马乱、政权更迭频繁的时代。宋人范浚

---

① 李剑农《宋元明经济史稿》，生活·读书·新知三联书店，1957年，2—3页。
② 钱穆《国史大纲》，商务印书馆，1996年，502页。
③ 吕思勉《吕著中国通史》，华东师范大学出版社，1992页，425页。

《五代论》有言:"五代之所以取天下者,皆以兵。兵权所在,则随以兴;兵权所去,则随以亡。"用现在的话说,就是"枪杆子里面出政权"。兵权是获得并维系政权最重要的基础,以前笼罩在皇帝身上的种种神秘色彩,在五代时期渐渐消褪,当时人说的"天子,兵强马壮者为之,宁有种耶"(《旧五代史·安重荣传》),就生动形象地体现了这一点。在这样一种政权动荡情况下,通过掌握强兵起家而当上皇帝的统治者,自然会对他手下拥有强兵者有所忌惮,这就促成了制度上的若干调整,从而为国家政权走出唐后期的藩镇割据局面、重新走向稳定奠定了基础。

五代十国时期,统治者面临最主要的问题有两个:一是唐后期以来地方权力过大导致的藩镇割据的问题,二是军队的控制问题。五代十国诸政权,针对这两方面进行了制度上的改革。当时,军队主要分为三类,中央禁军、地方藩镇兵和乡兵。其中,乡兵主要用来维持地方治安,在整个军队构成中不占主要地位,重要的是中央禁军以及地方藩镇兵。针对地方权力过大的问题,统治者主要致力于扩大中央禁军、削弱地方藩镇兵,以加强中央对地方的控制力。五代十国的皇帝多由军将起家,往往倾向于在身边组织亲信部队,例如后梁朱温的厅子都、后唐李存勖的银枪都、吴杨行密的黑云都、前蜀王建的威信都等。这些亲兵的发展、扩大,及其战斗力的增强,都是中央禁军扩张的表现。与之相应,则是藩镇军的实力受到压抑。抑制的手段较多,或是移易镇帅,让藩镇节度使相互调动,避免节度使在同一地区盘踞时间过长,减少他对地方的控制能力;或是分割藩镇的地盘,把某些藩镇降为防御州、刺史州,直属于中央,扩大了中央控制的区域;此外还有拆毁地方的防御设施;等等。种种举措,逐步削弱了藩镇的实力,减小了藩镇对中央的威胁。

中央禁军的实力大为增强,又带来了禁军统帅实力膨胀以致篡夺皇位的问题。李嗣源是后唐蕃汉内外马步军都总管,《资治通鉴》卷二七三载:"郭崇韬以李嗣源功高位重,亦忌之,私谓人曰:'总管令公非久为人下者,皇家子弟皆不及也。'密劝帝(李存勖)召之宿卫,罢其兵权;又劝帝除之,帝皆不从。"李嗣源从禁军首领最终获得了皇位,后周的郭威也是如此。再往后,就是赵匡胤(927—976)(图9.2)了,他以后周殿前都点检、归德军节度使的身份,在960年通过"黄袍加身"坐上皇位,定都开封,建立宋朝,史称北宋。

赵匡胤称帝后,致力于重新统一天下的事业,这是在后周武帝"先易后难、先南后北"政策基础上继续进行的。979年,宋灭掉了北方的北汉,宣告五代十国分裂局面的结束。

图9.3是北宋九位皇帝的传承顺序示意图,值得一提的,是北宋初期皇位继承的问题。北宋的第二个皇帝太宗赵光义,并非赵匡胤的儿子,而是他的弟弟。西周以后的统治者原则上实行嫡长子继承制,兄终弟

图9.2 宋太祖赵匡胤

及的做法并不常见。它在宋朝初年再次出现,有一些隐晦不明之处。在中国古代,关于这类事情的资料多被隐匿、篡改,大多没有具体的史料流传下来,宋太祖、太宗之间的皇位授受仅留下了"斧声烛影"的传说。李焘《续资治通鉴长编》卷一七:"上闻其言,即夜召晋王,属以后事。左右皆不得闻,但遥见烛影下晋王时或离席,若有所逊避之状,既而上引柱斧戳地,大声谓晋王曰:'好为之。'癸丑,上崩于万岁殿。"晋王,就是赵光义。太祖赵匡胤死得相当突

第九讲 祖宗之法与宋朝制度

然，第二天赵光义便继承皇位，是为宋太宗。为了证明他即位的合法性，几年后太宗拿出了所谓"金匮之盟"。"金匮之盟"的大体意思是说，赵匡胤、光义兄弟的母亲杜太后在弥留之际建议，赵匡胤死后，若让他年幼的子孙当皇帝会对国家不利，希望赵匡胤把皇位传给他的弟弟。但后代史学家指出，这个"金匮之盟"明显有伪造的痕迹。首先，杜太后去世的时候，赵匡胤不过30来岁，她怎么能知道赵匡胤去世的时候孩子会很小？其次，赵匡胤976年去世的时候，他的儿子已经26岁了，也不能说年龄还小，所以并不符合事实。如果想进一步了解北宋初年皇位更替的问题，可以参考邓广铭《宋太祖太宗皇位授受问题辨析》①。

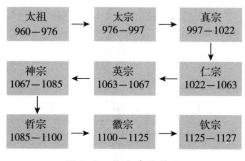

图 9.3 北宋帝位传承

二、"祖宗之法" 与防弊之制

所谓"祖宗之法"是指太祖赵匡胤、太宗赵光义时所立下的政治制度，其核心是"防弊"，对两宋具有长远的影响。

首先来看看什么是制度，特别是宋人所理解的制度内涵。宋人马永卿《元城语录》载：

> 太祖即位，常令后苑作造薰笼，数日不至，太祖责怒。左

---

① 收入邓广铭，《邓广铭治史丛稿》，北京大学出版社，1997年。

右对以"事下尚书省,尚书省下本部、本部下本曹、本曹下本局,覆奏,又得旨,复依,方下制造,乃进御。以经历诸处行遣,至速须数日"。太祖怒曰:"谁做这般条贯来约束我?"左右曰:"可问宰相。"上曰:"呼赵学究来!"赵相既至,上曰:"我在民间时,用数十钱可买一薰笼。今为天子,乃数日不得,何也?"普曰:"此是自来条贯,盖不为陛下设,乃为陛下子孙设。使后代子孙若非理制造奢侈之物,破坏钱物,以经诸处行遣,须有台谏理会;此条贯深意也。"太祖大喜曰:"此条贯极妙!"

赵学究,是据说以"半部《论语》治天下"的宰相赵普,面对宋太祖"谁做这般条贯来约束我"的责问,赵普强调了官僚制度、行政程序对于保证理性决策的意义。由于官僚制度的存在,各种命令的下发都会有一个层层传达、执行的过程,有些还需要提请皇帝再次确认后才能执行。在此过程中,相关机构负责人会就命令的合理性分别审核,若发现非理性决策,诸御史、谏官也会提出意见,非理性决策可能因此被否决或搁置。制度有可能发挥防止皇帝非理性决策的作用。这段材料,一方面体现宰相赵普的智慧,他把制度的深意恰如其分地告诉了太祖,使太祖理解。另一方面,也体现出宋人理解的制度是一种约束,不仅仅是对皇帝的约束,也是对大臣的约束、对机构的约束。

宋代前期制度设计的核心,简单地说是"以防弊之政,作立国之法",应当说是以消极的方式,防止统治出现弊病。在宋代的创建者看来,五代诸国之所以短命,主要源于藩镇问题,宋朝若想长治久安,首先要对这些问题进行纠正。"防弊之政"在宋初已清晰地体现出来,宋太宗即位诏曰:"先皇帝创业垂二十年,事为之防,曲为之制,纪律已定,物有其常,谨当遵承,不敢逾越。"(《续资治通鉴长编》卷一七)"事为之防,曲为之制",在其他文献也称"每事立制,委曲防闲",大体意思相同,即事事都要事先做出防范,利用周密的制度加以制约。这也是以"防弊之治"为核心的祖宗之法的主要特点。①

统治的弊病有很多种,有内忧,也有外患,宋太宗认为:"国家若无外忧,必有内患。外忧不过边事,皆可预防;惟奸邪无状,若为内患,深可惧也。帝王用心,常须谨此。"(《续资治通鉴长编》卷三二)这时候北宋的外忧最主要在于契丹,对北宋统治构成了较大的外在压力。不过北宋的统治者显然更关注的是内患问题,所以在外交中多采取守势,将更多的精力放在内政上。

内政最主要的问题如第一节所述,是唐后期以来的藩镇问题。《新唐书·兵志》载:藩镇"据要险,专方面,既有其土地,又有其人民,又有其甲兵,又有其财赋,以布列天下"。割据的藩镇不听中央指挥,不向中央缴纳赋税。所以"防弊之政",首先要着手处理藩镇问题。《续资治通鉴长编》卷二记载,建隆二年(961),太祖问赵普:"天下自唐季以来,数十年间,帝王凡易八姓,战斗不息,生民涂地,其故何也?吾欲息天下之兵,为国家长久计,其道何如?"赵普回答:"此非他故,方镇太重,君弱臣强而已。今所以治之,亦无他奇巧,惟稍夺其权,制其钱谷,收其精兵,则天下自安矣。"话还没有说完,太祖便道"卿无复言,吾已喻矣"。太祖和宰相赵普讨论处理藩镇问题的核心,就在于收藩镇之权。

收藩镇之权,赵普建议有三。一是"稍夺其权"。原来藩镇由节度使管理,现在则"置文臣知州、通判,罢支郡",压缩节度使的管理权,设置通判作为副手,对长官起到监督的作用;同时罢支郡,缩小藩镇的管理范围,这是在政治权力上进行压抑。二是收财政权,即所谓"制其钱谷",改变过去节度使把持地方财政,以大量财物留使、留州的现象,各州财赋除必需之经费外,一律上缴,由中央财政机构三司统一管理。其三是"收其精兵",削夺节度使的军事权,

---

① 参邓小南《祖宗之法:北宋前期政治述略》(修订版)第三章,生活·读书·新知三联书店,2014年。

采取"强干弱枝、守内虚外"的策略，将全国精锐部队悉集于禁军，京师附近驻扎十余万，地方分驻十余万。需要说明的是，这种布置方式也与北宋定都开封有一定关系，开封不比长安，无险可守，因此必须要布置重兵在都城周围，以保证首都的安全。以上三个措施实行后，大大压抑了藩镇势力，宋代的藩镇问题得到了较好的解决。

除收藩镇之权外，防弊的另一方面是机构之间的分权。在军事上，枢密院和三衙共同统领军队。《宋史·职官志二》载："祖宗之时，枢密掌兵籍、虎符，三衙管诸军，率臣主兵柄，各有分守，所以维持军政，万世不易之法。"发兵权由枢密院协助皇帝掌握，而军队的日常训练和管理权则属于三衙。如遇战争，则临时派遣将领指挥作战。宋代史学家范祖禹在《论曹诵札子》中曾说："天下之兵，本于枢密，有发兵之权而无握兵之重。京师之兵，总于三帅，有握兵之重而无发兵之权"，发兵权与军队的管理权分割开来，因此"上下相维，不得专制"。（《全宋文》卷二一四一）这种机构之间分权的原则，在军队的管理方面体现得淋漓尽致。

此外，对于军队的管理，还有文武分途、以文制武的措施。枢密院的枢密使、枢密副使等职位由文臣担任，而殿前都指挥使司、侍卫亲军马军都指挥使司、侍卫亲军步军都指挥使司等三衙职位，则由武将担任。宋朝政治文化的特点之一，是"崇文抑武""以文制武"。"书中自有黄金屋""书中自有颜如玉""好男不当兵、好铁不打钉"等俗语均出自宋代，清楚地反映了时人对文武的偏好。当时的社会充斥着崇文抑武的风气，这种风气产生的影响，一方面使得宋朝的文化进一步繁荣，另一方面也加剧了宋朝缺少军事人才，军队战斗力较差等问题。

制度设计中的分权原则，还广泛地体现在宋代中央与地方机构的设计中。北宋的中枢系统主要由中书门下、枢密院、三司、御史台构成，分别掌管行政、军政、财政、监察。与三省制按照行政程序的分工、分权不同，宋代中枢系统的分权与东汉三公鼎立状态下的三公制更为相似一些，即按照处理事务的不同进行划分，在每个部门内，决策权和行政权合一，这样有助于提高行政效率。北宋前期仍存在唐代的三省六部、九寺五监的架构，但除了九寺中的大理寺外，其余部门的具体执掌很少，基本变成了闲散机构，其功能有了新的变化，在下面会具体来谈。正因为如此，北宋需要设置相应的机构，处理原属于三省六部、九寺五监的事务，如协助皇帝决策的翰林学士院、舍人院；相当于吏部的管理官员选拔、任用的审官院和流内铨；相当于礼部的太常礼院；相当于刑部的审刑院；等等。

宋代的地方制度，也出现了一些创新之处。之前讨论过汉唐地方层级从二级到三级的两次转换，二级制时所面临的主要问题，是中央直接管理地区过多，负担较重，于是加设一级监察区，协助中央对地方的监督、管理，如两汉的州、唐代的道等。但增设的一级监察区，往往容易变成实际的一级行政区，由此引发割据问题。基于此，宋初的统治者吸取教训，设计出了"虚三级"的体制，即路、州、县三级。"路"的虚设表现在三个方面：首先，路没有统一的行政机构和单一的行政长官。与州牧、节度使不同，路一级由帅、漕、宪、仓四司共同构成，其中，帅是安抚司，掌管军队；漕是转运司，掌管财政；宪是提点刑狱司，掌管刑狱；仓是提举常平司，掌管经济方面等事务：地方的事务一分为四。其次，在州之上，不存在单一的行政区划，比如这个州的帅司、漕司、宪司是属于某一路的，而它的仓司属于另一个路，这虽然容易造成管理的复杂和混乱，但是不容易导致地方长官权力过于集中的问题。再次，州可以不通过路直接向中央奏事。宋代地方制度的设计，体现了"防弊"与"分权"的原则，使宋代的地方政府虽是三级制，但没有造成东汉末、唐后期最高级行政区割据的情况。

北宋神宗元丰改制（1080—1082）前，六部九寺的存在价值，不在于处理具体事务，而主要体现为中央管理官员的方式之一，这就是所谓"官职差遣"制。从唐中期开始，这种制度已经逐渐萌芽，宋代则进一步发展，《宋史·职官志一》载："官以寓禄秩、叙位著，职以待文学之选，而别为差遣以治内外之事。"官、职、差遣相互分离，以官决定官员的待遇和俸禄，职是文臣的特殊荣誉性头衔，而差遣才是某个官员具体管理的事务。《神宗正史》中也提到了这种情况："三省长官尚书、中书令、侍中不与政，仆射、尚书、侍郎、郎中、员外与九寺五监皆为空官，特以寓禄秩、序位品而已"，这些官存在的价值是标示官员个人待遇，代表了俸禄和荣誉的高低。一方面，这种制度的益处在于使中央任用、管理官员的方式更为灵活，让某个官员交出了权力，同时维持其待遇不变，甚至有所提高，这个官员的抵触情绪当会有所减少。另一方面，中央对官员监督、激励的手段也更为丰富，可以通过个人的头衔和具体职位灵活地调整。

在防弊的指导思想下，宋代对此前曾经出现过的宗室、外戚权力过大的问题也有所警觉。反映在制度安排上，将"赋以重禄，别无职业"（《宋朝诸臣奏议》卷三二，范镇《上仁宗乞令宗子以次补外》）、"优之以爵禄而不责以事权"（《皇宋中兴两朝圣政辑校》卷五九）为处理宗室的原则，一方面给宗室优越的经济待遇，另一方面不让他们参与实际的政务，这样不至于对政治造成巨大影响。北宋前期，限制宗室参加科举，后来限制有所放宽，但宗室与普通人科举仍有一定差别，被称为"取之太优，用之有限"（《皇宋中兴两朝圣政辑校》卷五九），考中的难度低，但在任用时有诸多限制。例如不能当地方长官，不能统帅军队，不能任宰相，等等。对外戚的处理也大体如此，"崇爵厚禄，不畀事权""怙势犯法，绳以重刑"（《宋史·外戚传序》），待遇优厚、管理严格，外戚不能任文资、侍从、地方长官，也不得统师军队等。可贵的是，宋人一直较好地、自觉地执行这些"祖宗之法"，所以在两宋几百年间中，"吕、武之变不生于肘腋"（《宋史纪事本末》陈邦瞻"叙"），没有出现由外戚和宗室引发的问题。这种对宗室、外戚权力的制约，也是中国古代制度逐渐走向精密化的表现之一①。

任何制度都有两面性，宋代的制度以"防弊"为中心，使两宋内部环境稳定、加强了中央对地方控制，所以范祖禹《转对条上四事状》说："唯本朝之法，上下相维，轻重相制，如身之使臂，臂之使指。……藩方守臣，统制列城，付以数千里之地，十万之师；单车之使，尺纸之诏，朝召而夕至，则为匹夫。"（《全宋文》卷二一三七）但同时，这样的制度也大大压抑了地方的积极性，在外敌入侵时，弊病更加显露，南宋的朱熹就曾评论道："本朝鉴五代藩镇之弊，遂尽夺藩镇之权，兵也收了，财也收了，赏罚刑政一切收了，州郡遂日就困弱，靖康之祸，虏骑所过，莫不溃散。"（《朱子语类》卷一二八）

更深入了解"祖宗之法"与宋代的制度问题，可以阅读邓小南《祖宗之法：北宋前期政治述略》，书中概括了宋代制度的特点：宋代的祖宗之法是时代的产物，是当时社会文化传统与政治制度交互作用的结晶。作为祖宗之法的核心内容，所谓防弊之政，出发点着眼于"防弊"，主要目标在于保证政治格局与社会秩序的稳定。防弊之政，并非彻底拘谨内缩。防弊是以具体制度作为载体实施的。在士大夫们积极参与设计更革之下，设官分职体制中趋向理性化的精神，比较充分地显现出来。中央官僚机构既相互补充又相互制约，形成事任分立的相互维系态势。北宋初期创建的制度法规，从总体上讲，在当时有利于社会协调发展，其具体措置以务实为特色，不

---

① 宋代对宗室、外戚的管理，参张邦炜《宋代皇亲与政治》，郑州大学出版社，2021年。

拘一格，体现出不少合理的思路，事实上渗透着创新的精神①。

1127 年，北宋为金所灭，宗室南迁，建立了南宋。与北宋真正坐上皇位的九个皇帝不同，南宋最后两位皇帝端宗和帝昺，是在南宋恭帝投降、全境为元占领以后，残余政权的皇帝而已（图 9.4）。祖宗之法源自北宋，对南宋仍然有影响，最明显地表现在南宋政府对军将的管理和处置问题上。

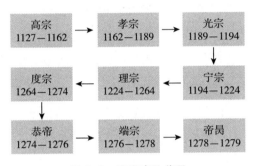

图 9.4　南宋帝位传承

南宋建国后，长期与北方的金朝对峙，边防压力很大。北宋的统兵体制，是枢密院、三衙分离，战时临时派将领指挥，以防止出现将领专兵的情况。这种制度的缺陷，在于兵将分离，使得"兵无常帅，帅无常师""兵不知将，将不知兵"，将领对手下士兵的训练情况以及战斗力了解不足，士兵对将领的信任程度也不够，军队的战斗力大打折扣。

北宋王安石变法，就曾希望以"将兵法"来弥补缺陷，但效果有限。到了南宋，巨大的边境压力迫使统治者对兵将分离的制度进行调整，于是设立了"行营制"。韩世忠是行营前护军，岳飞是行营后护军，刘光世为行营左护军，吴玠为行营右护军，张俊为行营中护军。"行营制"使得将领和军队的关系更为密切，出现了诸如韩家军、

---

① 邓小南《祖宗之法：北宋前期政治述略》（修订版），生活·读书·新知三联书店，2014 年，9、520、536 页。

张家军、岳家军的称呼。李纲《论方镇》指出:"若夫尾大不掉,则非今之所虑也,事定然后徐图之可也"(《全宋文》卷三七五四),在边境压力增加的情况下,其中弊病可以暂不考虑,而一旦战事缓和,这些问题就突显出来。岳飞就是其中著名的例子。

岳飞率领的军队战斗力很强,他在军中也有很高的威望。宋代的祖宗之法尤其忌讳将领对军队过于严密的控制,而南宋初期文官集团对武将群体在战争中地位的上升也颇为警惕。当"诸将稍恣肆,各以其姓为军号"时,宰相秦桧向宋高宗强调"诸军但知有将军,不知有天子,跋扈有萌,不可不虑"(《鹤林玉露》甲编卷五"格天阁"条)。秦桧的养子秦熺也帮腔:"主上圣明,察见兵柄之分,无所统一",于是"密与桧谋,削尾大之势,以革积岁倒持之患"(《建炎以来系年要录》卷一四六)。正是在祖宗之法的巨大影响下,一旦战事稍有缓和,宋高宗便于绍兴十一年(1141)解除了韩世忠、岳飞等人的兵权;同年底,以"莫须有"的罪名杀害了岳飞。岳飞被杀一事,反映了以"防弊"精神为核心的祖宗之法在南宋的延续。

三、从学校、科举看宋代士大夫政治的发展

宋代学校、科举制度方面的变化,反映了宋代士大夫政治的发展。宋代有句话称"与士大夫治天下",其中的"士大夫"主要是指从科举出身的官员。与唐代相比,宋代科举发展显著。之前提到,直到唐中期的贞元、元和时期,科举制的进士科也仅仅是高级官员的主要来源,广大的中低级官员大多并非来自科举,而到了宋代,科举出身的官员,在整个官员结构中的比例和地位都大大提高了。

宋代科举种类,主要有贡举、制举、武举、童子举等,其中最重要的是贡举,被称为常科,和唐代的常科相同,都是定期举行。相比前代,宋代科举选官有两个特点:一是取士范围的扩大,郑樵

《通志·氏族略》说"自五季以来,取士不问家世,婚姻不问阀阅",官员出身的范围大大地扩展,不再被某些家族所垄断,这与魏晋南北朝相比是一个尤为重大的变化;二是科举取士规模的扩大,唐代的进士科难度很大,因而考上的人数很少,但到了宋代,取士的数量大大提高。以进士科为例,有唐一代近三百年全部录取不过六千余人,两宋仅比唐多30年,但录取的进士数量,保守估计也达到唐朝的十倍以上。①

具体来说,宋代的科举制是三级制。首先是乡试,又称解试,在地方举行。乡试合格者集中到中央,称为省试或会试。会试合格者,即可获得进士出身。最后一级是殿试,由皇帝亲自主持,为宋代特别增设。原唐代科举为乡试、省试两级,殿试只在武则天时候实行过,并没有延续下去。宋代增设殿试一级,主要原因在于,科举制的设立与发展,使得主考官和应试者之间形成了一种特殊的座主—门生联系,成为日后官场交往,甚至是拉帮结派、相互倾轧中十分重要的关系基础。宋朝的皇帝尤其忌讳朋党之争,于是着力打破这种座主和门生的关系,在二级制之上增加了一级殿试,强调"恩出主上",所有人都是天子门生。三级考试的第一名,分别称为解元、省元和状元,故后代有"连中三元"之称。

宋代科举考试制度更为严密。其中代表性的措施有三。一是锁院,即某人从被任命为主考官到考试结束,需要一直待在单独的考试院里,防止出现泄题的情况。二是弥封,或称糊名。考试时,需要把考生的姓名粘上,使得阅卷官不知道考生是谁,以此增强考试的公平性。宋人有言:"惟有糊名公道在,孤寒宜向此中求。"三是誊录制度。为了预防考官通过笔迹识别考生,故设有专门的书手重新

---

① 唐代进士录取情况,参金滢坤《中国科举制度通史·隋唐五代卷》附录二,上海人民出版社,2015年,879—895页。宋代进士录取数量,参张希清《中国科举制度通史·宋代卷》,上海人民出版社,2015年,778—779页。

誊写考卷，之后再交给考官判卷。种种制度，都使宋代的科举考试更为严密，相对更为公平。

宋代通过科举考试进入官场的人，数量大为增加，从表9.1可以看到，北宋时期宰相、副宰相科举出身比例达到相当高的程度，某些阶段甚至达到了百分之百。同时，宋代宰相、副宰相的出身范围也大为扩大。据学者统计，唐朝约300宰相，出自100个家族，宋代有130多位宰相，出自120多个家族，分布的范围更广。父辈、子辈都做到高官的情况，相比前代少见许多，这是社会流动性增强的重要体现，也是宋代科举带来的新现象。

表9.1 北宋宰相、副宰相中科举出身比例表

	宰相			副宰相		
	总数	科举出身	百分比	总数	科举出身	百分比
太祖	6	3	50%	4	3	75%
太宗	9	6	67%	23	21	91%
真宗	12	11	92%	17	17	100%
仁宗	23	22	96%	39	37	95%*
英宗	2	2	100%	2	2	100%
神宗	9	9	100%	18	18	100%
哲宗	11	11	100%	23	22	96%
徽宗	13	13	100%	34	31	91%
钦宗	7	6	86%	16	11	69%*

带*者计算后有调整，原分别作94%、70%。

科举出身的士大夫，其社会责任感和参政意识有所提高。对于"士"所应当承担的社会责任，《论语》记载："曾子曰：士不可以不弘毅，任重而道远，仁以为己任，不亦重乎？死而后已，不亦远乎？"认为士承担的是价值层面的理想。东汉的名士李膺则说："士以天下风教是非为己任。"（《后汉纪》卷二一）他认为天下的舆论应由士

来掌握，也是注重士在精神层面的责任。而到了宋代，范仲淹提出："先天下之忧而忧，后天下之乐而乐。"士大夫以天下为己任，从承担精神价值层面的责任发展到强烈的、实际的参政意识。余英时对比以上三种观点后，接着论述道："以天下为己任，蕴涵着'士'对于国家和社会事务的处理有直接参预的资格，因此它相当于一种'公民'意识。这一意识在宋以前虽存在而不够明确，直到'以天下为己任'一语出现，才完全明朗化了。"① 这也意味着，士大夫在宋代政治中所起的作用比前代有了明显的提升。

强烈的现实参与愿望，与宋代士大夫整体文化素质的发展有关。从唐、宋常科设置来看（表9.2），唐代有秀才、明法、明书、明算、进士、明经六科，北宋前期有进士、明经、诸科三科，北宋中期以后则仅存进士一科，最主要的变化是考察专门学问的明法、明书、明算取消了。从学校设置的学科变迁来看，律学是唐代国子监六学之一，在北宋虽还是国子监诸学之一，但地位已经大为下降，到了南宋则被取消了。基于这两方面的变化，清末民初的著名学者程树德在《九朝律考》卷一中说："沿六朝隋唐，迄于赵宋，代有此官（指律博士），至元而废。自是士大夫始鲜知律，此亦古今得失之林也。"

表9.2 唐宋常科设置表

唐	北宋前期	北宋中期以后
秀才	进士	进士
进士		
明经	明经	
明法	诸科	
明书		
明算		

---

① 余英时《朱熹的历史世界》，生活·读书·新知三联书店，2011年，211页。

他认为，元朝律博士的废除，使得士大夫的素质受到了很大的影响，是导致此后政治败坏的主要原因之一。

然而，详细考察唐宋之间的变化，我们不难发现这个说法的不足之处。早在唐代，明法一科便已式微。中国古代儒家对人才的理想是"君子不器"，认为君子不应该是一名专才，而应该是一名全才，这些专门的学问，在唐代本就没有受到特别的重视。白居易评价当时的朝廷是"轻法学，贱法吏"（《白居易文集》卷二八《策四·论刑法之弊》）；韩愈也认为在这样的社会风气之下，"学生或以通经举，或以能文称，其微者，至于习法律、知字书"（《韩愈文集》卷四）。在此社会背景下，唐代制度的调整方向，是希望经、法双修，唐中期德宗的一份诏书载："其明经举人，有能习律一部以代《尔雅》者，如帖义俱通，于本色减两选，令集日与官。其明法举人，有能兼习一小经，帖义通者，依明经例处分。"（《宋本册府元龟》卷六四〇《贡举部·条制第二》）诏书清楚地表明，当时的政策是鼓励明经者懂法、明法者通经，在授官的时候，对二者兼修的给予优惠。

沿着唐中期以来的这种发展方向，北宋初年就已把"通经"作为明法考试的要求之一，北宋中期的王安石变法更进一步，"废诸科，专以进士一科取士"，同时"设新科明法"作为过渡，只允许变法以前应诸科的人应考，考试的主要内容是法律。王安石变法后，新科明法虽没有被废除，但是经义成了考试的重要内容，其比重甚至超过了法律。后又诏以"经义定去留，律义定高下"，考试是否通过，看的是考生的读经水平；对法律的了解程度，是决定成绩的高低。这一系列的变化和发展，整体上显示出唐宋国家对法吏通经的要求在逐渐提高，专门学习法律者越来越难以当官，所以法律被视为"小道"，明法被视为"下科"。在一定程度上，明法科成为选拔低级法律专员的渠道，最终在南宋消失。明法科的消失，应当说是统治者对法吏通经这一客观要求的结果之一。

再者，明法一科的消失，也并不代表士大夫的法律素养不如从前，古人有其自己的考虑。唐人赵匡《举选议》一文论曰："不习经史，无以立身；不习法理，无以效职。人出身以后，当宜习法。"（《通典》卷一七）赵匡认为某人在未入仕时应当学习经史，入仕后则需要学习法律，揭示出学习法律是为官的基本条件。较之明法未取消的唐朝，宋朝对官员法律素养的要求，有进一步的提高，宋太宗强调"夫刑法者，理国之准绳，御世之衔勒。……应朝臣、京官及幕职州县官等，今后并须习读法书"，还颁布《令中外臣僚读律诏》，令"中外臣僚，宜令公事之外，常读律书，务在研精，究其条约"。（均见《宋大诏令集》卷二〇〇）

出仕之前学习经史，入仕之后要学习法律，这种认识在之后的科举考试中逐渐体现出来。北宋中期，神宗下令："自今进士、诸科同出身，及授试监簿人，并令试律令、大义或断案，与注官。如累试不中或不能就试，候二年注官。"两年以后进一步规定："进士及第，自第一人以下注官，并先试律令、大义、断案。"前一个诏令规定，一部分进士出身者需要加试法律，两年以后则要求所有获得进士出身的人都要加试法律。具体的考试内容，宋太宗时规定由"吏部关试"，让获得进士出身者在当官前，试判三道具体的案子，合格后才能够释褐授官。神宗以后又规定进士、诸科等并令试律、大义或断案才能授官，即要求考核律令的条文及其具体的使用，合格后才能够授官。这些规定促成了北宋时期所谓"天下官吏皆争诵律令"的局面。可以说宋代士大夫的法律素养，并没有因为明法科、律学的消失而降低，而是将法律的学习融入官员自身素养的提高，以及科举考试的具体内容中。对于专门学习法律的人，司马光评价说："至于律令敕式，皆当官者所须，何必置明法一科，使为士者豫习之？夫礼之所去，刑之所取，为士者果能知道义，自与法律冥合。若其不知，但日诵徒流绞斩之书，习锻炼文致之事，为士已成刻薄，从政岂有循良?"(《续资治通鉴长编》卷三七一)在法律的相关知识成为士大夫必备的知识以及为官的基本素质后,单纯的律学就失去了存在的意义。因此,律学的消亡并不是像程树德所说的"士大夫始鲜知律"的原因,而是在重经义、重儒学的大背景之下,统治者要求士大夫知律的结果①。

这样,"通经术、明吏事、晓法律"的宋代士大夫,使得两宋的士大夫政治达到了一个新的境界。唐朝著名的政治家如房玄龄、杜如晦等人,在文学上并没有很高的造诣,文学上著名的李白、杜甫,在政治没有什么作为。而在宋代,范仲淹、苏轼、王安石等人,在政治、文学等领域都很突出,有学者指出,宋代士大夫是一个综合素质十分突出的群体。余英时认为,"'以天下为己任',可以视为宋代'士'的一种集体意识,并不是极少数理想特别高远的士大夫所独有"②。宋代这样一个综合素质比较高的士大夫群体,共同把承担国家职责、参与政务当成人生理想,宋代的士大夫政治,达到了一个更高的发展程度。从东晋的"王与马共天下"到两宋的"与士大夫治天下",其中显示了从东晋到两宋时期巨大的社会、政治制度变迁。

四、宋代的经济发展

本讲最后,简要谈谈宋代的经济发展。提到经济的发展,就会说到古代代表经济发展最核心要素的人口和土地数字。唐朝的垦田数约合今天的6亿亩,宋代则进一步发展,达到了7亿亩以上,这个数字不仅前代没有达到,后来的元朝也没有超过这个数额。学者

---

① 参叶炜《论魏晋至宋律学的兴衰及其社会政治原因》,《史学月刊》2006年第5期。
② 余英时《朱熹的历史世界》,生活・读书・新知三联书店,2011年,219页。

估计，两宋时期的人口峰值已突破一亿①，意味着宋代的经济发展水平，达到了一个新的高度。不仅农业继续进步，尤为值得重视的，是两宋时期海外贸易、商品经济的发展。

宋代农田水利技术进步明显，改造低洼地，"内以围田，外以围水"，与水争田的造田方法进一步发展，圩田（围田）在江南水乡大规模扩展。灌溉器具的普及，使山乡变山为田的梯田也发展起来。成熟早、抗旱能力强的"占城稻"等新的粮食作物品种逐渐推广。一年两熟的耕作制度在南方也已渐渐普及。重点讨论水稻栽培种植的《陈旉农书》的问世，显示了江南水田农业技术的进展。虽然对以上新技术实际上多大程度推进了两宋江南农业生产力发展还存在争论，但是两宋江南农业有所发展，并且为以后增长奠定了重要基础，是没有问题的。

宋朝的对外贸易发达，主要通过海路进行，输出的商品以丝织物和瓷器为主。20世纪80年代，水下考古发现了一艘宋代商船，全长30米，是目前所发现的最大的宋代船只，被命名为"南海Ⅰ号"。对这艘船小规模地考察，就发现了4500余件文物，文物专家推测，这艘宋船在考古学上的价值和影响力，甚至不亚于西安的秦始皇陵兵马俑。2007年，"南海Ⅰ号"被整体打捞出水。清理船体后，发现存储货物的船舱保存比较完好，从里面出水的文物达18万件之多（图9.5），其中以瓷器和铁器数量最大。"南海Ⅰ号"所运载的部分瓷器，与宋代一般瓷器颇有不同，如喇叭口的大碗和福建德化窑碗，它们与阿拉伯、东南亚地区使用的碗比较类似；还有一些陶瓷首饰盒，其式样、造型和风格也与当时国内的物件有较大差别，它们或是专门为海外客户制作的大宗日常用品。学者推测，"南海Ⅰ号"有可能是由福建泉州启航，驶向东南亚或南亚进行瓷器和铁器

---

① 吴松弟推测北宋末年人口达1.3亿，见吴松弟《中国人口史》第三卷，复旦大学出版社，2000年，352页。

贸易的南宋民间商船。① 宋代海外贸易相当发达，南宋负责管理海外贸易事务的市舶司，年收入达 200 万贯，占到南宋中期国家收入的 3%左右②。

图9.5 "南海Ⅰ号"出水部分瓷器

图 9.6 中右侧这幅图是左侧这块宋代铜版印出来的，这块铜版是现存世界上最早的印刷商标、广告实物。上写"济南刘家功夫针铺"几个字，中间画了一只小白兔儿，白兔的两侧写有"认门前白兔儿为记"的字样，下面还有相关的介绍："收买上等钢条，造功夫细针，不误宅院使用。客转兴贩，别有加饶。请记白。"宋人庄绰的《鸡肋编》里也有类似广告营销的记载："京师凡卖熟食者，必为诡异标表语言，然后所售益广。"这是前代没有出现过的新现象，是宋代商品经济发展的缩影。

---

① 关于"南海Ⅰ号"的发掘过程和考古收获，参孙键《宋代沉船"南海Ⅰ号"考古述要》，《国家航海》第 24 辑，2020 年。

② 参漆侠《中国经济通史·宋代经济卷》，经济日报出版社，1999 年，1190—1191 页。

图 9.6　宋广告铜版及所印制广告

阅读书目

邓小南《祖宗之法：北宋前期政治述略》（修订版）第三章、结语，生活·读书·新知三联书店，2014 年。

余英时《朱熹的历史世界：宋代士大夫政治文化的研究》第二章、第三章，生活·读书·新知三联书店，2011 年。

李剑农《宋元明经济史稿》第一章，生活·读书·新知三联书店，1957 年。

李伯重《"选精"、"集粹"与"宋代江南农业革命"——对传统经济史研究方法的检讨》，见李伯重《理论、方法、发展趋势：中国经济史研究新探》，清华大学出版社，2002 年。

葛兆光《拆了门槛便无内无外：在政治、思想与社会史之间——读余英时先生〈朱熹的历史世界〉及相关评论》，《书城》2004 年第 1 期。

黄宽重《曲尽幽微 阐发新义——邓小南〈祖宗之法——北宋前期政治述略〉评述》，《中国史研究》2012 年第 3 期。

第十讲
骑马民族国家：辽、金、元

"骑马民族国家"的称呼，来自日本学者江上波夫的名著《骑马民族国家》，他以此来指代以游牧民族为主，也包括狩猎、半猎半农、半猎半牧、半农半牧等民族所建立的政权①。把由契丹建立的辽（907—1125）、女真建立的金（1115—1234）、蒙古建立的元朝（1271—1368）这三个北方民族创建的国家放在一起讲，主要原因在于它们的时代衔接，其统治也共同在中国古代的历史中产生了深远影响。本讲主要围绕三个问题进行阐述，即辽代的二元体制、金的入主中原、元朝汉化的迟滞与早衰。

中国古代，北方少数族在入主中原后，都有如何稳固自己政权的问题，其中也都蕴含着统治汉地、吸收汉制的过程。吕思勉认为："在历史上，最威胁中国的是北族。他们和中国人的接触，始于公元前4世纪秦、赵、燕诸国与北方的骑寇相遇，至6世纪之末五胡全被中国同化而告终结，历时约1000年。其第二批和中国的交涉，起于4世纪后半铁勒侵入漠南北，至10世纪前沙陀失却在中国的政权为止，历时约600年。从此以后，塞外开发的气运，暂向东北，辽、金、元、清相继而起。其事起于10世纪初契丹的盛强……这三大批北族，其逐渐移入中国，而为中国人所同化，前后相同。惟一二期，

---

① 江上波夫《骑马民族国家》，张承志译，光明日报出版社，1988年，5—6页。

是以被征服的形式移入的，至第三期，则系以征服的形式侵入。"①吕思勉的"中国"，指的是中原王朝。日本学者宫崎市定认为："民族的自觉最盛，曾为东洋历史开一新纪元的，是五代时崛起于北方的契丹民族。"②姚大力提出："10世纪上半叶以后建立的辽、金、元、清等王朝，都是真正'征服型'的王朝。它们都在一段很短的时间里将一大部分汉地社会纳入自己的版图，同时始终把位于内陆亚洲或其伸延地区的'祖宗根本之地'视为领土构成中的重要部分，把它当作自己族裔和文化认同的珍贵资源。"③以上学者均指出，10世纪以后这些北族政权与此前少数族政权的差异，在于具有征服的某些特点，并且它们在汉化的同时，也都或多或少地强调对本族文化的认同。

一、辽代的二元体制

《东都事略》简略记述了契丹和辽兴起的过程："辽国，即契丹也。盖东胡之种，在潢水（今内蒙古西拉木伦河）之南，本鲜卑之旧地也。自后魏（北魏）以来，名见中国。……〔耶律〕阿保机强并八部为一部，乃僭称皇帝，自号天皇王，称年曰神册（916）……〔后〕晋高祖（石敬瑭）立，求援于〔耶律〕德光，割幽、蓟十六州与之。"契丹建国后与中原交往中很重要的一件事，就是上述后晋石敬瑭割幽蓟十六州或称燕云十六州给契丹。明末清初的王夫之在《读通鉴论》卷二九中称之为"授予夺之权于夷狄"，"于是而生民之肝脑，五帝三王之衣冠礼乐，驱以入于狂流。契丹弱而女直（女真）乘之，女直弱而蒙古乘之，贻祸无穷，人胥为夷"。王夫之将此事与

---

① 吕思勉《吕著中国通史》，华东师范大学出版社，1992年，425—426页。
② 宫崎市定《东洋朴素主义的民族和文明主义的社会》，刘永新、韩润棠译，商务印书馆，1962年，88页。
③ 姚大力《中国历史上的民族关系与国家认同》，见姚大力《追寻"我们"的根源：中国历史上的民族与国家意识》，生活·读书·新知三联书店，2018年，15页。

后来北方民族的发展，以及北方民族对中原的威胁结合起来。钱穆的看法与之类似："此十六州既为外族所踞，从此中国北方迤东一带之天然国防线，全部失却，大河北岸几无屏障。中国遂不得不陷于天然的压逼形势下挣扎。"①

契丹在其发源地即今天的东北地区，经过较长时间的发展，形成了独具特色的文化、风俗。图 10.1、图 10.2 分别描绘了契丹男子和契丹女子的形象，男子剪发"妥其两髦"（沈括《熙宁使虏图抄》），两鬓留着比较长的头发，头顶剃秃。"良家士族女子皆髡首，许嫁，方留发"（《鸡肋编》卷上），女子在未婚时也要剃头发，结了婚以后才把头发留起来。还有记载说，契丹生活的地区，冬天寒风凛冽，女子保护皮肤的方法，是把叫瓜蒌的植物碾碎成粉末，然后敷在脸上，等春天来时洗掉，可以保持皮肤洁白如玉。这种粉末是金黄色的，所以在当时又被称为"佛妆"。

图 10.1　契丹男子像　　图 10.2　契丹女子像

---

①　钱穆《国史大纲》，商务印书馆，1996 年，511 页。

文字是一个民族历史、文化的重要载体。此前入主中原的多数北方族群，只有自己的语言而没有本族的文字，而契丹以后入主中原的北方诸族都形成了自己的文字，文字是他们族群认同加强的重要基础之一。契丹有两种文字，一种是契丹小字，它是一种拼音文字，自从上世纪 20 年代被发现以来，对契丹小字的研究已取得相当大的进展，目前部分可以被识别出来。图 10.3 是一面契丹小字的铜镜，铭文是"寿长福德"。另一种是契丹大字，图 10.4 就是著名的尚存 2800 余字的契丹大字耶律祺墓志，对契丹大字的解读工作至今远未完成。

图 10.3 契丹小字铜镜

契丹从太祖耶律阿保机到天祚帝，一共九位皇帝。其中，辽圣宗在位的 50 年（982—1031），是辽最为鼎盛的时期。辽代政治最显著的特点是"二元体制"。辽占据了燕云十六州，辽宋对峙的分界线已进入中原地区。对辽来说，其控制的地区分成了两部分，一部分是辽兴起的旧地，以半游牧、半农耕为主，一部分是中原地区，包括以前的渤海国地区，以农耕为主。正因为需

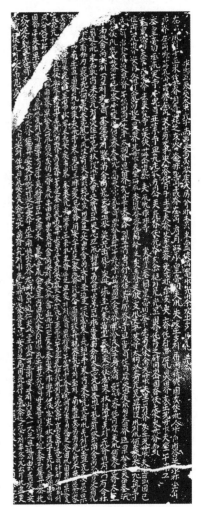

图 10.4 耶律祺墓志（局部）

第十讲 骑马民族国家：辽、金、元

要同时控制两种地区,所以其政治的重要特点,在于因俗而治基础上的"二元体制",即"以国制治契丹,以汉制待汉人",表现在以下这些方面。

首先是国号问题。辽行用的国号,有汉文和非汉文之分。汉文的国号,或称大契丹,或称大辽,或二者并称。在10世纪后期,大辽指的是燕云汉地,大契丹指的是辽故地,而非汉文的国号则是哈喇契丹。出现两种国号的原因,当是针对不同的地域和人群出发的。刘浦江认为:"辽朝的汉文国号,主要是针对汉人及部分汉化程度较深的契丹人的。由于对汉地统治的需要,汉文国号曾几度变更,或称'大契丹',或称'大辽',或两者并用。而辽朝的契丹文国号,则是针对契丹人及其他北方民族的。从现有材料来分析,契丹人可能始终都自称他们的国号为'哈喇契丹'。汉文国号和契丹文国号的歧异,正是辽朝二元体制的一种表现。"[①]

更集中、更明显的"二元体制"表现,反映在辽代政治制度设计上。《辽史·百官志》载:"太祖神册六年(921),诏正班爵。至于太宗,兼制中国,官分南、北,以国制治契丹,以汉制待汉人。国制简朴,汉制则沿名之风固存也。辽国官制,分北、南院。北面治宫帐、部族、属国之政,南面治汉人州县、租赋、军马之事。因俗而治,得其宜矣。""以国制治契丹,以汉制待汉人",二元体制的特点颇为明显。

具体来说,北、南面官制的核心,是并立的北枢密院和南枢密院,分别作为北面、南面官的最高机构。北面官制大量保存契丹部落旧制,包括北、南大王院,管理皇族事务的大惕隐司,管理后族事务的大国舅司,管司法的夷离毕院,执掌起草文书的大林牙院,以及管理礼仪事务的敌烈麻都司等。这些机构的名称,不见于以前

---

① 刘浦江《辽朝国号考释》,见刘浦江《松漠之间——辽金契丹女真史研究》,中华书局,2008年,50页。

王朝，均为契丹旧制。南面官制则不同，设有中书省、御史台、大理寺、翰林院等传统汉地机构。在地方，同样也是两套制度并行。在契丹、奚，以及其他草原民族居住地，实行部族制，由节度使管理；汉人和渤海人居住的地区，则利用中原传统的管理办法，设置州县。

二元体制的其他表现，则是辽代制度中反映出的游牧特色。首先，辽存在一些特殊的区域，不完全由国家掌控，而是隶属于斡鲁朵和头下。"斡鲁朵"是宫帐、宫殿的意思，辽代每一个皇帝即位以后，都建有自己的斡鲁朵，下面有直属军队、民户、奴隶、部族州县，构成一个独立的经济军事单位。斡鲁朵为皇帝私有，皇帝死后由其家属后代继承。与之类似的，还有属于贵族私有的"头下"。"头下"全称"头下军州"，或称"投下军州"。贵族将俘虏或皇帝赏赐的人口自置城堡进行管理，即为"头下"，因此又被称为"私城"。在头下中，"征税各归头下，唯酒税课纳上京盐铁司"（《辽史·地理志一》）。这种存在私属领地的现象，其实也是国家发展初期，在各种制度尚未成熟时常见的现象，如汉初郡国并行制下的诸侯国。

其次是首都制度。文献记载，辽有五京，分别是上京临潢府（今内蒙古巴林左旗）、中京大定府（今内蒙古宁城）、南京析津府（今北京）、东京辽阳府（今辽宁辽阳）、西京大同府（今山西大同）。然而实际上，并不能认为辽朝真的有五个都城，更应将它们视为五个镇抚地方的首府。其原因在于，辽的皇帝并非常驻在五京，更多的时候，皇帝游走于"四时捺钵"之中，捺钵才是当时真正的首都和朝廷。"捺钵"是契丹语，意思为"行在"，皇帝在哪里，哪里就是行在。辽朝皇帝和大部分贵族、高级官员，一年四季都往返于四时捺钵之间，不仅有关游牧各部的重大问题都在这里决策，汉地一切重要的政务也都从这里取旨处理。具体来说，四时捺钵分别称为"春水""纳凉""秋山""坐冬"，地点并不固定，大多分别在长春州、炭山、庆州伏虎林、永州广平淀。春捺钵从正月上旬到四月中旬，捕鹅、钓鱼；夏捺钵从四月中旬到七月中旬，避暑、议政、游猎；秋捺钵从七月中旬到十月，射鹿；冬捺钵从十月至正月上旬，避寒、议政、猎虎。各捺钵都有狩猎的内容，与契丹具有狩猎游牧的传统生产生活方式相关。

在捺钵中，处理政务是十分重要的，同时也能使辽代皇帝加强对周边族群政治势力的考察。辽代后期天庆二年（1112），辽帝至春州，"界外生女直酋长在千里内者，以故事皆来朝。适遇'头鱼宴'，酒半酣，上临轩，命诸酋次第起舞；独阿骨打辞以不能。谕之再三，终不从。他日，上密谓枢密使萧奉先曰：前日之燕，阿骨打意气雄豪，顾视不常，可托以边事诛之。否则，必贻后患"（《辽史·天祚皇帝本纪》）。这里就体现出捺钵的政治意义。虽此时辽天祚帝已对完颜阿骨打有所警觉，但毕竟没有除掉他，最终阿骨打带领女真崛起，建立了金朝。

二、 金朝之入主中原

金朝是女真族建立的王朝。女真，古称肃慎，五代时，始称女真。《三朝北盟会编》卷三记载："契丹阿保机乘唐衰乱，开国北方，并吞诸番三十有六，女真其一焉。阿保机虑女真为患，乃诱其强宗大族数千户，移置辽阳之南。以分其势，使不得相通。"契丹崛起以后，耶律阿保机考虑到女真可能产生的问题，于是把其中的强宗大族，移民到今辽阳以南地区，编入户籍，使其处于契丹的控制之下。这样一来，女真内部产生了分化，分为生女真与熟女真。《金史·世纪》记载："五代时，契丹尽取渤海地，而黑水靺鞨附属于契丹。其在南者籍契丹，号熟女直（女真）；其在北者不在契丹籍，号生女直（女真）。生女直地有混同江、长白山，混同江亦号黑龙江，所谓'白山、黑水'是也。"金朝的建立者，是生活于今天黑龙江地区的生女真完颜部。

完颜阿骨打是女真族的一位英雄人物,他在女真发展史上的地位与契丹的耶律阿保机类似,都是统一了分散的部落,建立起一个规模更大的部落联盟,并在此基础上建国。1114年,完颜阿骨打起兵反辽,次年称帝,建国号金,是为金太祖,定都会宁府(今黑龙江哈尔滨市阿城区南),称为上京,十年后的1125年灭辽。紧接着在北宋靖康元年(1126),金分兵两路,南下攻破开封,俘虏宋徽宗、钦宗两个皇帝及其后妃、皇子、贵戚,北宋灭亡,这就是《满江红》中所说的"靖康耻"。

金朝初期的制度,还有一定的部落联盟色彩。在中央,实行的是"勃极烈辅政制"。"勃极烈"是女真社会中的部落酋长,权力很大。金政权建立以后,勃极烈主要由女真宗室贵族担任,人数不定,但存在一定的地位等级差别,如有谙版勃极烈(即大勃极烈)、国论勃极烈、阿买勃极烈等。在地方,实行的是猛安谋克制。"猛安谋克"是女真原有的社会组织,金朝建立以后将其制度化,每300户编为1谋克,10谋克为1猛安。战则以之统军(或称百夫长、千夫长),平时按其进行行政管理。其"亦军亦民"的特点,在中原国家建立初期以及北族政权中都比较常见。

所谓金之人主中原,主要是指与辽相比,金朝所控制的汉地范围更大。金与南宋之间有过多次交锋,12世纪中,也就是南宋绍兴、隆兴年间,在金和南宋签订了一系列条约后,两国的边界大致稳定在淮水、大散关一线,金的政治和经济中心也由北向南转移,越来越多的女真人定居于中原地区,这是金之汉化比辽之汉化更为深入的重要背景。金世宗时,梁襄云:"本朝与辽室异,辽之基业根本在山北之临潢。……我本朝皇业根本在山南之燕。"(《金史·梁襄传》)辽的基业根本在"山北之临潢",即今天内蒙古东部地区;金的根本"山南之燕",即今天的北京地区。"根本在山南之燕"的认识,反映了金朝人对其立国之本的看法。可以认为，辽朝始终坚持草原本位，明显地体现在它的二元体制和一些游牧习俗、制度的保留上。而金朝则在海陵王时代，正式确立了汉地本位政策。

海陵王是通过政变杀害了他的堂兄金熙宗后，才坐上皇位的。从金的正统观来看，海陵王并没有被列入金朝皇帝序列的资格。在得位不正的背景下，海陵王为了脱离旧势力的制约和束缚，必须进行一些制度上的改革，调整各种利益关系，巩固自己的帝位。于是，他扩建燕京城，并在1153年正式迁都于此，定名"中都大兴府"，同时拆毁上京的宫殿，将居于上京的宗室、贵族及其猛安谋克迁入内地，太祖、太宗的陵寝，也一并迁至中都近郊（今北京市房山区。图10.5是分别位于哈尔滨和北京的金太祖睿陵遗址及北京睿陵的墓穴、石棺）。此举标志着金统治重心的内移，也是北京作为古代王朝都城的开始。在迁都的同时，海陵王还下令拆毁了上京的旧宫殿、宗庙、诸大族宅第及储庆寺，并"夷其址而耕种之"（《金史·海陵王本纪》），力图彻底割断与旧势力的联系。这与北魏孝文帝汉化改革时迁都洛阳的举措有异曲同工之处。

图10.5　金太祖陵（哈尔滨）陵址与金太祖陵（北京）墓穴与石棺

在海陵王之前，制度上的变革已在进行，这些举措的主要目的并不在于汉化，而在于摆脱初期勃极烈辅政体制的制约，以加强皇权。金熙宗即位后，废除勃极烈会议，建立听命于皇帝的三省六部等机构,极大地减弱了贵族专政的色彩。海陵王延续加强皇权的方向,"罢中书、门下省,止置尚书省"(《金史·百官志一》),真正迈出了从唐中后期以来,从三省到一省变革的关键一步。为什么是北方民族完成了这一关键性的变革?其原因当与北方民族没有沉重的历史包袱有关,他们并不十分了解汉制的制度深意,相比着眼于犬牙交错的权力制约,北族统治者更加注重实际效率,所以更能够对唐宋旧制进行大刀阔斧的改革①。

另外,法律方面也有相应的调整。海陵王之后,金章宗泰和元年(1201)完成修律,金律以《唐律疏议》为模板,完全沿袭唐律12篇的篇目体例,在量刑方面做了部分调整,"加赎铜皆倍之,增徒至四年、五年为七,削不宜于时者四十七条,增时用之制百四十九条,因而略有所损益者二百八十有二条,余百二十六条皆从其旧。又加以分其一为二、分其一为四者六条,凡五百六十三条,为三十卷,附注以明其事,疏义以释其疑,名曰《泰和律义》"(《金史·刑志》)。法律是一个时代政治、社会秩序的基本规范,以唐律为基础修订的金律,是金汉化措施的重要表现。

金在进入中原以后,社会也发生了明显的变化,尤其体现在猛安谋克的变化上。金和南宋的边界大致确定在淮水、大散关一线后,金朝为了加强对中原的控制,将基层军事组织猛安谋克从东北移入中原的华北、陕西、陇右之地,名为"屯田军"。与契丹以狩猎游牧为主的生产方式不同,女真更多地以农耕为主,杂以游牧狩猎。不过其农耕与中原地区的精耕细作相比,还是有比较显著的差别,这些迁移到中原的猛安谋克户,不太适应这种转变,加上他们本属于金的特权阶层,生活上极度依赖国家的支持,不思进取,渐渐出现"积贫"的问题。史称猛安谋克户"惟酒是务"(《金史·食货志二》),

---

① 参张帆《回归与创新——金元》,见吴宗国主编《中国古代官僚政治制度研究》,北京大学出版社,2024年,319—322页。

不事生产,"游惰之人,不知耕稼,群饮赌博,习以成风"(《金史·陈规传》)。元杂剧《虎头牌》里,也以猛安谋克户的口吻说:"我无卖也无典,无吃也无穿,一年不如一年。"

猛安谋克入居中原以后,深受中原文化的影响,穿汉服,说汉语,仿照汉族地主的享乐生活,使得本民族的尚武精神逐渐沦丧,逐渐走向"积弱"。《归潜志》卷六载金朝建立以后,"诸女直世袭猛安谋克,往往好文学,喜与士大夫游"。《金史·徒单克宁传》记载了当时人的评论:"承平日久,今之猛安谋克其材武已不及前辈,万一有警,使谁御之?习辞艺,忘武备,于国弗便。"统治者虽意识到了积弱的问题,并有所补救,但成效并不显著。这样,猛安谋克的"积贫积弱"问题便成为金日后沦亡的重要原因之一。

北方诸族统治汉地,多少都有一定程度的汉化,金在其中是属于汉化程度较高的。一是它本身与契丹、蒙古相比,农耕的成分较多,容易接受汉地传统的政治、经济等制度;二是它统治的汉地比辽要广阔,对利用汉地制度的需求也更高一些。值得注意的是,对北族来说,汉化是一把双刃剑,一方面,汉化有利于巩固他们在汉地的统治;另一方面,汉化也会削弱他们本族的文化传统,在深刻反映民族习俗的墓葬方面,海陵王迁都后女真贵族墓葬的汉化是相当明显的①。金的猛安谋克的"积弱积贫",即是这种汉化的负面影响,所以古人称"金以儒亡"并不是没有道理的。

迄于金末,国家的战斗力相比于金初,已不可同日而语。赵翼《廿二史札记》卷二八"金用兵先后强弱不同"条评价称:"金之初起,天下莫强焉。……十数年间,灭辽取宋,横行无敌。……而猛安谋克之移入中原者,初则习于晏安,继则困于饥乏……及蒙古兵一起,金兵遇之,每战辄败……望风奔溃,与辽天祚、宋靖康时之奔

---

① 参吴敬《金代女真贵族墓汉化的再探索》,《考古》2012 年第 10 期。

降，如出一辙。……其始也以数千人取天下而有余，其后以天下之兵支一方而不足。"若想深入了解金的发展以及金的汉化问题，还可参考刘浦江《女真的汉化道路与大金帝国的覆亡》等文章①。

三、 元朝汉化的迟滞与早衰

下面谈谈大蒙古国和元朝的问题。蒙古族兴起于蒙古高原，所谓"蒙古高原"，指的是阴山以北，大兴安岭以西以及阿尔泰山以东的地区，是中国古代北族兴起的摇篮。其中，鲜卑、契丹、蒙古都是东胡的后裔。蒙古的先民，在唐代被称为"蒙兀室韦"，居住的地区大致在今天的额尔古纳河流域。一般认为，在840年回鹘汗国灭亡后，蒙古族西迁。12世纪时，蒙古高原诸部并立。

如前文所述，北方诸族的勃兴，多以由部落走向部落联盟为契机，蒙古也不例外。当时蒙古诸部的英雄人物，就是被誉为"一代天骄"的成吉思汗。成吉思汗原名铁木真，他为了给被其他部落杀害的父亲报仇，开始了统一各游牧部落集团的历程，最终在1206年统一了蒙古草原，建立了大蒙古国，一直延续到1271年元朝建立。蒙古自己的历史《蒙古秘史》，描述了当时诸部混战的状况："有星的天空旋转，诸部落混战，没有人进入自己的卧室，都去互相抢劫。有草皮的大地翻转，诸部落纷战，没有人睡进自己的被窝，都去互相攻杀。"②《蒙古秘史》是一部很重要的历史文学著作，不仅能帮助我们了解蒙古的早期历史，而且对理解其他北方民族的兴起历程也多有启发。它的版本较多，这里推荐余大钧译注的版本（图10.6）。

图10.7是成吉思汗的画像，南宋人赵珙在《蒙鞑备录》中描述铁木真时说："鞑主忒没真者，其身魁伟而广颡长髯，人物雄壮，所

---

① 收入刘浦江《松漠之间——辽金契丹女真史研究》。
② 余大钧译注《蒙古秘史》，内蒙古大学出版社，2014年，464—465页。

图 10.6 《蒙古秘史》书影　　图 10.7 成吉思汗画像

以异也。……其人英勇果决,有度量,能容众,敬天地,重信义。"1206 年,铁木真统一了蒙古草原,建立了大蒙古国,称成吉思汗。作为蒙古民族的缔造者,他在蒙古人眼中有崇高的地位,他的家族也被称为"黄金家族"。"汗"是古代北方民族首领的尊称,而"成吉思"的含义则众说纷纭,法国汉学家伯希和认为"成吉思"是海洋的意思,近年来有学者主张"成吉思"意为"强有力的"。

大蒙古国建立以后,成吉思汗创立了一系列制度,对当时的政治以及之后的元朝,有着巨大、深远的影响。首先是千户、百户制度的建立,将全体草原牧民按照千、百、十户的方式进行编制,组成 95 个千户,由贵族世袭统领,既是军事组织,也是基本行政单位,与金的猛安谋克,甚至是突厥、匈奴的相关制度都有类似之处,亦即军事单位与行政单位合一的制度。不过,成吉思汗创立的千户、百户制的关键在于,在编制千户的过程中,被征服的部落被人为地拆散,再被重新编入不同的千户中。民族产生的重要基础之一是血缘关系，而千户、百户制则更具有官僚制的意义，虽然仍存在着一些没有被拆散的部落，依旧由该部落的酋长担任千户、百户的首领，但是也相应地把原来的领属关系，改造成了官僚制的上级下级关系。由此，草原上原来的氏族逐渐瓦解，出现了统一的蒙古族。同时，由于这种做法打破了氏族、部落的血缘制或拟血缘制的传统，北方地区产生新民族的根基荡然无存，从前北方草原地区，匈奴、柔然、高车、鲜卑、突厥、回鹘等族依次更迭的发展过程不再出现，从大蒙古国直到今天，蒙古草原地区再没有出现新的民族。基于此，学者认为，这是漠北草原历史上一个阶段性的变化，使草原游牧国家的政治制度得以发展到新的阶段①。

其次是怯薛护卫军制度。"怯薛"是蒙古语"轮流值班"的意思，具体是指由蒙古贵族子弟充当大汗身边的护卫亲军，同时作为大汗的近臣，参与军政事务的策划管理，很大程度上承担了蒙古早期国家行政中枢的职能。怯薛职能的核心是保卫大汗，同时也要伺候大汗生活起居、管理日常政务，相当泛化。如"火儿赤"是佩弓矢环卫者，"云都赤"是带刀环卫者，"必阇赤"是书记，"怯里马赤"是译史，"博儿赤"是司厨者等。这样一个家国不分的执政群体的存在，当与国家早期制度的发展有关，如钱穆在《国史大纲》中认为："郎官制度盖为政制浅演之民族所必经之一级，如后世金人以世胄或士人为内侍，又如元之四怯薛制等，皆略相似。"②"郎官制"产生于汉代，郎官由一些贵族子弟担任，其基本职责与怯薛类似。另外，怯薛自身具有的特点也值得关注，怯薛与大汗之间有主奴关系，他们日夜陪伴大汗身边。文献记载，大汗与他的后妃在睡觉时，呼唤当晚值班的怯薛，怯薛没有醒，于是大汗就让后妃把怯薛踢醒。可见

---

① 参姚大力《草原蒙古国的千户百户制度》，见姚大力《蒙元制度与政治文化》，北京大学出版社，2011年。张帆《中国古代简史》（第二版）第十四章，北京大学出版社，2015年。

② 钱穆《国史大纲》，商务印书馆，1996年，139页。

大汗即使在卧室，也并不避讳怯薛的存在，类似皇帝对宦官的态度。同时，怯薛在外又是国家重要的大臣，承担着早期蒙古国行政中枢的职责，因而把大汗与怯薛的主奴关系带到了君臣关系中，这方面的影响对后世十分深远，下文将再谈。

再次是蒙古文字的创制。契丹、女真以后的族群都有自己的文字，对提高自身的族群认同起到了很大的作用，蒙古也是如此。成吉思汗下令在参考古回鹘文的基础上创立了蒙古文，随后便颁布了自己的法典《大札撒》。

另外，蒙古国在地方设置了大断事官札鲁忽赤，或监临官达鲁花赤；大行分封；等等。

与创立制度同时，蒙古的对外战争也随之展开，为大一统的创建奠定了重要基础。首先是招降畏兀儿、灭西辽，灭西夏和金，成吉思汗在灭西夏期间去世。此外，大蒙古国更向西进行了大规模的对外战争，对整个世界历史的格局都产生了深远影响，这就是所谓"三次西征"。第一次是从1219年到1223年，由成吉思汗指挥，消灭了花剌子模国；第二次是从1235年到1242年的"拔都西征"，其征战的范围更远，一直打到了今欧洲地区的钦察、斡罗斯和东欧诸国，对俄罗斯和欧洲的历史都产生了巨大的影响；第三次是从1253年到1260年的"旭烈兀西征"，消灭了波斯北部的木剌夷国、阿拉伯的黑衣大食国。木剌夷国是宗教极端派别建立的政权，其特点是多从事暗杀等恐怖活动。木剌夷国被灭后，当时的波斯历史学家志费尼评论说"世界清静了"。

西征以后，蒙古建立起一个地跨欧亚的大蒙古国。其中更值得关注的，是蒙古统治者对南方的控制问题。蒙古作为一个纯粹的游牧族群，与契丹、女真有较大的差别，蒙古统治者并不熟悉农耕以及以此为基础的管理体制。因此，蒙古在进入中原地区后，一直采取以大蒙古国的漠北草原为统治中心的态度，实行"草原本位政策",对被征服地区则采取掠夺性剥削,使得中原地区的经济遭到严重破坏,长期无法恢复。当时的近臣别迭甚至说:"汉人无补于国,可悉空其人以为牧地。"(《元史·耶律楚材传》)这体现出蒙古统治者对汉地的生产、生活、统治方式漠然无知,这种状况直到忽必烈时期才稍有改变。

忽必烈时期,在汗廷之外产生了相对独立的四大汗国,分别为钦察汗国、伊利汗国、察合台汗国、窝阔台汗国。忽必烈出于长期经营汉地的经验,对汉地的制度有更深入的了解,一定程度上提高了对汉地的重视程度。忽必烈的措施,首先是1271年改国号为"大元",正式建立了元朝,在中国历史上第一次实现了游牧地区和农耕地区的统一。秦汉之际,长城以北冒顿单于所建立的匈奴帝国与长城以南的秦汉帝国的两个统一传统延续到元,第一次完成了融合,学者认为元朝以后"大中国"变成常态,也为之后统一多民族国家的建立奠定了基础。其国号"大元"来自《易经》的"大哉乾元",也是蒙古统治者利用汉文化的表现。其次,在汉式官僚机构的基础上有所承袭和创新,在中央设中书省,下辖六部,枢密院掌管军事,御史台掌监察,地方创立行省制等,建立一套汉式的机构。另外还有定都北京,改名大都等。图10.8为元大都的示意图。

元代行省制是具有代表性的制度创新。在元朝以前,省主要指中央机构而非地方机构。元的"省"是指中书省,"行省"就是"行中书省"的简称,它直接来源于金临时派出、处理军政事务的行尚书省,元的行中书省逐渐固定化,并成为元代地方的最高机构。元在灭金和南宋的过程中,建立的若干个军区就是行省划分的基础。行省制度与此前二级制、三级制的地方制度相比,行省制下的地方机构层级多,大多数情况下属于三级制或三级制分化出来的四级制。

元朝地域辽阔,但除中书省直辖区外,行省只有10个,令人感

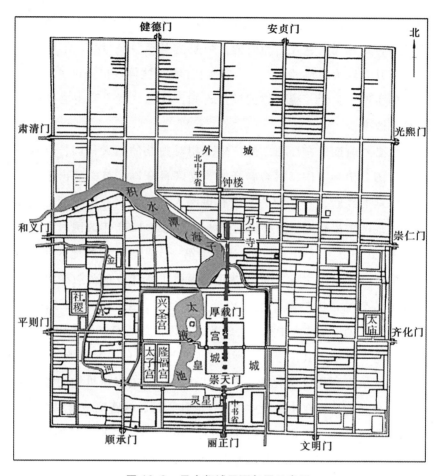

图 10.8 元大都城平面复原示意图

兴趣的是,规模如此巨大的行省为什么没有出现割据和分裂的情况?主要原因当有两个:一是与行省范围的设置有关。与唐代的"道"对比,更能够说明问题。唐代的"道"是按照山川河流自然走向划分的,便于观察使进行巡查。如"河北道"即黄河以北、太行山以东的地区,"河南道"即黄河、淮河之间。元朝的行省设置却恰恰打破了这些自然地理的区隔和障碍,如"河南江北行省"跨淮河南北;"陕西行省"则跨秦岭而有汉中盆地;"湖广行省"包括今天的湖南、湖北,又跨南岭而有广西;"江西行省"则跨南岭而有广东等,极大地消解了地方割据的因素。举例来说，四川地域相对隔绝，历代最容易出现割据问题，而元代的四川，其北面的门户秦岭、汉中盆地却分给了陕西行省，因此有元一代，四川很少出现割据的问题。因此，清人储大文评论说："元代分省建制，惟务侈阔，尽废《禹贡》分州、唐宋分道之旧，合河南、河北为一，而黄河之险失；合江南、江北为一，而长江之险失；合湖南、湖北为一，而洞庭之险失；合浙东、浙西为一，而钱唐之险失；淮东、淮西、汉南、汉北州县错隶，而淮、汉之险失；汉中隶秦，归州隶楚，又合内江、外江为一，而蜀之险失。"（魏源《圣武记》卷一二引）储大文论述虽有一些不准确的地方，但很好地抓住了元统治者制度设计的精神①。二是元朝是非汉族的政权，实行了比较严格的民族歧视政策，行省的长官以及行省中一些重要的职位，都是由蒙古、色目人担任的，相比之下，他们更倾向于忠于蒙古族的政权，正如萧启庆所论："对蒙古统治者而言，地方分权之弊，可由种族控制之利来弥补。"②

元定都于北京，是出于沟通南北的考虑，即所谓"幽燕之地，龙蟠虎踞，形势雄伟，南控江淮，北连朔漠"（《元史·霸突鲁传》）。北京也留下了一些元大都遗迹。蒙古人有喜好饮酒的民族传统，在南宋赵珙《蒙鞑备录》的记载中也有所反映："鞑人之俗，主人执盘盏以劝客，客饮若少留涓滴，则主人更不接盏，见人饮尽乃喜。……终日必大醉而罢。……凡见外客醉中喧哄失礼，或吐或卧，则大喜，曰：客醉则与我一心无异也。"有趣的是，今天喝的高度白酒、烧酒，也是在蒙元时期才出现的。北京北海团城上保留的"渎山大玉海"，就是至元二年（1265）制成的一个硕大的玉雕酒缸。（图10.9）

---

① 参周振鹤《中国地方行政制度史》第七章第四节，上海人民出版社，2005年。
② 萧启庆《元代的镇戍制度》，萧启庆《内北国而外中国：蒙元史研究》，中华书局，2007年，271页。

图 10.9　渎山大玉海

从元世祖忽必烈建立元朝至元顺帝退出大都、北走塞外，历时近百年。中国古代建立的统一王朝大约能延续两百年，与它们相比，元朝的百年统治则显得尤为特殊。元的短命与其汉化迟滞所导致的早衰有一定关系。

首先，元的统治疆域很大，是中国历史上第一次全部的汉地都由北族控制，但这并不意味着元的汉化程度必然更深。元朝统治者出自纯粹的游牧族群，对理解以农耕生产、生活方式为基础的汉制有较大困难，虽然忽必烈时期推行汉法，但是这些汉法的推行并不彻底。元朝有科举制，但不像前代那样定期举行，且"开科举、颁法典"等事也屡议不绝。与此相应的是大量蒙古旧制长期保留，还推行民族歧视、民族压迫的政策。从选官来说，宋代以后，官员主要来自科举及第的儒生，元朝则不同，元代姚燧认为，"大凡今仕惟三途，一由宿卫，一由儒，一由吏"（《全元文》卷三〇一），从官员来源看，宿卫出身占10%，儒生出身占约5%，胥吏出身占约85%。可以看出，元朝的官员主要来自作为宿卫的怯薛和基层的胥吏，对儒生并不重视，导致元朝官员素质良莠不齐。民族压迫、歧视政策则将百姓分成四等人，即蒙古人、色目人、汉人、南人，蒙古人和色目人可以担任重要职位，而汉人、南人则只能担任低级的官员，他们之间的法律、政治地位差别很大。在这样的背景下，元朝的皇帝和蒙古贵族接受汉族文明的速度较慢，他们在相当长的时间内，对中原文明十分隔膜。清代史家赵翼认为这时期"不惟帝王不习汉文，即大臣中习汉文者亦少也"（《廿二史札记》卷三〇），与汉文化素养很高的清代皇帝、大臣差别很大。对其原因，张帆论述说："蒙古建国后除汉文化外，还受到吐蕃喇嘛教文化、中亚伊斯兰文化乃至欧洲基督教文化的影响，对本土文化贫乏的蒙古统治者来说，汉文化并不是独一无二的药方。"① 文献亦载，元的太子上午接受儒生的教导，下午接受喇嘛的教导，他认为喇嘛讲的藏传佛教的内容十分好懂，而对儒生讲的并不是很有兴趣，这明显地反映了元朝受到多元文化的影响。

其次，从生产生活方式角度看，蒙古族在进入中原以前，从事的是比较单纯的游牧、狩猎经济，对汉族农业文明几乎全无接触和了解，很难理解农业经济及其相关上层建筑、意识形态的重要性。另外，尽管横跨欧亚的蒙古帝国已经分裂为元朝和四大汗国，但是在相当长的时间内，元朝在名义上还是蒙古世界帝国的一部分，漠北草原在国家政治生活中占有重要地位，政权中仍然存在一个强大而保守的草原游牧贵族集团，这就使得元朝统治者不能摆脱"草原本位政策"的影响，长期难以做到完全从汉族地区的角度出发处理问题。

尽管元朝的汉化迟滞带来了国家的早衰，但仍不可忽视元对此后中国历史的影响。元朝不仅为之后统一多民族国家的建立奠定了基础，而且对皇帝制度也产生了深刻的影响，可以说，在明清达到巅峰时期的专制集权君主制，即滥觞于金元。元的统治者虽是皇帝，但在蒙古人眼中就相当于大汗，由于本族传统的影响，大汗的权力和权威都相当强大，志费尼的《世界征服者史》记载，大汗手下的将

---

① 张帆《中国古代简史》（第二版），254 页。

领,"他们的服从和恭顺,达到如此地步:一个统帅十万人马的将军,离汗的距离在日出和日没之间,犯了些过错,汗只需派一名骑兵,按规定的方式处罚他:如要他的头,就割下他的头,如要金子,就从他的身上取走金子"①,显示出大汗对其手下有着极强的控制力。这种传统通过政权的转换,带到了元朝的君臣关系中,使得此后的君臣关系出现了新的变化。忽必烈自己就说,"凡有官守不勤于职者,勿问汉人、回回,皆论诛之,且没其家"(《元史·世祖本纪》),对大臣可杀可打;而宋代君主一方面强调忠君,一方面以"礼臣"精神为指导,与士大夫共治天下,皇帝不轻易杀士大夫,二者的差异表现得十分明显。

其次,怯薛是国家重要官员的主要来源,使得他们与大汗之间的主奴关系影响到了君臣关系。文献曾记载,一位御史台的官员在成宗即位以后,给成宗表忠心时说:"如今皇帝新即位,歹奴婢每比之在前,更索向前用心出气力。"对此,姚大力有论:"主奴观念进入元代君臣关系是受蒙古旧制影响的结果,并且它已经渗透到汉式的皇帝—官僚关系中间。"②周良霄、顾菊英在肯定元朝统一全国伟大历史功绩的同时,也指出元朝的消极方面:"更主要的问题还在于在政治社会领域中由蒙古统治者所带来的某些落后的影响,它们对宋代而言,实质上是一种逆转。这种逆转不单在元朝一代起作用,并且还作为一种历史的因袭,为后来的明朝所继承。它们对于中国封建社会后期的发展进程,影响更为持久和巨大……明代的政治制度,基本上承袭元朝,而元朝的这一套制度则是蒙古与金制的拼凑。从严格的角度讲,以北宋为代表的中原汉族王朝的政治制度,到南宋灭亡,即陷于中断。"③张帆《中国古代简史》总结说:"就中国古

---

① 志费尼《世界征服者史》,何高济译,商务印书馆,2017年,30—31页。
② 姚大力《论蒙元王朝的皇权》,见姚大力《蒙元制度与政治文化》,167、168页。
③ 周良霄、顾菊英《元代史》序言,上海人民出版社,1993年,5页。

代皇权的发展线索而言,两宋金元是孕育明清极端专制主义皇权的关键阶段。在宋朝……忠君成为臣民绝对、无条件必须履行的准则。……至金朝(还有后来的元朝)以北方民族入主中原,家天下色彩明显,传统官僚制度对皇权的约束、限制机能大为削弱。这种家天下的政治模式,辅以宋朝以来逐渐深入人心的绝对、无条件忠君观念,导致了皇权的显著强化,影响后代历史至为深远。""汗权的强大,是大蒙古国政治的突出特征。与金朝相比,蒙古君主的个人权威一开始就非常突出,并未湮没于家族集体权力之中。而且其权威主要来自北方民族自身的政治观念,并非依赖汉族社会政治传统始得建立。"①

本讲主要讨论了入主中原以后,辽、金、元三朝实行的不同制度,尤其是相关的汉化措施,这里引用吕思勉《吕著中国通史》中的一段话作为结尾,以明三者之间的差异:"辽、金、元三朝,立国的情形,各有不同。契丹虽然占据了中国的一部分,然其立国之本,始终寄于部族,和汉人并未发生深切的关系。金朝所侵占的重要之地,惟有中国。……不能据女真之地,用女真之人,以建立一个大国。所以从海陵迁都以后,他国家的生命,已经寄托在他所侵占的中国的土地上了。所以他压迫汉人较甚,而其了解汉人却亦较深。至蒙古,则所征服之地极广,中国不过是其一部分。虽然从元世祖以后,大帝国业已瓦解,所谓元朝者,其生命亦已寄托于中国,然自以为是一个极大的帝国,看了中国,不过是其所占据的地方的一部分的观念,始终未能改变。所以对于中国,并不能十分了解,试看元朝诸帝,多不通汉文及汉语可知。"②

---

① 张帆《中国古代简史》(第二版),230、236页。
② 吕思勉《吕著中国通史》,华东师范大学出版社,1992年,448—449页。

阅读书目

张帆《回归与创新——金元》，见吴宗国主编《中国古代官僚政治制度研究》，北京大学出版社，2024年。

刘浦江《辽朝国号考释》，见刘浦江《松漠之间——辽金契丹女真史研究》，中华书局，2008年。

萧启庆《蒙元支配对中国历史文化的影响》，见萧启庆《内北国而外中国：蒙元史研究》，中华书局，2007年。

张帆《论蒙元王朝的"家天下"政治特征》，《北大史学》第8辑，北京大学出版社，2001年。

钟焓《评刘浦江〈松漠之间——辽金契丹女真史研究〉》，《唐宋历史评论》2016年第2辑。

第十一讲
明代的政治与制度

中国古代的政治制度，是影响中国古代社会最重要的因素之一，明朝（1368—1644）的政治制度，奠定了此后中国古代最后几百年政治制度的基础。

一、 小明王与大明皇帝

"明朝"的"明"字，与元末农民战争及其宗教信仰有密切关系。① 元末明初人陶宗仪《南村辍耕录》卷二三："堂堂大元，奸佞专权，开河变钞祸根源，惹红巾万千。官法滥，刑法重，黎民怨，人吃人，钞买钞，何曾见？贼做官，官做贼，混贤愚，哀哉可怜！"这段记载描述了元末红巾军起义的重要背景，其中的核心问题是"开河变钞"。"开河"，指的是元朝重新开黄河水道一事，给百姓带来了深重的灾难；而"变钞"指的是元末滥发纸币而造成的严重的通货膨胀问题，以至于元末的米价相当于元初的 2500 倍；再加上元代官场的腐败等种种因素，引发了刘福通所领导的红巾军起义。

红巾军起义的背后，有着白莲教的深刻影响。白莲教可以追溯到唐代佛教的净土宗，净土宗由于教义浅显、修行简便而广泛传播。

---

① 这一传统观点受到不少学者的质疑，新近研究认为，明朝国号出自《易经》"大明终始"，参杜洪涛《明代的国号出典与正统意涵》，《史林》2014 年第 2 期。

白莲教作为净土宗的一支，从南宋开始发展，到元以后，逐渐发展成为比较严密的宗教组织。在中国古代，宗教的组织形式往往为农民起义提供了条件，诸如东汉末年的黄巾起义、清末的太平天国运动等都是如此。

1351年，白莲教首领刘福通领导红巾军起义，并推出首领韩山童，声称韩山童为宋徽宗八世孙，当为中国主。同时，他们利用白莲教中宣扬的"明暗二宗"的教义，将"明王出世""弥勒下生"作为起义的号召，"小明王"的"明"，就是来自这种宗教信仰。

明朝的建立者是朱元璋（1328—1398），他出身贫寒，一度出家当过和尚。1352年，二十多岁的朱元璋投奔红巾军领袖郭子兴，郭子兴对他十分信任器重，还把自己的养女嫁给了朱元璋。1355年，红巾军的韩林儿称"小明王"，同年郭子兴去世，小明王命朱元璋继任郭子兴这支义军的统帅。次年，朱元璋攻克江南重镇集庆（今江苏南京），获得了极大声誉。此时朱元璋羽翼尚未丰满，加上长江以南还有若干竞争对手，于是他采纳儒士朱升"高筑墙，广积粮，缓称王"的建议，发展生产，积蓄力量。十年后，朱元璋认为时机已经成熟，害死小明王，停止使用小明王的"龙凤"年号，先后打败张士诚、方国珍等势力。在稳定南方的局面后，朱元璋开始北伐，利用蒙汉民族矛盾，提出了著名的"驱逐胡虏，恢复中华，立纲陈纪，救济斯民"（《明太祖实录》卷二六吴元年十月丙寅）口号。1368年，朱元璋在今天南京称帝，国号大明，建元洪武。同年，明军攻克元朝的首都大都，改大都为北平，元朝灭亡。

目前所见传世朱元璋的画像多达十余种，且差别较大，有人认为国家博物馆藏这张面貌丑陋的朱元璋画像（图11.1）反映了明太祖真实的模样，而今台北故宫博物院藏面貌端正、俊朗的画像（图11.2）则不是；也有人认为，丑陋的画像不是朱元璋的真容，而是朱元璋怕有人刺杀他，故意让画师画得难看。近年又有学者提出，丑陋的

图 11.1　国家博物馆藏朱元璋像　　图 11.2　台北故宫博物院藏朱元璋像

奇人异相出自朱元璋死后，是明成祖试图用相学理论重新阐释开国历史，从而启动了朱元璋容貌变异的进程。① 朱元璋没有被刺杀，他在 30 年皇帝生涯中的所做所为，使明朝制度深刻地打上了他的烙印。

二、朱元璋与明初政治、制度

明代的政治制度及其对清朝的长远影响，主要是由朱元璋建立的制度所奠定的。明朝建立之初，制度多沿袭元朝。明初中央制度，据《明史·职官志二》载："国家立三大府，中书总政事，都督掌军

---

① 参胡丹《相术、符号与传播："朱元璋相貌之谜"的考析与解读》，《史学月刊》2015 年第 8 期。

旅，御史掌纠察。"地方制度也沿袭元朝，设置行中书省，简称"行省"，作为地方最高行政机构。随后以明初胡惟庸一案为契机，政治制度发生了较大的变化。

明太祖从一开始就不十分信任宰相，并且有意地限制、削弱宰相的权力。明初担任过宰相的人，有徐达、李善长、汪广洋、胡惟庸，除了徐达，另外三位都没有获得善终。洪武十一年（1378），明太祖朱元璋曾说："胡元之世，政专中书〔省〕，凡事必先关报，然后奏闻，其君又多昏蔽，是致民情不通，寻至大乱，深可为戒。"（《明太祖实录》卷一一七洪武十一年三月壬午）朱元璋对元朝制度的弊病有切身的感受，同时也认为宰相制度限制了皇帝，于是在这一年，着手改革宰相制度，"奏事毋关白中书省"，使得地方和中央机构给皇帝的奏报直接报给皇帝，而不必报给中书省，在一定程度上架空了宰相机构。洪武十三年（1380），明太祖以谋反罪名诛杀中书左丞相胡惟庸，宣布废除中书省及宰相，秦以来的宰相制度不复存在。"胡惟庸案"是洪武三大案之一，前后延续十年，牵涉上万人。应当说，胡惟庸虽确有刚愎自用、招权纳贿的问题，但正如吴晗指出的那样，胡惟庸的罪名像层累的历史，是后来慢慢加上去的。① 宰相制度废除后，明太祖还专门下诏书说："自古三公论道，六卿分职，自秦始置丞相，不旋踵而亡。汉唐宋因之，虽有贤相，然其间所用者，多有小人专权乱政。我朝罢相……以后嗣君并不许立丞相，臣下敢有奏请设立者，文武群臣即时劾奏，处以重刑。"（《明太祖实录》卷二三九洪武二十八年六月己丑）可以说，此前宋代强调的"君使臣以礼，臣事君以忠"被抛弃，明朝以后，"只知尊君，而不知礼臣"，一味地强调尊君和大臣对皇帝的义务，而皇帝对大臣的礼待则不复存在。明代沿用金代的廷杖，明代廷杖只针对臣下。《明

---

① 参吴晗《胡惟庸党案考》，北京市历史学会主编《吴晗史学论著选集》第1卷，人民出版社，1984年。

史·刑法志三》称,"廷杖之刑,亦自太祖始矣","公卿之辱,前此未有"。正如明朝人于慎行《谷山笔麈》说的那样:"三代以下待臣之礼,至胜国(元朝)极轻,本朝因之,未能复古","本朝承胜国之后,上下之分太严"(卷三、卷一〇)。明朝皇权的膨胀,延续了元朝的情况,以上也是常说的君主集权更加强化的重要现象。

废除宰相后,中央出现了权力的真空,从前属于宰相的议政权、监督百官执行权出现了分流,一部分被纳入皇帝手中,另一部分则转归吏户礼兵刑工六部,时人称"中书之政,分于六部",六部成为皇帝之下处理政务的最高一级机构。在政务运行中,除了重大事务需要奏请皇帝批准外,日常的事务可以由六部自行处理。将元和明进行对比,可以看得更为清楚。从官员的铨选制度来看,元朝的官员任命有三个层次:三品以上的高级官员,由宰相机构中书省提供人选,皇帝作最后的定夺;三品以下、七品以上的中层官员,由宰相机构决定;从七品以下的低级官员,则由吏部决定。明朝宰相机构废除以后,丘浚《大学衍义补》卷一〇记载:"今制,四品以上及在京堂上五品官,在外方面官,皆具职名,取自上裁。五品以下及在外四品,非方面者,则先定其职任,然后奏闻。"明朝分成两个层次,四品以上由皇帝任命,以下由吏部决定。这表明,原来宰相的权力,部分属于皇帝,部分属于吏部。六部权力的扩展,以及官僚制度进一步的发展在有明一代是相当突出的,个别皇帝甚至几十年不参与政事,都没有对政务的正常处理造成太大的影响。

明朝的地方机构在名称上虽沿袭了元朝"省"的说法,但内部的权力划分则有较大不同。明朝的省分为三司,分别为承宣布政使司、都指挥使司、提刑按察使司,简称布政司、都司、按察司,分管民政、军政、司法事务,与两宋"路"的分司管理有一定相似之处。

监察制度方面,监察机构在明初是御史台,洪武十三年罢置。洪武十五年置都察院,长官为左、右都御史,下设十三道监察御史。

明朝监察御史的权力较大,张萱所谓"事得专达,都御史不得预知也"(《西园闻见录》卷九三),监察御史可以直接向皇帝奏请事务,都察院的长官也不能干涉,以此保证监察御史在行使监察权时有一定的独立性。另外还设有六科给事中,分别对六部进行对口行政监察工作。给事中原设于门下省,其职责是审查报给皇帝的章奏和下达的诏书情况,而明朝没有门下省,给事中变为六科,其作用与前代门下省给事中有类似之处。《明史·骆问礼传》载:"诏旨必由六科,诸司始得奉行。"明末清初学者顾炎武对明六科作用给予了较高评价:"本朝(明代)虽罢门下省长官,而独存六科给事中,以掌封驳之任。旨必下科,其有不便,给事中驳正到部,谓之科参。六部之官无敢抗参而自行者,故给事中之品卑而权特重。万历之时,九重渊默,泰昌以后,国论纷纭,而维持禁止,往往赖抄参之力。"(《日知录集释》卷九"封驳")

六科给事中和十三道监察御史合称"科道官",又称"言官",他们虽然数量并不大,不过二百人左右,但是在明朝政治中相当活跃,发挥了突出的作用。明选拔、管理科道官的方式有一定的特殊之处,如在选拔方式上,能够当六科给事中或监察御史的人,绝大多数都是进士出身的佼佼者。"考选之例,优者授给事中,次者御史,又次者以部曹用"(《明史·选举志三》),"呼翰林、吏部、科、道为四衙门,以其极清华之选也"(《万历野获编》卷一〇)。但同时,明政府又规定,做科道官的人必须积累一定的政治实践,并且不能老于官场、老于世故,往往选年龄在30岁到50岁之间的人。在科道官的管理上,明代法律规定,"凡风宪官吏受财,及于所按治去处求索借贷人财物,若卖买多取价利及受馈送之类,各加其余官吏罪二等"(《大明律》卷二三《刑律六·受赃》),科道官如果贪赃枉法,会受到比普通官员更为严厉的惩处。科道官如果做得好,又可以得到迅速的提拔机会,明人有"官由科道升者,每苦太速"(杨士聪《玉堂荟记》

卷四）的感叹。制度设计的目的，是使监察官员更好地发挥激浊扬清的职能，明朝言官在政治中活跃的表现，与明的监察制度安排有相当密切的关系。

明朝的军事制度，在明初也发生了重要变化。明初仿照元朝的枢密院，设置大都督府，总揽军旅和军政，即掌握军队的管理权、发兵权、指挥权。战争时期，这种制度设计有利于提高战斗力，但是进入承平时代后，其权力过大的缺点很快引起了皇帝的警觉。就在废除宰相的同年，即洪武十三年，朱元璋将大都督府一分为五，包括左军都督府、右军都督府、中军都督府、前军都督府、后军都督府，称为"五军都督府"。目的是维护皇帝对军队的控制权，《春明梦余录》卷三一载隆庆年间大学士赵贞吉评论："我朝内外卫兵分隶五府，乃高皇帝定万世太平之计，俾免前代强臣握兵之害，其为圣子神孙虑至深远，其法制甚周悉也。"

具体来说，五军都督府管理军队的体制，称为"卫所"制度。所谓"卫""所"，是指这套管理体制中的两级，中央设置五军都督府，下设都指挥使司，再往下是卫指挥使司。一般来说，5600人设一卫，长官是正三品卫指挥使，下设五个千户所，其长官是正千户，下面还有百户所等。卫所制度的特点是，卫指挥使以下的多数官兵是父死子继，世代不得脱离军籍，这既受到了元代户计制的影响，与唐代的府兵制也有相似之处，有寓兵于农、兵农合一的色彩。图11.3显示的是位于今河北怀安的怀安卫城、今浙江温州的蒲壮所城，它们是不同等级的军事机构。今天从城市名称上还能感受到卫所制度的一些影响，如天津、威海的名称，就是来自天津卫、威海卫等明朝初年所建的卫城。

五军都督府统领军队，掌管军队的日常管理和训练，兵部掌握包括发兵权在内的军政。洪武十三年军旅、军政分离的制度安排，一方面消解了政治中不安定的割据因素，同时也有着文、武官员相

怀安卫城
（今河北怀安县）

蒲壮所城
（今浙江苍南县）

图 11.3　明代卫所城址

互制衡的内涵，兵部的长官、副官都由文臣担任，而五军都督府的官员则多由武将担任。《春明梦余录》卷三〇对此制度论述说："兵部有出兵之令而无统兵之权，五军〔都督府〕有统兵之权而无出兵之令"，"合之则呼吸相通，分之则犬牙相制"。《西园闻见录》卷六三评论："五府握兵籍而不与调发，兵部得调发而不治兵事，其彼此之相制也若犬牙然，其俯首而听于治也若束缚然。"其分权制衡的制度设计理念，与宋代枢密院、三衙的分工方式有近似之处。另一方面，战时与平时的军队管理权也是分开的，明章潢《图书编》卷一一七记载："出师之日，赐平贼、讨贼、平敌、平西、征夷、征北等印，或将军，或副将军，或大将军，随时酌议，必由兵部题请，五府亦不得干预。事平之日，将归于府，军归于营，印归于朝，其意深矣。"中国古代的许多朝代，对军队管理的制度设计都有类似的

"将归于府，军归于营，印归于朝"的兵将分离精神，汉朝、唐朝的承平时代也是如此，其目的都是为了加强皇帝对军队的控制，不使军阀势力有生长的空间。

任何制度都有弊病，兵将分离的弊病在于士兵不熟悉将领，缺乏对将领的信任，将领也不熟悉士兵，对其训练情况不了解，因此会削弱军队的战斗力。在军事吃紧时，为了克服这种弊病，古代统治者也多次进行调整，如唐朝的府兵制被军镇所替代；北宋王安石变法推行过"将兵法"，南宋初期实行过军将合一的行营护军制；明朝则是从卫所制向镇戍制演变。明初，中央在军事活动频繁的地区，设置军镇屯驻重兵，并设置总兵一职进行统领。随着时间的推移，这种原设置于边疆的制度被逐渐推广到内地和京畿附近，以至于凡天下要害之处，都设官统兵镇戍，以致出现"镇守权重，都司势轻"的现象，总兵官取代了都指挥使司原来的地位，成为地方名副其实的军事统帅。总兵逐渐获得了较大的权力，中央自然需要对其有所控制，于是明中期以后又发展出了由文臣担任的总督和巡抚，作为中央派出的差遣，他们的工作之一是对总兵进行管理和约束，也体现了文武制衡的精神。到了清朝，这种制度渐渐固定下来，成为中国古代后期调整中央地方关系、加强中央对地方控制的行之有效的制度。

总的来说，明初由明太祖朱元璋所建立的各项政治制度，主要体现了分权与制衡的原则，《明太祖实录》卷二三九所谓"我朝罢相，设五府、六部、都察院、通政司、大理寺等衙门，分理天下庶务，彼此颉颃，不敢相压，事皆朝廷总之，所以稳当"，就相当清晰地反映了这一点。这里推荐王天有《明代国家机构研究》，这本书按照明代政府机构编排，言简意赅，能够帮助读者准确了解明代国家机构的基本情况。

法律制度方面，首先是修撰明律，《大明律》于明太祖洪武三十年（1397）定稿，共30卷，其中有很多内容沿袭唐律，但在量刑方面存在明显的差别，所谓"轻其轻罪，重其重罪"（孙星衍《重刻故唐律疏议序》）。"重其重罪"，就是对直接危害国家统治的谋反、贼盗等重大犯罪，其量刑要重于唐代；而对不直接威胁统治的诸如风俗教化等，在定罪处刑上相对较轻，即"轻其轻罪"。清代法学家薛允升在其著作《唐明律合编》中，仔细比较了唐律、明律的异同，揭示出明律的很多特点，可作为进一步阅读的参考。除此之外，明律与此前法律另一个不同的地方，是将凌迟入刑，唐律中的死刑有绞、斩两种，五代以后虽存在凌迟这种酷刑，但都不是正刑。明律还增加充军，成为流刑范围中最重的刑罚，罪犯被发往边地卫所充军籍，轻者本人终身服役，重者子孙世代不免。此外，朱元璋的个人因素对明初的法制也有明显影响，这主要体现在明太祖自己撰写的《大诰》中。《大诰》的内容是明太祖亲自审理、判决的案例，共有四部分，合二百三十六条，反映了明太祖"乱世用重典"的思想。这种思想主要体现在"律外用刑"和"重典治吏"两个方面，如族诛、墨面纹身、挑筋去指、断手等，都是正刑中所没有的。在量刑方面，同一种犯罪，《大诰》判决往往重于大明律。特别是对官员，"重典"精神体现得尤为明显，甚至有所谓"剥皮实草"的记载，就是杀了贪官污吏后，从他们身上剥下皮，里面塞上草，挂在大堂上，作为对继任者的警示。

朱元璋所营造的政风，是君主绝对独裁的体现，在洪武年间，《大诰》就已经颁行，朱元璋将其列为全国各级学校的必修课程，规定科举考试从中出题，并采取一系列具体措施，开展全民性的讲读活动。还要求每个家庭都要阅读《大诰》，朱元璋甚至下达过专门的诏书说："朕出是《诰》，昭示祸福。一切官民诸色人等，户户有此一本，若犯笞杖徒流罪名，每减一等，无者每加一等。所在臣民，熟观为戒"，"敢有不敬而不收者，非吾治化之民，迁居化外，永不令归"。要求每个家庭都要收藏、阅读《大诰》，使这种"乱世用重典"的精神为国家大多数人了解和体察。①

三、内阁制度与宦官专权

任何制度都会发生变化，明太祖建立的制度也不例外，本节主要介绍明朝的内阁制度和宦官专权的问题。

内阁制度的产生，与宰相制度的废除直接相关。废相后，宰相的权力一部分归属于皇帝，一部分归属于六部。这就意味着皇帝要处理的事务更多了，据《明太祖实录》，朱元璋八天之内，收到"内外诸司奏札凡一千六百六十，计三千三百九十一事"，朱元璋自己也说，"朕代天理物，日总万几……岂能一一周遍"，"人主以一身统御天下，不可无辅臣"（卷一六五、一三三）。即便能力强如明太祖，也感到力不从心，所以需要找人帮助他，这就是内阁制度产生的背景。在废相的同年，明太祖设置四辅官，起用的是几位学问很好，但缺乏执政能力的人。两年后又废四辅官，设置殿阁大学士，不过朱元璋"自操威柄，学士鲜所参决"（《明史·职官志一》）。虽然需要辅臣协助决策，但是朱元璋不愿大权旁落，故设置的四辅官、殿阁大学士都没有什么实质意义，但这毕竟是开了一个头。

明成祖朱棣以后，内阁制度有所发展。明成祖即位，从翰林院中选拔了解缙、胡广等人，让他们入直文渊阁，称为"内阁学士"。内阁学士不同于洪武年间的四辅官、殿阁大学士，开始有了一定的参政机会，"内阁"之名以及阁臣"参预机务"由此开始。不过明成祖时期，这些内阁学士的品位较低，且受到诸多限制，如文献所载："成祖即位，特简解缙、胡广、杨荣等直文渊阁，参预机务。阁臣之预务自此始。然其时，入内阁者皆编、检、讲读之官，不置官属，

---

① 参杨一凡《明大诰研究》，江苏人民出版社，1988年，85、125页。

不得专制诸司。诸司奏事，亦不得相关白。"（《明史·职官志一》）由于诸司奏事并不报阁臣，所以这时候内阁学士仍然是顾问的身份，没有主动参政的机会。

仁宗、宣宗以后，阁臣的地位逐渐提高，英宗正统初年，内阁获得了一项制度性的"票拟"权，"始专命内阁条旨"（《殿阁词林记》卷九），这使内阁从制度上获得了普遍与闻朝政的权力，打破了"诸司奏事，亦不得相关白"的限制。内阁可以通过"票拟"议政并影响皇帝的决策。"票拟"，是一切内外章奏送到内阁后，由内阁学士先进行阅读、处理，并且提出初步的处理意见，写在纸条上，与章奏一起呈报皇帝。内阁票拟后，皇权的行使就表现为"批红"，皇帝看过章奏和阁臣的意见后，用红笔写于章奏，之后再下达处理。图11.4展示了内阁制度形成后政务的运行、处理流程：首先，内外章奏通过通政司传达到司礼监，司礼监是一宦官机构，由他们上达给皇帝，皇帝再通过司礼监下发内阁，在此过程中，皇帝不参与讨论。随后，内阁阅读章奏，进行票拟，再通过司礼监上呈皇帝，皇帝进行批红处理。批红通过司礼监下发内阁，并形成诏书下发各部门执行。

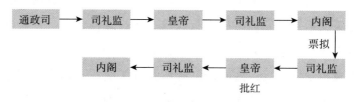

图11.4 明政务运行流程示意图

以前文所述祝总斌界定的宰相必备的两项权力，即议政权和监督百官执行权来衡量明代内阁制度，可以发现，内阁拥有制度上的议政权，但阁臣并非百官之长，不具有监督百官执行权，明朝内阁制度并不是宰相制度的翻版，不能等同于历史上的宰相制度。明朝中期的严嵩、张居正等阁臣权倾一时，史称："明制，六部分莅天下事，内阁不得侵。至严嵩，始阴挠部权，迨张居正时，部权尽归内阁。"(《明史·杨巍传》)但这是非制度性的，可视为个别权臣当政的情况，而不能认为是宰相制度的复归。宰相制度废除后，六部的权力有所扩大，六部对于内阁权力扩张也一直是重要的制约因素①。

再谈谈宦官问题，宦官专权问题也是明朝中后期尤为令人注目的问题之一。与汉、唐相比，明朝宦官规模庞大、机构发达、权力广泛。明朝的宦官机构，重要的有十二监、四司、八局，合称二十四衙门（表11.1），它们共同构成了明朝宦官机构的核心。权力广泛，指宦官权力延伸至政治、经济、社会等各个方面。明初时，太祖对宦官问题有所警惕，曾在宫门前铸了一块铁牌，书"内臣不得干预政事，预者斩"。只不过，这种防范缺乏制度的保障，后来还是出现了很多问题，《明史·宦官传序》概括说，"明世宦官出使、专征、监军、分镇、刺臣民隐事诸大权，皆自永乐间始。初，太祖制：'内臣不许读书识字。'后宣宗设内书堂，选小内侍，令大学士陈山教习之，遂为定制。用是多通文墨，晓古今，逞其智巧，逢君作奸。数传之后，势成积重，始于王振，卒于魏忠贤，考其祸败，其去汉、唐何远哉！"王振和魏忠贤，是明代前期与晚期最著名的两名宦官，明朝的司礼监与内阁之间在长期政治实践中曾形成了相互协作的机

表11.1　明代宦官二十四衙门

十二监	司礼监	内官监	御用监	司设监	神宫监	尚宝监	尚膳监	印绶监	御马监	直殿监	尚衣监	都知监
四司	惜薪司	钟鼓司	宝钞司	混堂司								
八局	兵仗局	银作局	浣衣局	巾帽局	针工局	内织染局	酒醋面局	司苑局				

---

① 参谭天星《明代内阁政治》，中国社会科学出版社，1996年，123页。

制,而在王、魏时期,司礼监一度凌驾于内阁与外朝的百官之上。今天的北京智化寺(图11.5)曾是王振的家庙,以其建筑与传承至今的明代古乐闻名于世。

图 11.5　智化寺及《智化寺旌忠祠记》拓片

明朝宦官专权也与皇权加强有关。明皇权急剧膨胀,使得皇帝对大臣有很强的猜忌心理,于是发展出了具有明朝特点的特务政治。皇帝设置锦衣卫、东厂、西厂等机构进行特务活动,其中部分特务机构就由宦官掌管,为宦官的专权提供了制度性的条件。理论上说,宦官专权的基础是皇权的强大,东晋门阀政治皇权衰弱,就产生不了宦官专权的问题。只有到了皇权比较强、皇帝又不行使其权力的时候,皇权就有可能为身边的人所攫取,出现皇权旁落、宦官专权的情况,汉朝、明朝都是如此。明朝废除宰相,皇权有所扩展,为宦官窃取皇权提供了空间,使得宦官以皇帝家奴的身份窃取了部分皇权。在内阁制下,处理政务的关键环节是内阁的票拟和皇帝的批红,明朝中后期的不少皇帝怠于政务,于是转由司礼监的掌印、秉笔等人代为批红,由此窃取了皇权的一部分。赵翼在《廿二史札记》卷三三里就说:"人主不亲政事,故事权下移。长君在御,尚以票拟归内阁,至荒主童昏,则地近者权益专,而阁臣亦听命矣。"明朝几个重要的专权的宦官,正是在赵翼所谓"荒主童昏"的情况下产生的。

  明朝有"四大权阉",分别是英宗时期的王振,宪宗时期的汪直,武宗时期的刘瑾以及熹宗时期的魏忠贤。其中王振、刘瑾、魏忠贤都是司礼监的太监,汪直则掌管西厂,这几个皇帝,也都如赵翼所说的那样,为"荒主童昏"。王振从英宗当太子时就一直陪伴左右,因此深得英宗信任,英宗继承皇位时只有9岁,王振便窃权纳贿,毁掉了明初"内臣不得干预政事"的铁牌,而且唆使英宗亲征瓦剌,导致了土木堡之变,王振也死于此役。宪宗当了皇帝以后,十分宠爱比他大19岁的万贵妃,对政事漠不关心,汪直得以掌权。朝中大臣的权力则受到极大的压抑,产生了"纸糊三阁老,泥塑六尚书"(《明史·刘吉传》)的说法。武宗的执政能力不强,读不懂大臣的章奏,反而热衷于游玩享乐、带兵打仗。《明武宗外纪》记载:"武宗遍游宫中,日率小黄门为角抵蹴鞠之戏,随所处辄饮宿不返,其入中宫及东西两宫,月不过四五日。"又别构宫室,名为豹房,"群小见幸者,皆集于此"。他还曾任命自己为镇国公总督军务威武大将军总兵官,派自己去打仗,又给自己加官晋爵。宁王朱宸濠在南方反叛,很快被抓,武宗想要亲自捉拿,于是就把叛王放了,在亲征途中,武宗不慎落水致病,不久后一命呜呼。在武宗荒诞不堪的时期,实际掌权的便是刘瑾,在当时,武宗被称为"坐皇帝",刘瑾被称为"站皇帝"。至于熹宗,他本人颇为聪明,但文化程度较低。他热衷于做木匠活,据说现在紫禁城中留下的一些模型就是熹宗做的。魏忠贤就利用了熹宗不务政事的机会,经常在熹宗专心致志地做木匠活时,向熹宗上达奏章,熹宗很不高兴,便让魏忠贤自己处理。明朝宦官专权的原因，与皇帝的文化素质相对较低、对皇帝角色缺乏认同有一定关系，日后清朝的皇帝吸取了明朝的教训，清朝对皇子们的教育是相当严格的，这在后面还会提及。

明朝的宦官虽也曾权倾一时，但是皇帝对付他们，还是比较容易的，这与皇权在制度上的成熟有关。

四、边患：南倭北虏

《皇明祖训》记载了明太祖朱元璋对其后代的训诫，其中有涉及明朝对外关系的一段："四方诸夷，皆限山隔海，僻在一隅，得其地不足以供给，得其民不足以使令。若其自不揣量，来挠我边，则彼为不祥。彼既不为中国患，而我兴兵轻伐，亦不祥也。吾恐后世子孙，倚中国富强，贪一时战功，无故兴兵，致伤人命，切记不可。但胡戎与西北边境互相密迩，累世战争，必选将练兵，时谨备之。"朱元璋一方面强调加强对蒙古的防备，另一方面则告诫后代不要发动对外战争。他还将朝鲜国、日本国等"不征诸夷国名"开列于后。朱元璋明确制止侵略海外国家的政策，不仅是对以往的汉、唐、宋诸代实践的肯定和对元帝忽必烈实践的否定，同时也为明朝对外关系确立了重要的信条①。北疆是明朝战略防御体系的重点。

1368年，明军攻克大都，元顺帝退走塞外蒙古草原，仍称元朝，史称北元。明成祖时，蒙古分裂为兀良哈、瓦剌、鞑靼三部分。兀良哈归附明朝，瓦剌和鞑靼企图恢复元朝的统治，对明朝构成重大威胁。明成祖迁都北京，并五次亲征漠北，史称"永乐北伐"。北伐打击了瓦剌、鞑靼的侵扰，稳定了北疆，但也消耗了大量的人力物

---

① 王赓武《明朝对外关系：东南亚》，见崔瑞德、牟复礼编《剑桥中国明代史1368—1644（下卷）》第六章，杨品泉等译，中国社会科学出版社，2006年，285页。

力。永乐以后,明朝对北疆的政策从进攻转为防御。

明朝致力于北方军事防御体系的建设。首先,明朝修筑了辽东边墙和万里长城。辽东边墙始建于明成祖永乐年间,起自山海关,经开原,至鸭绿江边的九连城,长 1960 余里。万里长城东起山海关,西迄嘉峪关,从明太祖开始,前后 18 次修建或改建长城。长城的修筑利用天然地形,多选择在易守难攻的险要之地。作为军事防御工程,长城的防御设施也逐步完备。为了加强长城防御能力,明中期以后增筑空心敌台(图 11.6),守城士卒可居住其中,并储存武器、弹药。还有防御骑兵的"挡马墙"等专门设施。此外,明朝在长城沿线设置了九大军事重镇,它们分别是辽东镇、蓟镇、宣府镇、大同镇、山西镇(三关镇)、延绥镇(榆林镇)、宁夏镇、固原镇(陕西镇)、甘肃镇,合称"九边"。九边驻扎重兵,分区防守,形成了完备的指挥、防御系统。史称"终明之世,边防甚重,东起鸭绿,西抵嘉峪,绵亘万里,分地守御"(《明史·兵志三》)。这样,明朝以北京为中心,以九镇为重要军事据点,以长城为屏障阵地,共同构成阻挡蒙古骑兵南下的防御体系。

图 11.6 空心敌台及示意图

明朝的防御力量加强以后,蒙古觉得发动掠夺战争不如与明朝贸易更为合算,穆宗隆庆五年(1571),明朝与蒙古达成和议,结束战争状态。此后,明朝在沿边各地开马市与蒙古贸易,蒙古的物质需求得到了较大满足,明朝北部边境的压力得以缓解。

日本古称倭国,所谓倭寇,是指元代开始出没于中国东南沿海地区的日本海盗集团。明代倭寇问题,明初即有,"时倭寇出没海岛中,数侵掠苏州、崇明,杀略居民,劫夺货财,沿海之地皆患之"(《明史纪事本末》卷五五《沿海倭乱》)。在嘉靖以前,倭寇骚扰的范围还只限于个别地区,尚未构成对东南沿海地区的严重威胁。嘉靖严加海禁,东南沿海的海商集团靠走私牟利,朝廷对其进行剿捕,双方矛盾激化。嘉靖以后,倭患加剧,一个重要原因便是上述海上走私集团在日本的支持下,穿着日本人的服饰、打着日本旗号进行劫掠。"海中巨盗,遂袭倭服饰、旗号,并分艘掠内地,无不大利。故倭患日剧。"(《明史·日本传》)嘉靖年间,林希元《拒倭议》称,"今虽曰倭,然中国之人居三之二"。某些倭寇群体中的中国人比例可能更高,"嘉靖壬子(1552),倭寇初犯漳、泉,仅二百人。真倭十之一,余皆闽、浙通番之徒"(顾炎武《天下郡国利病书·广东备录下·海寇》)。"通番之徒",当时是指与日本勾结的中国人,当时最大的倭寇头目王直就是徽州人。这样,倭患蔓延至东南沿海各省,进入十分猖獗的阶段。

嘉靖后期,名将戚继光被调任浙江平倭。戚继光招募了一支由农民和矿工组成的军队,并根据倭寇作战特点,进行有针对性的训练,还在阵法和兵器等方面有所创新。嘉靖四十年(1561),戚继光九战九捷,浙东倭寇平。接着,他又平定了福建各地的倭寇。嘉靖末年,在戚继光、俞大猷等将领的努力之下,东南沿海的倭寇问题基本解决。穆宗隆庆以后,海禁政策也有所放松,私人海外贸易获得发展①。

---

① 参晁中辰《明代海禁与海外贸易》第八章第三节"隆庆开放后海外贸易的发展",人民出版社,2005年。

阅读书目

吴晗《胡惟庸党案考》，见《吴晗史学论著选集》第一卷，人民出版社，1984年。

王天有《明代国家机构研究》第一章，北京大学出版社，1992年。

马大正主编《中国边疆经略史》第七编"明朝的边疆经略"，中州古籍出版社，2000年。

李新峰《明初勋贵派系与胡蓝党案》，《中国史研究》2011年第4期。

王剑、李忠远《有明之无善政自内阁始——论明初政治变动中的内阁政治文化》，《求是学刊》2015年第3期。

赵子富《系统全面 精审创新——读王天有先生著〈明代国家机构研究〉》，《北京大学学报》（哲学社会科学版）1994年第3期。

第十二讲
清代统一多民族国家之形成

公元前221年，秦始皇统一中国，与此同时，在长城以北的地区，匈奴冒顿单于也建立了匈奴帝国，分别代表了农耕地区和游牧地区的统一。两种统一传统延续到元代，最终融合为一体。清代便是继元代之后，另一个统一农耕地区和游牧地区的王朝，也是中国古代的最后一个王朝，本讲主要介绍清的统一历程。此前历朝的统一过程，并没有过多介绍，之所以着重谈清朝的统一问题，是因为清朝的统一是满、蒙、汉三个地区的大统一，直接奠定了今天中国版图的基础，清代开创的维护统一多民族国家的宗教、文化政策也一直影响至今。本讲主要围绕三个问题展开，一是满族的崛起和清朝的建立，二是清完成统一的历史过程，三是清代巩固统一的民族政策。

一、 满族的崛起和清朝的建立

清代的建立者是满族，其前身是女真族。明朝时，在今天的东北地区，女真从北向南大体上分为野人女真、海西女真、建州女真三大部分，明朝政府在当地设置了奴儿干都司等，下辖若干卫所，对女真旧地进行管理，属于一种较为松散的管理方式。在女真三部中，最南的建州女真发展较快，到了明代中后期，建州女真的贵族努尔哈赤（1559—1626）便开始了统一女真各部的战争，于明神宗万历四十四年（1616）建立了大金政权，史称后金。

努尔哈赤在建立政权的过程中，进行了若干文化和制度上的建设。文化上，以蒙古文字母为基础创制了满文，因为女真与蒙古较早建立了联系和交往，所以他们参照更为熟悉的蒙古文来创造自己的文字。制度上，创建了八旗制度。八旗制度的基础是女真原始的狩猎组织"牛录"，具有军事和行政双重性质。值得注意的是，这种具有兵民合一特点的制度，在北方族群中十分常见，如匈奴有万骑、千长、百长、什长制，"宽则随畜，因射猎禽兽为生业，急则人习战攻以侵伐"（《史记·匈奴列传》）；契丹"有事则以攻战为务，闲暇则以畋渔为生"（《辽史·营卫志上》）；女真的猛安谋克制也是"缓则射猎，急则出战"（《大金国志校证》附录一《女真传》）；蒙古的千户百户制也是如此，有万户、千户、百户、十户等单位之别。满族八旗制度的组织特色与它们近似，与猛安谋克制更是一脉相承。八旗制组织特点是"出则为兵，入则为民"（《太宗实录》卷七）；"无事耕猎，有事征调"（《圣武记》卷一）；"以旗统人，即以旗统兵"（《清朝文献通考》卷一七九）。八旗分为上三旗和下五旗，上三旗包括镶黄旗、正黄旗、正白旗，下五旗包括正红旗、镶白旗、镶红旗、正蓝旗、镶蓝旗，上三旗的旗主是皇帝，地位更高。今天北京的一些地名，如蓝旗营、厢红旗等，都是八旗制度留下的历史遗迹。关于满族的早期历史，可以参考刘小萌《满族从部落到国家的发展》。

努尔哈赤死后，其子皇太极即位。皇太极在位期间，1636年改国号为大清，定都今天的辽宁省沈阳市，同时把本族名从女真改为满洲。皇太极去世后，其子福临即位，改元顺治，由皇太极的弟弟多尔衮摄政。1644年4月，明朝为李自成所灭，明朝将领吴三桂引清兵入关，共同镇压农民起义。同年，清朝政权从沈阳迁都北京。

此时，明朝虽已灭亡，但明的残余势力还在活动，建立了一系列打着明朝旗号的小政权，但无奈大势已去，它们陆续为清军击败。顺治二年（1645），清军攻克南京，南明弘光政权覆灭；康熙元年（1662），南明永历政权覆灭；康熙三年（1664），夔东十三家农民军被消灭。这样，在明朝故土内部的战争已经基本平息，清朝的统治才算真正稳固了下来。（图12.1）

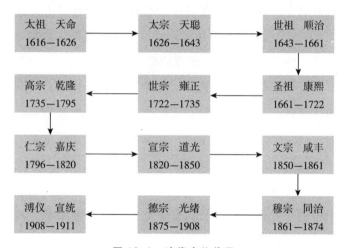

图 12.1 清代帝位传承

二、清代完成统一的过程

19世纪前期，清朝鼎盛时期的疆域，大大超越了明朝的版图。对于清代统一的过程，谭其骧有精当的论述："清朝的统一，实际上是先统一了满族的地区，即广义的满洲；再统一汉族的地区，即明王朝的故土，再统一蒙族地区和蒙族所控制的维藏等族地区。主要是满、蒙、汉三区的统一。"[1]

---

[1] 谭其骧《历史上的中国和中国历代疆域》，《中国边疆史地研究》1991年第1期，36页；收入谭其骧《长水集续编》，人民出版社，1994年。

清代统一的历程，大体上是从17世纪中叶到18世纪中叶，耗费了将近100年的时间，历经康雍乾三朝，前后分为统一台湾、喀尔喀蒙古部的归附、稳定西藏的统治、平定准噶尔部四个阶段。

（一）统一台湾

17世纪早期，台湾岛上主要有三股势力：荷兰人控制台南，西班牙人控制台北，郑芝龙海盗集团控制台中。困扰明朝多年的"南倭北虏"问题中的"南倭"，就是指东南沿海的当地海盗和日本倭寇，他们往往联合起来侵扰明朝东南边境，郑芝龙的势力就是这样发展起来的。1644年明亡后，明朝的残存势力在东南地区建立了南明政权，得到了郑芝龙的支持，南明政权便将郑芝龙的儿子郑森赐姓朱，改名为朱成功，也就是历史上著名的郑成功。南明政权和郑芝龙集团由此建立了较为亲密的关系。后来郑芝龙投降清朝，郑成功却不答应，他趁着1661年顺治皇帝去世的机会，率兵驱逐荷兰殖民者，收复台湾置承天府。（图12.2）

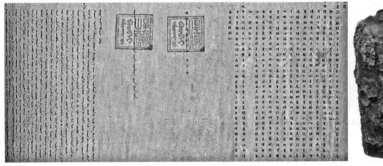

图12.2 顺治十八年招抚郑成功部下建功来归诏及称为"国姓瓶"的火药弹

郑成功收复台湾后，虽与清政府处于对立状态，但他说："台湾者，早为中国人所经营，中国之土地也"，明确表示台湾是中国的土地。郑成功到台湾后不久去世，政权落到其子郑经手中。郑经与郑成功不同，他认为"台湾远在海外，非中国版图。先王在日，亦只差'剃发'二字，若照朝鲜事例，则可"（《台湾外记》卷六），把台湾作为与清朝谈判的筹码，要求类似朝鲜的待遇。清政府自然不会同意，康熙帝就反驳说：“朝鲜系从未所有之外国，郑经乃中国之人”，"台湾皆闽人，不得与琉球、高丽相比"，① 立场非常鲜明。康熙二十年（1681），郑经去世，康熙决定乘机大举发兵收复台湾，《圣祖实录》卷九六载：“同心合志，将绿旗舟师，分领前进，务期剿抚并用，底定海疆，毋误事机。" 1683 年，清军渡海攻克澎湖，郑氏集团首领郑克塽请降。

统一台湾后，清朝设台湾府，下辖三县，隶属于福建省。另外，为了加强对台湾的管理，康熙末年还设置了巡台御史，每年派满、汉御史各一员，前往巡察，驻台湾府城，加强对台湾地方官的监督。图 12.3 是《丕翁先生巡视台阳图卷》局部，有学者认为，“丕翁先生”就是雍正十三年（1735）的巡台御史严瑞龙。设置巡台御史是清朝在统一台湾以后加强对台管理的措施。

图 12.3 　《丕翁先生巡视台阳图卷》（局部）

---

① 分见《明清史料·丁编》第 3 册，国家图书馆出版社，2008 年，555 页；《圣祖实录》卷一〇九，《清实录》第 5 册，中华书局，1985 年，118 页。

（二）喀尔喀蒙古部的归附

其次是喀尔喀蒙古问题。在明清之际，中国西北的蒙古族，分成漠南蒙古、漠北蒙古、漠西厄鲁特（卫拉特）蒙古三部。在满族入关前，漠南蒙古中先后有科尔沁部、内喀尔喀部、察哈尔部等归附了清朝，尊皇太极为博格达·彻辰汗，清统治者对其采取优待政策，对漠南蒙古贵族进行封爵，并与之联姻，奠定了此后清朝对蒙古政策的基础。清与漠南蒙古这种稳定、密切的联系，对日后清朝统一漠北、西藏、新疆地区产生了重要影响。

属于漠北蒙古的喀尔喀蒙古归附清朝，要从漠西蒙古攻打漠北蒙古说起。1688年，漠西蒙古准噶尔部在沙俄的支持下，由噶尔丹带领，派出三万大军攻打漠北蒙古，横扫喀尔喀部。《绥服纪略》载："喀尔喀四部共有八十扎萨克，今生齿日繁，户口约有十余万，无不尊敬黄教，钦敬哲布尊丹巴呼图克图者。先是，准噶尔厄鲁特最为强悍，与喀尔喀仇杀不已，康熙二十七年（1688），喀尔喀力微不能抵敌。众议，就近投入俄罗斯为便，因请决于哲布尊丹巴呼图克图。呼图克图曰，我辈受天朝慈恩最重，若因避兵投入俄罗斯，而俄罗斯素不信佛，俗尚不同，视我辈异言异服，殊非久安之计。莫若携全部内徙，投诚大皇帝，可邀万年之福。众欣然罗拜，土谢图汗遂请呼图克图率众内附。"漠北蒙古在漠西蒙古的攻击下，在北投俄罗斯和南投清之间做了抉择，其中起到重要作用的是宗教因素。哲布尊丹巴呼图克图认为，俄罗斯素不信佛，而清朝早在努尔哈赤建国的过程中，就已经引入了藏传佛教的格鲁派，由此建立了与漠北蒙古的联系，因此他们决定归附清朝。于是清朝出兵击败噶尔丹，随后康熙皇帝亲自主持了多伦诺尔（今内蒙古多伦县境内）会盟，又称"多伦会盟"，在漠北蒙古划分34个旗，实行清朝的封爵制度和法律制度，由清廷对漠北实行直接管辖，如此便完成了清朝对整个蒙古高原的统一。

秦汉以来，长城以北的北族势力对中原政权都是巨大的威胁，清代则很好地处理了满蒙关系，因此《圣祖实录》记载康熙帝曾十分得意地说："昔秦兴土石之功，修筑长城，我朝施恩于喀尔喀，使之防备朔方，较长城更为坚固。""本朝不设边防，以蒙古部落为之屏藩耳。"（卷一五一、卷二七五）

（三）稳定西藏的统治

第三是西藏问题。明朝的兵力主要用于对蒙古的战争和防御，对西藏地区则实行和平招抚政策，建立朵甘都司和乌思藏都司等机构加强控制。同时，鉴于当时的西藏存在诸如萨迦派、噶当派、噶举派、后起的格鲁派等若干藏传佛教派别，明朝采取了"多封众建、尚用僧徒"的政策，设置西藏八王，其中三个是佛教的大乘法王、大宝法王、大慈法王，分别来自噶举派、萨迦派、格鲁派。另外还有阐化王、护教王、赞善王、辅教王、阐教王五个地方王。在经济上，实行茶马互市等政策，以此加强双方经济上的往来。

明朝时期，西藏最值得注意的政治动向，是西藏与蒙古建立了联系，其标志性事件发生于明万历年间。1578年，藏传佛教格鲁派活佛索南嘉措与蒙古俺答汗在青海会见。俺答汗是16世纪后期蒙古一位十分重要的首领，在他统治期间，蒙古的势力发展迅猛，与明朝签订了协议，双方处于较为和平的时期。格鲁派又称黄教，是藏传佛教后起的一派，格鲁派希望得到蒙古的支持以求扩大在西藏的影响，所以有了这次会见。会见之后，蒙古俺答汗赠予索南嘉措"圣识一切瓦齐尔达喇达赖喇嘛"的尊号，"圣"是超凡入圣之意；"识一切"是西藏佛教对显宗方面取得最高成就僧人的尊称；"瓦齐尔达喇"为执金刚之意，是西藏佛教对密宗方面取得最高成就僧人的尊称；"达赖"是蒙语"大海"之意；"喇嘛"是藏语"上师"之意。同时，索南嘉措也给俺答汗"咱克喇瓦尔第彻臣汗"尊号，"咱克喇瓦尔第"是转轮王之意，"彻臣汗"是蒙语"聪明睿智的汗王"之意。通过会见以及互赐尊号，蒙古的政治势力和西藏的宗教势力更加紧密地结合在了一起。明朝政府对此有所了解，也有进一步动作，于1587年派使节对索南嘉措加以敕封。当时建立的达赖喇嘛的传承系统，延续至今。《明史·西域传》载："时有僧锁南坚错者，能知已往未来事，称活佛，顺义王俺答亦崇信之。""俺答亦劝此僧通中国，乃自甘州遗书张居正，自称释迦摩尼比丘，求通贡，馈以仪物。居正不敢受，闻之于帝，帝命受之，而许其贡。"

到17世纪，漠西厄鲁特蒙古的和硕特部首领顾实汗（固始汗）前往青海，与格鲁派的首领达赖五世合作，击杀了统治西藏的由噶举派支持的藏巴汗，在西藏建立了和硕特蒙古与藏传佛教格鲁派联合的统治政权，延续了70多年。这时期的清朝，其内部问题还没有得到完全解决，因此对西藏的管理是通过顾实汗间接进行的。顾实汗为了分化、牵制达赖喇嘛的势力，给自己的老师罗桑却吉坚赞加了"班禅博克多"的尊号，"班"即"班智达"，为学者之意；"禅"意为大，"班禅"就是大学者。此后，藏传佛教格鲁派中班禅活佛转世系统与达赖活佛转世系统并立，今天西藏"达赖"和"班禅"两个藏传活佛转世系统，都是由蒙古君主开创的，其在西藏地区的深远影响可见一斑。这样，达赖和班禅成为西藏最高的宗教领袖，政权便落入了顾实汗手里，形成了一种政教分离的政治体制。表12.1展示了历代达赖和班禅的世系，俺答汗册封索南嘉措，给他的尊号是达赖三世，顾实汗给罗桑却吉坚赞的尊号是班禅四世，前面的达赖一世、达赖二世以及班禅的前三世都是追封的。西藏的治理中，宗教的因素起到了十分关键的作用。

表 12.1　历代达赖、班禅世系表

达赖世数	名字	生卒年	班禅世数	名字	生卒年
1	根敦朱巴	1391—1474	1	克主杰	1385—1438
2	根敦嘉措	1475—1542	2	索南乔郎	1439—1504
3	索南嘉措	1543—1588	3	恩萨巴罗桑顿珠	1505—1566
4	云丹嘉措	1589—1616	4	罗桑却吉坚赞	1567—1662
5	阿旺洛桑嘉措	1617—1682	5	罗桑益喜	1663—1737
6	仓央嘉措	1683—1706	6	贝丹意希	1738—1780
7	格桑嘉措	1708—1757	7	丹贝尼玛	1782—1853
8	强白嘉措	1758—1804	8	丹贝旺秋	1855—1882
9	隆多嘉措	1805—1815	9	却吉尼玛	1883—1937
10	楚臣嘉措	1816—1837	10	确吉坚赞	1938—1989
11	克主嘉措	1838—1855	11	确吉杰布	1990—
12	成烈嘉措	1856—1875			
13	土登嘉措	1876—1933			
14	丹增嘉措	1934—			

　　清朝统治者在入关以前就十分尊崇藏传佛教的格鲁派，入关后，清廷曾多次派遣使者进藏，邀请五世达赖前往内地。顺治九年（1652），五世达赖亲赴北京，1653 年在北京南苑地区与顺治皇帝会见。这次会见的双方分别作为清朝的皇帝和藏传佛教的领袖，采取了"不期而遇"的办法，减少了许多礼仪上的纷争，体现了双方的政治智慧和灵活的外交策略。对于这次会见，五世达赖曾描述说："我下马步行，皇帝由御座起身相迎十步，握住我的手通过通司问安。之后，皇帝在齐腰高的御座上落座，令我在距他一庹（约合五市尺）远，稍低于御座的座位上落座。赐茶时，谕令我先饮，我奏称不敢

造次，遂同饮。"①（图 12.4）五世达赖在京停留了两个月，得到清廷的厚待。返藏时，清朝册封五世达赖为"西天大善自在佛所领天下释教普通瓦赤喇怛喇达赖喇嘛"，在"领天下释教"之前加了一个"所"字，这个字的藏文封号译成汉语是"在一个很大的范围内"。足见清朝认为达赖喇嘛并不管理全中国的佛教事务，而是管辖一个很大范围内的佛教事务，实际上是指蒙古、西藏等信奉佛教地区的

图 12.4　顺治帝迎接五世达赖喇嘛图（局部）

---

① 五世达赖喇嘛阿旺洛桑嘉措《五世达赖喇嘛传》，陈庆英、马连龙、马林译，中国藏学出版社，2006 年，242 页。

佛教事务。① 由此确立了达赖在青藏地区的宗教统治地位，也确立了历代达赖喇嘛都需要经过清朝中央册封的制度，这是清朝对西藏的管辖中相当重要的一步，图 12.5 为敕封达赖喇嘛金印和金册。册封五世达赖喇嘛后不久，清政府也册封顾实汗为"遵行文义敏慧顾实汗"，延续了政教分离的管理体制。对顾实汗管理西藏的成果，《世祖实录》卷七四记载，顺治对其赞誉有加："尔尚益矢忠诚，广宣声教，作朕屏辅，辑乃封圻。如此则带砺山河，永膺嘉祉，钦哉！"

清高宗敕封七世达赖喇嘛金印

清宣宗敕封十一世达赖喇嘛金册

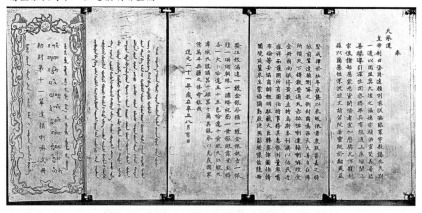

图 12.5　清帝敕封达赖喇嘛的金印和金册

此后，西藏内部政教之间出现了矛盾。1679 年，年轻的第巴桑结嘉措掌握了西藏的行政大权，他是五世达赖一手培养起来的，深

---

① 王辅仁、陈庆英《蒙藏民族关系史略》，中国社会科学出版社，1985 年，142 页。

受达赖信任。1682年，五世达赖去世，由于第巴桑结嘉措掌权时间不长，为了巩固自己的地位，他采取了"密不发丧"的做法，长达15年。在此期间，第巴桑结嘉措与当时西藏的世俗领袖拉藏汗发生矛盾，双方兵戎相见，结果，第巴桑结嘉措被拉藏汗的王妃擒杀。这场斗争影响到了达赖的传承。历史上出现三位六世达赖就是双方斗争的表现，这三位六世达赖分别是仓央嘉措、意希嘉措、格桑嘉措（一般称为七世）。仓央嘉措是第巴桑结嘉措主持推选出来的，后来疑似为拉藏汗所杀。仓央嘉措虽然在达赖的位置上少有建树，但是因为诗才卓越而在西藏文学史上享有盛名。仓央嘉措被杀害之前，拉藏汗就宣布仓央嘉措为假达赖喇嘛，推动选择出另一位六世达赖，即拉藏汗的非婚生子意希嘉措。不过由于西藏广大的僧人和百姓并不承认意希嘉措的六世达赖地位，所以最后才又选出了格桑嘉措。

为了防止这种混乱局面的再次出现，康熙四十八年（1709），清政府第一次直接派官员入藏处理藏族事务。1713年，清朝又派人入藏，册封五世班禅罗桑益喜为班禅额尔德尼，"额尔德尼"是满语"珍宝"之意，确立了五世班禅额尔德尼在西藏的政教地位。

拉藏汗和第巴桑结嘉措的矛盾，为漠西蒙古的准噶尔部干预西藏事务创造了条件。康熙五十六年，准噶尔部的策妄阿拉布坦率部入侵西藏，杀死了和硕特汗王拉藏汗，结束了和硕特蒙古在西藏的统治，打破了清朝信任的和硕特部管理西藏的局面。因此，清朝采取了"驱准保藏"的措施，在康熙五十七年和康熙五十九年，两次出兵进藏平乱，第一次失败，第二次清军从南北两路进藏，获得了成功。平叛以后，清政府敕封格桑嘉措为六世达赖，护送入藏，但由于仓央嘉措是西藏广大僧俗认定的六世达赖，所以一般称格桑嘉措为七世达赖。对于两次入藏用兵，《圣祖实录》卷二八九载："朕以准噶尔人等现今占取藏地，骚扰土伯特、唐古特人民，再吐蕃之人，皆近云南、四川一带边境居住，若将吐蕃侵取，又鼓动土伯特、唐古特人众侵犯青海，彼时既难于应援，亦且不能取藏。"可以看出，康熙毅然决定"驱准保藏"，是从全局角度考虑的。如姚念慈所论："自达赖五世与固始汗结盟以来，西藏政权即在厄鲁特蒙古汗王控制之下。故清廷欲彻底驯服内外蒙古，又非与厄鲁特蒙古争夺西藏控制权不可。"①

"驱准保藏"获得成功后，清朝在西藏建立起新的机构。康熙六十年，废除了西藏地方政府中总揽大权的"第巴"一职，将原来的几位"噶伦"即政务大臣的地位提高，负责西藏的行政工作，以此加强高级官员之间的相互牵制，便于中央对地方的控制。雍正五年（1727），两个驻藏大臣的设置，标志着西藏地方与清中央政府的隶属关系进一步加强。乾隆十三年（1748），西藏再次发生叛乱，驻藏大臣被杀，清军入藏平叛，乾隆认为："西藏经此番举动，正措置转关一大机会，若办理得当，则可永保宁谧。如其稍有渗漏，则数十年后，又滋事端。朕前传谕班第，以西藏事必当众建而分其势，目今乘此兵威，易于办理，惟在相度机势，计虑久远，方为万全。"（《高宗实录》卷三七七）清利用这次平叛的机会，对西藏的管理方式进行了改革，并通过法律条文的形式将其固定下来。乾隆十六年，清政府正式授予七世达赖喇嘛管理西藏行政事务的权力，建立起了政教合一的噶厦地方政权。噶厦作为西藏地方政府，其中的噶伦由三名俗官和一名僧官构成，在达赖喇嘛和驻藏大臣的领导下处理西藏的政务，并规定：噶厦的一切公文、政令，必须通过由僧官主管的译仓审核钤印后方能生效，也确立了清军在西藏长期驻扎的制度。另外，清朝还建立了金瓶掣签制度，规定达赖和班禅转世灵童须在中央代表的监督下，经过金瓶掣签的方式认定（图12.6）。乾隆五十八

---

① 姚念慈《康熙盛世与帝王心术：评"自古得天下之正莫如我朝"》，生活·读书·新知三联书店，2015年，289页。

年，颁布《钦定西藏章程》，取消了达赖喇嘛的专主地位，约束其权力，同时又大大提高驻藏大臣的权力和地位，明确规定了西藏是清朝中央直接管辖的地区。经过这一系列的变革，清政府对西藏的管理逐渐稳定下来。清代启蒙思想家魏源在《圣武记》卷五中曾评论此举：

图12.6　金奔巴瓶和玉签

"于是事权始归一，自唐以来，未有以郡县治卫藏如今日者……自元明以来，未有以齐民治番僧如今日者。"清朝直接管理西藏地区的水平达到了前所未有的程度。

（四）平定准噶尔部

清朝最后一个解决的是准噶尔部的问题，这也是清朝版图确立的最后阶段。如上文所述，明末清初的蒙古分成漠南蒙古、漠北蒙古、漠西蒙古三大部分，其中，漠西蒙古又称为厄鲁特蒙古，源于元代蒙古斡亦剌部，《明史》称其为瓦剌，清代又称其为厄鲁特、卫拉特等，意即"林木中的百姓"。厄鲁特蒙古经过分裂、融合后，形成了准噶尔部、杜尔伯特部、土尔扈特部、和硕特部四部，顾实汗在青、藏地区建立和硕特部政权的同时，准噶尔部成为新疆地区最强大的蒙古力量。

17世纪前期，准噶尔部的首领是巴图尔珲（浑）台吉。他把其子噶尔丹送到拉萨出家，交由五世达赖亲自教育。《秦边纪略》卷六"嘎尔旦（噶尔丹）传"载：噶尔丹"有大志，好立奇功"，"居乌斯藏（西藏）日久，不甚学梵书，唯取短枪摩弄。黄衣僧（很可能是达赖五世）常叹息，西方回纥，不奉佛法，护法如韦驮，仅行于三洲。嘎尔旦笑曰，安知护法不生于今日"。噶尔丹不仅获得了五世达赖的信任，而且还和第巴桑结嘉措建立了较为密切的联系。巴图尔珲台吉去世后，在五世达赖的鼓励、支持下，噶尔丹还俗、返回准噶尔部，并成为了准噶尔部的领袖。康熙时，噶尔丹合并厄鲁特四部，把漠西蒙古在新疆北部的地区统一了起来，成为新疆最强大的势力，接着又将统治扩大到了南疆维吾尔族地区。五世达赖对此表示支持，并赠予噶尔丹"博硕克图汗"的称号。清廷虽然默认了噶尔丹称汗的事实，但对其迅速兴起还是存有戒心的。

噶尔丹的理想是恢复成吉思汗时期的大蒙古国，于是执行东进政策，与清朝争夺对青海和硕特部与漠北喀尔喀部的控制权。康熙二十九年，噶尔丹侵入内蒙古地区，与清朝产生了正面冲突，发生了历史上有名的乌兰布通（今属内蒙古赤峰市克什克腾旗）之战，据马思哈《塞北纪程》记载：噶尔丹"布阵于山岗，以橐驼万千，缚其足，使卧于地，背加箱垛，毡渍水，盖其上，排列如栅，以自蔽，谓之驼城。于栅隙注矢发枪，兼施钩矛，以挠我师，为不可胜计。我兵奋勇先登，无不踊跃递进，炮火齐发，自未至戌，声震天地。驼毙于火，颓且仆，阵断为二……贼惊溃不支，遂破贼垒，大败之。"噶尔丹的三万人马为清朝十万大军所败，欲逃归新疆，却发现新疆已经被他的侄子策妄阿拉布坦占据，并与噶尔丹决裂。噶尔丹于是转头希望逃奔西藏，但为清军所阻。1696 年，清军最终在今蒙古国乌兰巴托以南的昭莫多再次大败噶尔丹，其精锐力量损失殆尽。次年三月，众叛亲离的噶尔丹去世。

噶尔丹的失败只暂时挫伤了准噶尔部政权的锐气，其继任者策妄阿拉布坦对内发展经济，对外扩张势力，不仅控制了天山南北路地区，而且在康熙五十六年的时候，率兵攻入西藏，杀掉了拉藏汗，结束了蒙古和硕特部在西藏的统治，清朝"驱准保藏"。策妄阿拉布坦的儿子噶尔丹策零时期，也延续了这样的激进政策。1745年，噶尔丹策零去世，准噶尔部出现了内讧，为清朝带来了削平割据、统一中国的良机，乾隆二十年到二十四年，即1755年到1759年的几年间，清军平定了准噶尔和回部，设置伊犁将军统辖天山南北，最终确立了清朝在新疆地区的统治。相关过程可参考王辅仁、陈庆英的《蒙藏民族关系史略》。

三、巩固统一的民族宗教政策

经过康、雍、乾三朝约100年的努力，清朝最终完成了统一。统一之所以能够延续，与清朝颇为成功的民族政策有很大关系。乾隆曾说："中国抚驭远人，全在恩威并用，令其感而知畏，方为良法。"（《高宗实录》卷一一一六）明确地反映了清统治者处理民族问题的指导精神。从制度上说，清朝在皇太极时期设置了理藩院，光绪《大清会典事例》载：皇太极时"蒙古部落尽来归附，设立理藩院专管外藩事务"，理藩院是清代处理边疆民族事务的最高机构，标志着清代统一多民族国家体制的建立。从政策上说，清朝的民族政策包括"修其教不易其俗，齐其政不易其宜"；"分而治之""众建而分其势"，发扬了中国古代以来的民族政策和管理经验。

"修其教不易其俗，齐其政不易其宜"，就是采取"因地制宜"的办法，根据各地不同的宗教文化传统，对边疆地区各族实行不同的管理制度，如在东北地区采取八旗制、州县制的混合制度；在蒙古地区采取盟旗制；在新疆地区采取州县制、伯克制、札萨克制三种制度；在西藏形成了噶厦制；在西南地区是土司制；在台湾和海南地区推行的是州县制。如果说今天的中国是"一国两制"的话，那么清代的民族政策可以说是"一国多制"。以新疆为例，清代新疆地区的最高军事行政长官是伊犁将军，统辖天山南北，南疆、北疆的制度安排有差异。在南疆回部地区，实行伯克制。"伯克"是回语"长官"的意思，清统一新疆后，继承并改造了传统伯克制度：首先，按照清朝的官制，对伯克划定品级，废止伯克世袭制；其次，规定五品以上伯克缺，必须由总办回疆事务参赞大臣拟定名单，奏请皇帝圈定批准；再次，伯克养廉费用按照品级由中央拨给；最后，禁止宗教领袖干预政务，伯克不得兼任阿訇等，采取政教分离的统治方式，便于中央对地方实行有效的管理。在北疆蒙古各部生活的地区，实行根据八旗制度组织原则的札萨克制。另外，在北疆和南疆东部的汉族聚居地区，则实行州县制度。

对于加强与各民族地区上层人士的联系，清朝也实行了相应的政策，如联姻制度、朝觐制度、围班制度等。朝觐是进北京朝见皇帝，围班就是不进京，在今天的承德地区朝见皇帝。为了会见的顺利，清朝在承德地区修建了多座藏传佛教寺庙，称为"外八庙"。包括黄教寺庙普宁寺，还有规模更大的普陀宗乘之庙，它仿照拉萨的布达拉宫而建，又被称为"小布达拉宫"。这些充分体现了清统治者对不同民族宗教、文化的尊重，因此也得到了对方的承认和尊重，诚心归附清朝。杨念群指出，清朝分别针对内地和边疆形成了新型的"正统性"的统治模式，清帝在内地的统治仍然依赖儒家的道德教化，对藩部的控制则主要依靠边疆少数族群对藏传佛教的信奉。①

"分而治之""众建而分其势"的经验，是对中国传统国家治理经验的延续。西汉就有所谓的"众建诸侯而少其力"（《汉书·贾谊传》），宋、明两代的制度设计都突出地体现了分权的原则，乾隆曾说："少其地而众建之，既以彰赏罚之典，又使力少不能为乱，庶可宁辑边陲。"（《高宗实录》卷二九五）盟旗制度即是"分而治之"政策

---

① 杨念群《清朝"正统性"再认识——超越"汉化论""内亚论"的新视角》，《清史研究》2020年第4期。

的典型，它最早行于漠南蒙古，后来又被推广到漠北蒙古，最后成为清朝对边疆地区实行的基本政策之一。盟旗制度的基本单位是旗，旗的地盘有一定限制，旗与旗之间的交往也多有限制，旗地也被一步一步地分割，喀尔喀蒙古原有30多个旗，到乾隆时期，被划为了80多个旗。

此外，清代对边疆民族的政策多以立法的形式确立下来，具有创新意义。其中最为重要的，是在《蒙古律例》基础上扩展而成的《理藩院则例》，它不仅是理藩院这一机构的行政法规，也可以视为清朝统治蒙、藏等地区的基本法[①]。还有《蒙古律例》《西宁青海番夷成例》《回疆则例》《西藏通制》等专门法律，这些专门的法律都经过了比较长时间的修订和调整，才最终得以订立，是清朝民族宗教政策经验的制度化。

阅读书目

王钟翰《清代民族宗教政策》，见《王钟翰清史论集》第2册，中华书局，2004年。
马大正主编《中国边疆经略史》第八编"清朝前期的边疆经略"，中州古籍出版
　　社，2000年。
王辅仁、陈庆英《蒙藏民族关系史略》，中国社会科学出版社，1985年。
姚念慈《准噶尔之役与玄烨的兴兵之由》，姚念慈《康熙盛世与帝王心术：评
　　"自古得天下之正莫如我朝"》，生活·读书·新知三联书店，2015年。

[①] 参郑秦《清朝统治边疆少数民族区域的法律措施》，《民族研究》1988年第2期。

第十三讲
专制文明之巅

一般认为，中国古代发展到明清时期，国力处于逐渐衰微的阶段，与西方的蒸蒸日上呈现出鲜明的对比。而从另一个角度看，中国古代以专制皇权为核心的官僚帝国体制，自秦汉奠基，到清代便达到了发展的成熟时期。从世界文明史看，古代传统君主制国家中，中国古代君主权力的集中化程度之高、延续时间之长，是独一无二的，是专制君主制的典型。同时，学界愈发认识到古代中国政治体制在决定社会等级、社会关系与社会观念上的巨大权重[1]。基于此，我们将中国古代文明称为"专制文明"。清代是中国古代政治制度发展的顶峰，故本讲称为"专制文明之巅"，主要围绕三个问题展开：一是君主集权制度的发展，二是清朝的汉化与民族特色，三是在清朝盛世背后存在的"隐忧"，这些问题也直接或间接地导致了近代一系列问题的产生。

一、君主集权制度的发展

清代君主集权制度的发展有许多方面，主要表现于尊君卑臣、

---

[1] 参阅阎步克《政体类型学视角中的"中国专制主义"问题》，《北京大学学报》2012年第6期；阎步克《中国古代官阶制度引论》，北京大学出版社，2010年，8页。

秘密立储、奏折制度、军机处、内务府、督抚制度等，有些是制度上的发展，有些是运作方式的改进，分别简要介绍。

"尊君卑臣"是一种意识，主要体现在日常的政务运行当中。秦汉以后，皇帝多有意识地加强"尊君卑臣"的思想，这里可以举出汉代大臣上疏皇帝的两个例子，第一条是"臣广昧死再拜以闻皇帝陛下"，第二条是"使西域大使五威左率都尉、粪土臣某稽首再拜上书"。材料显示，汉代大臣给皇帝的上书，其开头往往用"昧死""粪土臣""稽首"等固定格式，明显地体现出尊君卑臣的意味。而给皇帝上疏，是大臣的日常行为，固定格式的意义在于使"尊君卑臣"的意识深入到日常职务行为、日常政务运行当中，使其不断得到强化。到了清代，君主专制登峰造极，钱穆曾总结说：明大臣四拜或五拜，清大臣始有三跪九叩首之制；明大臣可以侍坐，清大臣则奏对无不跪；明六曹答诏皆称"卿"，清则称"尔"；清大臣对皇帝奏折，皆自称"奴才"等。① 这里要补充一点的是，臣于君前称"奴才"最早出现于清康熙时期，且只有很小一部分与康熙关系较为亲密的官员才可以如此。故在当时，所谓"奴才"，更多地显示一种亲近的意味，强调了大臣对皇帝的绝对服从与依附关系。②

清代君主集权制度创造的"秘密立储"，是对中国古代皇位继承制度的改进。中国古代皇位继承制度是嫡长子继承制，它的原则是"立子以贵不以长，立嫡以长不以贤"，皇位继承人须是皇后所生之长子。这种按照血缘关系选择继承人的制度，理论上是一种自然选择，希望排除人为干预，并且能够在一定程度上消弥诸子之间的夺位之争。然而事实却是，中国古代的皇帝大概有一半并非以嫡长子身份继承皇位，也曾多次引发相当严重的问题，最著名的包括前面

---

① 钱穆《国史大纲》（修订本），商务印书馆，1996年，833—834页。
② 祁美琴《清代君臣语境下"奴才"称谓的使用及其意义》，《清史研究》2011年第4期。

曾经提及的唐李世民的玄武门之变，宋太祖、太宗"斧声烛影"中的兄终弟及等。另外，皇子们都成长于宫廷之中，对社会不够了解，治理国家能力方面也有所欠缺。宋人黄伦曾忧心忡忡地说，这些皇子们"生于深宫之中，长于妇寺之手，未尝知哀，未尝知忧，未尝知苦，未尝知惧者，其亦危哉！"（《尚书精义》卷三九）

　　清朝建立之初，作为北族的满族并没有嫡长子继承制的传统，继承引发的政治问题比较突出。皇太极去世突然，生前没有立嗣，去世前也没有遗嘱，围绕皇位继承问题便发生了变乱。矛盾主要集中于皇太极的长子豪格和皇太极的同父异母弟、努尔哈赤的儿子多尔衮之间，后来立了皇太极的第九子、年仅6岁的福临为帝，是为顺治。康熙即位不久，便册立了刚满周岁的嫡长子胤礽为皇太子，并给了他很高的待遇，史称"正位东宫，以重万年之统，以系四海之心"。"凡皇太子服御诸物，俱用黄色；所定一切仪注，几与朕相似。"（《圣祖实录》卷五八、卷二五三）但这样一来，容易产生的问题是，在皇帝之外出现一个新的权力中心，这对当朝皇帝无疑是一股异己力量，甚至有可能构成威胁。后来康熙对胤礽产生诸多不满，曾两次废皇太子，这就造成了皇位继承的混乱和"九子夺嫡"的局面。后来是第四子胤禛笑到了最后，是为雍正帝。不过，有一些流传很广的逸闻，如雍正篡改康熙诏书，将传位十四皇子改为传位于四皇子等，是经不起推敲的。首先，按照当时制度，十四子也好，四子也好，在正式的文件中都会称皇四子、皇十四子，改"十"为"于"在句法上说不通。其次，当时的"于"多写作"於"，很少写成"于"，无法篡改。再次，当时的诏书应当还有满文的版本，所以通过改汉文诏书篡位也是不大可能的。有鉴于此以及嫡长子继承制的制度性缺陷，雍正即位后，着手改革皇位继承制度。

　　正是因为雍正（图13.1）通过激烈的政争才当上了皇帝，切身地体会到皇位继承的混乱所导致的后果，所以雍正即位后不久，便宣布了秘密立储的决定。雍正说："当日圣主（康熙）因二阿哥之事，身心忧悴，不可殚述。今朕诸子尚幼，建储一事，必须详加审慎，此事虽不可举行，然不得不预为之计。今朕特将此事亲写密封，藏于匣内，置之乾清宫正中世祖章皇帝御书正大光明匾额之后，乃宫中最高之处，以备不虞，诸王大臣咸宜知之"（《东华录》卷二五）。图13.2是20世纪初乾清宫的照片；图13.3则是藏在乾清宫正大光明匾额之后的秘密立储的匣子。雍正改嫡长子继承制为秘密立储制。雍正十三年（1735），雍正急病突然

图 13.1　泥塑彩绘雍正像

去世后，被雍正秘密选定为继承人的皇四子弘历顺利即位，是为乾隆。乾隆时期，秘密立储进一步制度化，为了防止皇帝暴卒的意外，秘密立储的决定制成一式两份，一份藏在乾清宫正大光明匾额之后，一份由皇帝随身携带。乾隆时期还编写了一部《钦定古今储贰金鉴》，借鉴历史上立储所造成的问题以及经验，为秘密立储制度的进

图 13.2　20世纪初年的乾清宫及其内景

第十三讲　专制文明之巅　287

图 13.3 道光秘密立储匣及立储谕旨

一步完善做准备。乾隆明确地说:"朕历览诸史,今古异宜,知立储之不可行与封建、井田等","建储册立,非国家之福,召乱起衅,多由于此"。(《清高宗实录》卷一〇六七、卷一一八九)乾隆认为,不可不立储,但是又不可把选择的皇位继承人公之于众,这才是良法美意。与嫡长子继承制相比,秘密立储摆脱了嫡长观念的束缚,排除了其他势力对皇位继承的干扰,使得皇帝全权掌握选择皇位继承人的权力,是皇权强化、选贤任能的显著表现。

一项制度的成熟,需要有配套措施与之相辅相成。对秘密立储制来说,相配套的是清代对皇子的教育制度。鉴于明朝皇帝多有怠政,明朝皇子素养差、知识水平低等问题,清代皇帝尤其重视皇子们的教育。曾在军机处任职的赵翼记载:"本朝家法之严,即皇子读书一事,已迥绝千古。余内直时,届早班之期,率以五鼓(凌晨4时左右)入,时部院百官未有至者,惟内府苏喇数人往来。黑暗中残睡未醒,时复倚柱假寐,然已隐隐望见有白纱灯一点入隆宗门,则皇子进书房也","日日如是,既入书房,作诗文,每日皆有程课,未刻(下午1—3时)毕,则又有满洲师父教国书、习国语及骑射等事,薄暮始休"(《檐曝杂记》卷一"皇子读书")。皇子们每天很早就进宫读书,接受严格的汉满文化教育,另据文献记载,当时的皇子们可能除了除夕有休息之外,剩下的每天都是按照这样的作息时间读书的。法国传教士白晋曾经在康熙身边工作,在其著《康熙帝传》中记载:这些皇子的教师,都是翰林院中最博学的人,皇帝特别重视皇子们道德的培养,以及适合他们身份的锻炼,他希望他们能吃苦耐劳，尽早地坚强起来，并习惯于简朴的生活。到打猎时，整整一个月，这些年幼的皇子同皇帝一起，终日在马上任凭风吹日晒，他们之中的每个人，几乎没有一天不捕获几件野味回来。皇子们都能流利地讲满语和汉语，在繁难的汉语学习中，他们进步很快，那时连最小的皇子，也已学过"四书"中的前三部，并开始学习最后一部了。他让皇子们处在欧洲人无法办到的最谨慎的环境中成长起来。正是基于严格的教育，清朝皇帝的整体素质在中国古代历朝帝王当中是十分突出的，他们都有良好的文化修养，不仅认同皇帝的角色，而且也都比较勤政。

奏折制度，也是清代加强中央集权的重要制度。大臣给皇帝的奏疏自古就有，清初文书制度沿袭明制，奏疏分为两类，公事用题本，私事用奏本。奏本和题本通过通政司交给内阁票拟，再经过皇帝批红，朱批下发内阁执行（图13.4）。经此程序，在皇帝看到题本和奏本之前，其他机构如通政司、内阁等的官员，都已经了解了其中的内容。这对皇帝来说，并不利于他对权力的全盘掌握。清朝对此有所改革，创立了奏折制度。奏折制度开创于康熙时期，康熙中叶，皇帝允许一些亲信官员用奏折报告机密事件，派遣专人投送京师，不经通政司、内阁而直达御前。皇帝的批示用朱笔写于奏折上，发还执行。康熙朱批李煦奏折时曾写道："近日闻得南方有许多闲言，无中作有，议论大小事，朕无可以托人打听，尔等受恩深重，但有所闻，可以亲手书折奏闻才好，此话断不可叫人知道。"康熙朱批王鸿绪奏折时说："京中有可闻之事，卿密书奏折与请安封内奏闻，不可令人知道。"①以上二人，一位是地方官，一位是中央官，康熙都要求"不可叫人知道"，这就体现了奏折的突出特点：保密。

---

① 中国第一历史档案馆编《康熙朝汉文朱批奏折汇编》，档案出版社，1984年，第2册，659页；第1册，277页。

皇帝希望通过奏折，让各种官员把重要的问题迅速、秘密地上报，构成了皇帝和大臣之间私密的一对一联系。

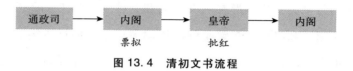

图 13.4　清初文书流程

作为中央集权的专制君主，一个关键问题是需要尽可能迅速地掌握重要信息。奏折突出的功能，是使皇帝能够迅速地、多渠道地了解下情。《圣祖实录》记载，康熙说："大臣乃朕股肱耳目，所闻所见，即应上闻，若不可用露章者，应当密奏。天下大矣。朕一人闻见，岂能周知？若不令密奏，何由洞悉？"（卷二七五）奏折的另一个功能，则是皇帝通过奏折能够加强对大臣的控制。对此，康熙也说过："凡一切奏折，皆朕亲批，诸王文武大臣等知有密折，莫测其所言何事，自然各加警惧修省矣。"（卷二七〇）某机构中，若干大臣都有权力给皇帝上奏折，但彼此之间并不了解他人报告的内容以及皇帝批复，导致几位大臣之间相互猜忌，这样就更加便于皇帝对他们的掌控。虽说清以前也有类似的举措，但是缺乏具体的制度，上报文书很容易被湮没。唐武则天时曾置"匦"于宫外，官员、百姓都可以通过"匦"给皇帝上书，皇帝希望以此了解下情。但由于上书数量太多，超过了皇帝个人的处理能力，因此往往会设置匦使对这些文书加以分类、拣择，但这又违背了皇帝直接获得信息的目的。所以在唐代，匦无法变成固定的制度，而清代较之则更为成熟。

雍正以后，奏折制度应用的范围有所扩大，部分中级官员也获得了使用奏折的权力，奏折渐渐成为清朝最重要的官方文书。雍正本人也十分重视奏折，雍正在《朱批谕旨》自撰前言中说："此等奏折，皆本人封达朕前，朕亲自览阅，亲笔批发，一字一句皆出朕之心思，无一件假手于人，亦无一人赞襄于侧。"他告诫臣下："凡有密奏，密之一字最为切要，臣不密则失身，稍有疏漏，传播于外，经朕闻知，则贻害于汝匪浅，追悔莫及矣。"奏折进一步制度化的表现，一是应用了奏匣，雍正说："朕将内制皮匣发于诸臣，令其封锁奏达，盖取坚固慎密，他人不敢私开也"，从制度上保证了奏折的保密程度。二是奏折存档制度进一步严密。雍正规定："所有皇父朱批旨意，俱著敬谨查收进呈，或抄写、存留、隐匿、焚弃，日后败露，断不宥恕，定行从重治罪"，"嗣后朕亲批密折，下次具奏事件内，务须进呈，亦不可抄写存留"。这样，所有的朱批都保存在了紫禁城中，也成为今天了解清代政治及其运作的重要资料。奏折逐渐成为清代的正式官文书，到了乾隆年间，奏本被废除。奏折制度加强了君主对信息的垄断和操纵。①

军机处的产生，是清代中枢机构的重大变革。对清前期的中枢制度及其发展，赵翼《檐曝杂记》卷一"军机处"曾有概括："国初承前明旧制，机务出纳悉关内阁，其军事付议政王大臣议奏。康熙中，谕旨或有令南书房翰林撰拟。……雍正年间，用兵西北两路，以内阁在太和门外，僚直者多，虑漏泄事机，始设军需房于隆宗门内，选内阁中书之谨密者入直缮写。后名军机处。地近宫庭，便于宣召。为军机大臣者，皆亲臣重臣。于是承旨出政，皆在于此矣。"内阁、议政王大臣会议、南书房、军机处代表了清初中枢机构的四个发展阶段和过程，这里分别简要地进行介绍。

议政王大臣会议的演变过程，是从议政王大臣会议变成议政大臣会议，直至取消。清初有满洲贵族参政的传统，努尔哈赤建立后金，便设置了议政大臣五人，与诸贝勒每五日一次讨论国政，公断是非。皇太极时期，为了分散诸贝勒的权力，命八旗总管大臣参加议政，成为王大臣共同辅政的形式，即所谓"议政王大臣会议"。康熙亲政后，取消了宗亲贵族参与议政的资格，议政王大臣会议变成

---

① 参白彬菊《君主与大臣：清中期的军机处（1723—1820）》，董建中译，中国人民大学出版社，2017年，314页。

了议政大臣会议，议政范围也有所缩减，其在中枢决策中的地位大为下降。雍正时期，皇帝大权独揽，议政大臣会议遭到冷落，特别是成立军机处以后，议政大臣会议有名无实，乾隆时期正式取消。议政王大臣会议的没落，反映了宗室贵族在中央决策中地位的下降，与此相伴的是皇权的不断上升。

明朝废宰相、设内阁，辅助皇帝决策，内阁是明朝最重要的中枢机构。清入关后，仿照明制，以内阁作为政府的中枢机构，但其权力远不及明代，也存在权势逐渐衰落的过程。首先，在清初，内阁之外设有议政王大臣会议，凡军国机要不经内阁票拟，而是由议政王大臣会议策划、皇帝裁决，这样一来，清内阁的权力比明内阁大为萎缩。其次，明代的内阁主要由阁臣票拟供皇帝裁断，皇帝并不参与内阁票拟的过程，但清代的皇帝则是直接参与票拟，从这点来说，清内阁的权力也远不及明。

康熙时，在议政王大臣会议和内阁之外，设置了与皇帝更为亲密的南书房，史称"章疏票拟，主之内阁。军国机要，主之议政处。若特颁诏旨，由南书房翰林院视草"（《养吉斋丛录》卷四）。南书房成为康熙皇帝的机要参谋和秘书班子。重要的诏旨均由南书房草拟，内阁的地位再次下降。

军机处则产生于雍正年间。由于雍正有意地限制议政大臣会议和内阁的权力，加上雍正七年对西北蒙古用兵，军报频繁，于是在其住所养心殿附近的隆宗门内，设立了一个叫军需房的机构，布置几个大臣每日值班，协助皇帝处理军务，后来更名为军机处。从地理位置上看，紫禁城大致可以分成两部分，以乾清门为界限，其外为太和殿、中和殿、保和殿三大殿，是皇帝上朝、接见大臣的地方，是皇帝的办公区。乾清门内是皇帝的生活区。由皇帝的办公区进入皇帝的生活区，有严格的门禁制度，隆宗门正是乾清门西侧的重要禁门，军机处的设置地点紧挨着皇帝生活区。从军机处的职能上来讲，清人曾说："诸臣陈奏，常事用疏，自通政司上，下内阁拟旨。要事用折，自奏事处上，下军机处拟旨，亲御朱笔批发。"一般的陈奏通过内阁处理，机要事务则是通过奏折由军机处处理。从设置伊始，军机处所处理的文件的重要性要高于内阁，"自是内阁权移于军机处，大学士必充军机大臣，始得预政事。日必召入对承旨，平章政事，参与机密"（《清史稿·张廷玉传》），内阁大学士只有充任军机大臣，才有机会协助皇帝，参与处理军政要务。

正是由于军机处随时在皇帝身边，雍正觉得十分方便，所以在西北军务缓和以后也没有裁撤军机处，使得军机处慢慢地制度化。光绪《清会典》卷三描述军机处的职责时说："掌书谕旨，综军国之要，以赞上治机务。"具体的职掌包括撰拟谕旨、处理奏折、参议大政，议后提出处理意见并奏报皇帝裁夺，还参与重大案件的审理、对重要官员的任免和考核，跟随皇帝出巡，奉旨出京查办事件等。军机处在清代没有定员，所有军机处的成员都是兼职。军机处职位分成两个层次，一是军机大臣，二是军机章京。军机大臣一般有四五个人，地位更高，由亲王、大学士、尚书侍郎或京堂充任，称为"大军机"。军机章京的地位低一些，称为"小军机"。军机大臣需要每天值班，随时等候皇帝召见，而且当天事务必须当天处理完毕，保证处理政务的效率。由于军机处协助皇帝处理重要的政务，皇帝走到哪，军机处就设在哪。总结起来，军机处有三个特点：简、速、密，"简"是机构精简，人员兼职，皇帝可以随时调来调走，便于控制；"速"是迅速，办事效率高；"密"这一点尤为重要，军机处中间环节少，处理奏折直达皇帝，皇帝下发意见给军机处，军机处直接送递给执行官员，保密性很强。所谓"廷寄谕旨"是清代诏书中保密性最高的一种，即由军机处来执行。军机处设立以后，成为辅佐皇帝决策的重要中枢机构，它的存在也使得清代皇权的行使与前朝相比有了明显的差别。白新良论述说："由于军机处成为主要决策机构,雍正帝不但像前此各代帝王一样拥有对中枢决策的批准权和否决权,而且,还拥有了对所有事务的决策权,从而彻底改变了前此清代帝王地位虽高但是在中枢决策中作用并不重要的现象。"① 皇帝对政务决策的参与度比以前的帝王要高得多,这是清代皇权发展的特点,也是清代君主专制发展的显著表征。

  清代君主集权制度的发展,还体现在对宦官管理方式的成熟上。在紫禁城交泰殿的附近,有一块顺治时的铁牌,略曰:"但有犯法干政,窃权纳贿,嘱托内外衙门,交结满汉官员,越分擅奏外事,上言官吏贤否者,即行凌迟处死,定不姑贷。"(《养吉斋丛录》卷二五)这是针对宦官的。在明朝,朱元璋也立过类似的铁牌,告诫宦官不得干政,但朱元璋的铁牌后来被王振砸了,并未有效阻止明朝宦官专权现象的出现。仅仅有皇帝的告诫并不够,还必须要有配套措施,从制度上遏制问题的发生。清朝对宦官的管理方式,是设了专门的机构内务府,以此替代以往由阉人把持的内廷机构,"收阉宦之权,归之旗下"(《石渠余记》卷三"纪立内务府")。内务府各个机构管理皇帝生活起居,相关职务有专门的大臣担任,清人曾十分自豪地说:"我朝龙兴之初,创立内务府,以往昔之旧仆专司其事。……其阉人寺宦,则惟使之供给洒扫之役,毋得任事,将汉唐宋明历代诸弊政,一旦廓而清之。其法度之精详,规模之宏远,尤为超越千古矣。"(《啸亭杂录》卷八"内务府定制")若哪个太监略有放纵,许内务府先拿后奏,加强了对宦官的管理。清朝有名的宦官如李莲英之辈,虽深受恩宠,但毕竟对当时的政务都没有过多的干预,清朝对宦官的管理是比较成功的,这也是制度成熟的表现之一。

  以上几项是中央制度,下面再谈谈地方的督抚制。总督和巡抚在明朝就已出现,清朝进一步制度化。清代内地的政区分成18个省,省是一级行政区;府是二级行政区,另有直隶厅、直隶州等同

---

① 白新良《清代中枢决策研究》,辽宁人民出版社,2002年,207页。

于府；县、散厅、散州是三级行政区。巡抚为一省之长，每两省或三省设总督一名，总督重兵事，巡抚重吏事。清前期，总督的地位更高，到了清中后期，总督和巡抚的地位相差无几，常说的"封疆大吏"就是指的这些人。

中国古代的三级制容易造成割据的问题，但清代却没有出现类似的问题，也是制度成熟的表现。具体来看，督抚制度在设置上有几个特点：首先，总督巡抚"例兼部院衔"，即都要加中央的头衔，意味着他们是中央派出的官员。其次，清代的总督、巡抚一直没有本衙门的属官。同时，督抚没有正方形的官印，而使用的是长方形的关防，也与地方官有很大不同。从这几点来看，总督、巡抚并不是严格意义上的地方官，而是具有中央派出身份的地方官，具有中央官和地方官的双重属性，有助于中央对他们的管理，也加强了他们对中央的认同。从中央对督抚的控制和监督上看，一方面，督抚权力相对突出，事权的统一减少了明朝三司分立时相互推诿、延误事情的现象，有利于中央决策的贯彻和地方行政效率的提高。另一方面，督抚在人事、财政、司法等关键问题上没有决定权，这些权力依然属于皇帝。同时，督、抚级别相近，又都有给皇帝上奏折的权力，总督、巡抚彼此牵制、相互制衡。正是由于这样一系列制度的相互配合，清朝的总督和巡抚虽然位高权重，但并没有出现尾大不掉的局面，清统治者通过对中国古代中央地方关系构建经验的总结，使得地方制度进入了相对成熟的时期，这是地方制度的重要发展。

二、 汉化与民族特色

清朝是北族建立的国家，也是中国历史上北方诸族所建立政权中最成功的一个。这些北族建立的政权，要统治中原地区，都会或多或少地利用"汉制"，进行"汉化"，正因为如此，学者自然把清的成功与汉化联系起来。西方汉学界代表人物费正清在《中国：传统与变迁》中提出，"满族统治者比前代的蒙古统治者更好地借鉴了儒家的统治方式。他们之所以成功，就在于他们学习了汉人的政权组织方式"，"清建都北京后任用了大批汉族官员，实际上成为满汉合作的政权"。契丹以后的北族政权，对自身文化的认同也在不断加强，清在汉化的同时，也"力图不被汉人同化，以此来维护其民族意识与民族特征"，这使其制度颇具特色。①

清朝的汉化，从入关之前就已经开始了。当时他们对汉制的了解主要来自明和蒙古，先是仿照明制改定八旗将领的官衔，用明的总兵官、副将、参将、游击、备御等名称替代了满语的固山额真、梅勒额真、甲喇额真、牛录额真等。皇太极时，又翻译了《明会典》《资治通鉴》《孟子》等书，包含了汉地的政治制度、史学、思想、文学等多方面内容，同时加强满洲诸贝勒、大臣子弟的教育。入关后，顺治皇帝就曾多次有"满汉官民俱为一家""满汉人民皆朕赤子""不分满汉，一体眷遇"之类的表述，在意识形态领域，清朝不像元朝那样强调民族压迫政策，而是强调满汉一体。在实际政治中，清代对汉制也多有借鉴，文武官制"略仿明制而损益之"（《清文献通考》卷七七），中央官多满汉官员同等担任，道府以下地方官多由汉人担任。利用汉制的重要方面，是对法律制度的继承，清朝沿袭明律，制订了《大清律》，并且利用明朝万历年间的《赋役全书》作为国家征派赋税、徭役的依据。在文化教育方面，顺治十四年（1657），将儒学的祖师孔子定为"至圣先师"（图13.5），加强满族对汉文化的认同。

不过，汉化毕竟是一把双刃剑，金汉化以后猛安谋克户贫困化以及相关的积弱现象就是前车之鉴，清的建立者与金同宗同源，自

---

① 费正清《中国：传统与变迁》，张沛、张源、顾思兼译，吉林出版集团有限公司，2013年，190、198、195页。

然对此问题十分重视。因此，清统治者对汉化有所戒备，并十分重视保存自己的民族特色，避免重蹈金的覆辙，"恐日后子孙忘旧制、废骑射，以效汉俗"（《太宗实录》卷三二）。皇太极强调说："我国家以骑射为业，今若不时亲弓矢，惟耽宴乐，则田猎行阵之事，必致疏旷，武备何由而得习乎？"（《太宗实录》卷三四）从国家政策来看，则以"国语骑射"作为根本的国策，希望加强对自身文化的认同，保持尚武精神。

图 13.5 果亲王允礼绘孔子像

但从较长时段来看，这些举措并不成功。以满语为例，乾隆时期，大臣因为不熟悉满语，故准许用汉字写奏折。清中期，道光皇帝曾考试满洲高级官员满语，结果"翻译通顺及稍有错误者，不过十之三四，竟有不能落笔者过半"（《宣宗实录》卷七九）。在满族发源地，"土人皆用汉语，微特民人无习满语者，即土著之满人亦如之"（《宣统承德县志书》）。在统治广阔汉地的大背景下，满族人的满语难以维持。美国学者欧立德在其著作《满洲之道》（The Manchu Way）中提出像满语、骑射这样族姓标志是发展变化的，经过三百年的发展，满语和骑射这些外在的文化符号可能荡然无存，但是依托八旗制度，满洲人心中有分明的旗民划分，他们也明白，作为旗人所享有的政治、经济、法律和社会意义，这些内在的思想最终变成一种不可磨灭的内在民族意识。欧立德强调了民族不仅仅是一些符号，更是一种认同，由于满族人对自身民族的认同，所以它的民族特色也保存了下来。以前研究民族，主要强调其外在因素，如服饰、语言、风俗等，而现代民族学更强调民族的认同。外在的符号可能不存,但民族认同没有消失,反而加强成为一种内在的民族意识。张双智也有类似的看法:"保持满洲人固有的习俗和本族意识,这也是从努尔哈赤、皇太极起,清朝诸帝的共识。清帝的努力与北魏鲜卑族断北语、易胡服,辽、金、元走的路子不同,而是坚定不移地培养与汉人平等的满洲共同体的意识,使之具有了近代意义上的民族特性。所以,从乾隆以降,满洲人虽然汉化越来越严重,但强烈的满洲意识却始终存在。"① 从这样的学术背景出发,有些学者提出,清代的成功不是汉化的成功,持此观点的学者多属"新清史"学派。其代表人物罗友枝在20世纪90年代末出版的专著《最后的皇族:清代宫廷社会史》中,开宗明义地说:"本书不认为汉化是清朝统治获得成功的主要原因,相反,本书得出了完全不同的结论:清朝成功的关键因素在于,它有能力针对帝国之内亚边疆地区的主要非汉族群体采取富有弹性的特殊文化政策的能力。"②此观点一出,引发了学术界热烈的讨论,可以参考罗友枝的《再观清代》与何炳棣的《捍卫汉化》③。新清史学者主要强调两点,一是对非汉文史料的利用,一是以内陆亚洲视角突出满族的特色,强调清代制度与此前不同,具有独特性。开拓史料的利用范围,带来了新视野,对推动研究深入无疑是有价值的。但在对清朝制度独特性的强调上,则因为新清史学者往往忽视清朝对传统帝国体制的继承性,且因为对内亚特性本身的揭示不够,遭到学界的诸多质疑。

　　回到汉化的问题,从长时段来看,历史上统治中原的北族王朝,多少都有汉化的现象,但其汉化的程度各不相同。为什么会有这样

---

① 张双智《清代朝觐制度研究》,学苑出版社,2010年,269页。
② 罗友枝《最后的皇族:清代宫廷社会史》,周卫平译,上海人民出版社,2020年,13页。
③ 这两篇文章以及有关"新清史"的相关讨论,可以参考刘凤云、刘文鹏编《清朝的国家认同——"新清史"研究与争鸣》,中国人民大学出版社,2010年。不同意见,还可参考葛兆光等著《殊方未远:古代中国的疆域、民族与认同》,中华书局,2016年。

的差别呢？魏特夫从生产生活方式的差异角度认为：如把辽代与元代发生的有限的涵化同金代与清代的较大的文化融合相比较，便可以知道将两种不同的征服者（一种是游牧民，一种是拥有牧群的农民）所建立的两种不同类型的征服社会加以区别是有意义的。半农业的女真族，作为中国的统治者，只控制了中国北部。他们很快放弃了他们很大一部分民族风俗，比游牧的蒙古人在占领整个中国本部以后所放弃的要多得多。而融合得最成功、掌权时间最长的满族人，则是在征服中国的部族中最少游牧性的。[①]刘浦江也提出：在辽金元清四个北族王朝中，女真人建立的金朝和满族建立的清朝，属于典型的汉化王朝。生活方式是决定北方民族汉化程度的首要因素。与农耕民族生活方式差异越小，汉化就越容易、越彻底，与农耕民族的生活方式差异越大，汉化就越困难、越肤浅。中国历史上的北族王朝，对汉文化采取积极接受的态度还是消极抵制的态度，大抵上即取决于此。[②]

三、盛世的隐忧

中国古代史上有若干被称为盛世的时期，康熙至乾隆时期是最后一个，这一百年是中国统一多民族国家大发展的时期，也是经济持续增长的时期。从世界范围对比来看，安格斯·麦迪森在《中国经济的长期表现》中估算，在这一百年的时间里，中国经济在世界经济中所占的比重是相当大的，而且还从 22.3% 增长到了 32.9%。（表 13.1）

[①] 魏特夫《中国社会史——辽（907—1125）：总论》，王承礼主编《辽金契丹女真史译文集》，吉林文史出版社，1990 年，25 页。

[②] 刘浦江《松漠之间——辽金契丹女真史研究》，中华书局，2008 年，237 页。

表 13.1　1700、1820 年世界 GDP 分布及年增长率表

	中国	欧洲	印度	日本	美国	俄国（苏联地区）	平均
1700 年	22.3%	24.9%	24.4%	4.1%	0.1%	4.4%	
1820 年	32.9%	26.6%	16.0%	3.0%	1.8%	5.4%	
年增长率	0.85%	0.58%	0.17%	0.25%	2.72%	0.69%	0.52%

盛世之下，也存在着许多问题。首先是吏治的腐败，这个问题历朝历代都有，所谓"权重处便有弊"（《朱子语类》卷一三四），"权力产生腐败"。清代的腐败表现出制度性和集体性的特点。制度性腐败主要体现在陋规当中，陋规是惯例性的非法收费，近似于将贪污腐败合法化，这就加重了百姓的普遍压力。"耗羡"就是陋规之一，当时百姓用银两缴纳赋税，地方官府需要将散碎的银子铸成大块的银锭才能上交国库，在铸造过程中或多或少会有一些损耗。官府就要由百姓来承担损耗，因此要求百姓比制度规定的赋税多交一些上去，便是"耗羡"。但实际状况却是，耗羡大大地超过了熔铸过程中的真实损耗，百姓怨声载道。中央政府的解决办法是把耗羡制度化，即雍正朝的"耗羡归公"，希望以此打击地方官员的任意摊派。但结果却是地方官府"将耗羡之外，又增耗羡"（彭端淑《耗羡私议》），陋规合法化后，又出现了新的陋规，国家难以控制，这是制度性腐败的典型表现。

集体腐败的典型例子，则是在乾隆四十六年（1781）的甘肃"捐监冒赈案"。甘肃布政使王亶望每年虚报旱灾，得到国家的补助，谎称以粟赈济，私留银两，历时七年才被发现。案发以后，审查的结果表明，自总督以下皆有分取，从王亶望家抄出资产达 300 余万两。此案涉及甘肃省绝大部分的官员，最终处死了 56 人，免死发遣者 46 人。另外更为人熟知的是和珅，和珅在嘉庆年间被处理的时候，其资产为清朝年收入的 5 倍以上，所以当时民间谚语说"和珅跌倒，

嘉庆吃饱"。

  在社会层面，主要是大兴文字狱。文字狱在中国古代也不是新鲜事，在清朝的影响却比较大。康熙时候出过两个有名的案子，一是庄廷鑨的《明史》案，一是戴名世的《南山集》案，都与书写明朝的历史有关。这两部书在写南明历史的时候，都用了南明的年号，以南明为正统，这当然为清朝统治者所不容。雍正时又出了曾静、张熙谋反案。曾静、张熙师徒二人受到吕留良的影响，强调华夷之辨和反清复明，曾劝说清朝重要将领岳钟琪反清复明。岳钟琪不听，反而将二人告发，于是出了这起谋反案。这个案子比较特别的一点是，雍正皇帝编了一部《大义觉迷录》，收集了雍正皇帝对曾静、张熙的批驳，强调清超越了华夷之辨而行满汉一体的思路。如果说康熙和雍正时期的文字狱，确实有申明正统的意义在，那么乾隆时期的文字狱，则显得十分泛化和穿凿附会了，如诗文中明、清二字共存，即被当作谋反处理，这就反映了当时皇帝对统治的不自信，以及对社会问题认识不清。

  文字狱发生的同时，乾隆三十三年前后还发生了一起"叫魂案"，也对清朝社会产生了较大的影响。对此，美国学者孔飞力有一部很有名的学术著作《叫魂》，通过对该案在民间层次的影响、对官府的影响，以及对乾隆皇帝的影响三个层次的分析，勾勒出当时社会、皇帝与官僚机构之间存在的问题。他首先指出，"叫魂"实际上是一种民间妖术，"一旦官府认真发起对妖术的清剿，普通人就有了很好的机会来清算宿怨或谋取私利。这是扔在大街上的上了膛的武器，每个人——无论恶棍或良善——都可取而用之。在这个权力对普通民众来说向来稀缺的社会里，以'叫魂'罪名来恶意中伤他人成了普通人的一种突然可得的权力，对任何受到横暴的族人或贪婪的债主逼迫的人来说，这一权力为他们提供了某种解脱；对害怕受到迫害的人，它提供了一块盾牌；对想得到好处的人，它提供了奖赏；对妒嫉者，它是一种补偿；对恶棍，它是一种力量；对虐待狂，它则是一种乐趣"，这段话精彩地描述出"叫魂案"反映出的社会状况，即不惜牺牲别人为自身谋得安全。此外，从乾隆对这件事的高度关注出发，孔飞力揭示出了皇帝所不能掌控的权力。君主通过各种各样的方式加强自己的权力，但在某一天，他突然发现一种妖术的产生，极大地反映了地方政府在处理妖术的过程中官僚化的倾向，甚至是皇权所不能控制的，于是他就利用这样的叫魂案整顿官场，"弘历的忧惧亦真亦幻。真实的部分在于，他难以打破官僚体制自我满足、常规裹足的积习。君主要维护巩固自身的利益，就必须不断诉诸专制和无常的权力，而提出政治罪指控则是这种权力的最佳机会。幻影的部分则在于，他对于无法为他所见的势力心存恐惧，妖术当然就是这样的一种势力，但还有来自于谋反和汉化的双重威胁"。[①]

在以上背景之下，1793年，还发生了英国使节马戛尔尼访华事件。这个事件表面上是英国为了庆祝乾隆的八十三岁寿辰，实际上是英国希望通过这次觐见，使清政府多开放一些口岸进行通商，试图打开中国市场，但被清朝拒绝了。马戛尔尼来访时，清宫还编排演出了一部《四海升平》的颂寿戏剧，里面特别加上了外国使者在天朝皇帝的庇护之下才到达清朝，向皇帝朝贡之情节，"有暎咭唎国，仰慕皇仁，专心朝贡"云云。到了嘉庆时期，英国又陆续派了使者请求通商，也都被清朝拒绝了。《仁宗实录》卷三二〇载："尔国距中华过远，遣使远涉，良非易事。且来使于中国礼仪不能谙习，重劳唇舌，非所乐闻。天朝不宝远物，凡尔国奇巧之器，亦不视为珍异……嗣后无庸遣使远来，徒烦跋涉。"这种天朝大国的自负观念以及对欧洲经济、科技迅速发展事实的茫然无知跃然纸上。多次漠视之后，再来的就是西方帝国主义的坚船利炮了。

---

① 孔飞力《叫魂：1768年中国妖术大恐慌》，陈兼、刘昶译，生活·读书·新知三联书店，2012年，285、280页。

阅读书目

郭成康《十八世纪的中国政治》再版前言、第一章，中国人民大学出版社，2021年。

白彬菊《君主与大臣：清中期的军机处（1723—1820）》第一部分，董建中译，中国人民大学出版社，2017年。

孔飞力《叫魂：1768年中国妖术大恐慌》第九章、第十章，陈兼、刘昶译，生活·读书·新知三联书店，2012年。

黄兴涛《清代满人的"中国认同"》，《清史研究》2011年第1期。

沈培建《〈君主与大臣〉：西方法治视野中的清朝军机处———兼论"冲击—回应"说及学术与国际"接轨"》，《史学理论研究》2020年第5期。

徐忠明《皇权与清代司法运作的个案研究———孔飞力〈叫魂〉读后》，《华东政法学院学报》，2000年第1期。

第十四讲
元明清时期的经济与社会

一、元朝的经济与社会

元世祖忽必烈即位以后,重视农业,采取促进农业生产、恢复经济的措施。中统元年(1260)便在各地设置劝农官,以"通晓农事者"充任。《元史·食货志》记载:"世祖即位之初,首诏天下,国以民为本,民以衣食为本,衣食以农桑为本。于是颁《农桑辑要》之书于民,俾民崇本抑末。"《农桑辑要》(图14.1)是我国第一部官撰农书,对13世纪以前的农耕技术经验进行了系统总结,"耕蚕之术,畜孳之方,天时地利之所宜,莫不毕具"(蔡文渊《农桑辑要序》)。政府将该书颁发给各地劝农官,供指导农业生产之用。这一系列举措,突出地发挥了官僚体制对农业发展的积极影响。

元代在主要延续前代农具的基础上,还有少量发明创造。元代农具分工很细,每个生产环节,都有专门的

图14.1 《农桑辑要校注》封面

工具。中国古代的农业生产工具，至元代发展到一个高峰，以后再没有重要的创造①。通过14世纪初成书的《王祯农书》，还可以见到不少当时农具的样貌。《王祯农书》分为"农桑通诀""百谷谱""农器图谱"三部分，"农器图谱"是其一大特色，篇幅占全书的4/5，不仅绘有281幅图、涉及100余种农具，而且还对农具的构造和用法加以文字说明（图14.2）。

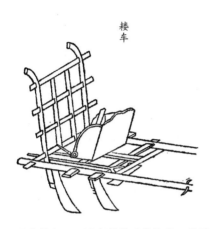
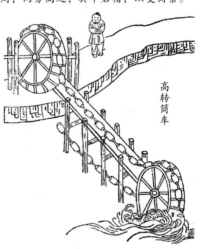

图 14.2 《王祯农书》中的部分农器图谱

总体而言，元朝农业在北方及南北交界的两淮地区都有所恢复，在江南地区有所发展，边疆地区的农业开发成绩更为明显。学者估算元代的耕地面积在 5.35 亿亩左右②，这个数字比唐、宋都要低一些。

---

① 陈高华、史卫民《中国经济通史（元代经济卷）》，经济日报出版社，2000年，156页。

② 李美娇、何凡能、杨帆、李士成《元代前期省域耕地面积重建》，《地理学报》2018年第5期。

元初开始完善户口调查统计制度,并以"户口增"作为考核地方官政绩的标准,经过十余年的和平发展,南方地区的户数已达到南宋末年的水平。元代人口高峰出现在元顺帝时,约为 9000 万人,位于唐、宋之间。① 随着农业生产的恢复与人口数量的增长,元代的手工业和商业也在前代基础上有一定发展。

梁方仲指出,从元代整个手工业的社会生产力看来,它比两宋时代有了一定的提高,它不只表现为生产技术水平的提高、生产工具的改善,也表现在产量和产品种类的增加、国内外市场的扩大等方面。② 其中最为引人注目的,无疑是棉纺织业的发展。古代的棉花又名吉贝,也称木棉,《王祯农书》记载:"其种本南海诸国所产,后福建诸县皆有,近江东、陕右亦多种,滋茂繁盛,与本土无异,种之则深荷其利。"棉花栽培在南方逐渐普及,开始向北方拓展,还从西域引进了新的棉种,种植于陕甘一带。在元代,棉花已经和丝、麻一道,成为最主要的纺织原料。

棉纺织业随之发展,一系列技术逐渐配套、成熟。元朝前期,黄道婆将海南岛的制棉工具和棉纺织技术带到松江(今上海市),进一步革新,松江逐渐发展成为棉纺织业中心。陶宗仪的《南村辍耕录》卷二四对此有所记载:"国初时,有一妪名黄道婆者自崖州(今海南三亚)来,乃教以做造捍(搅车,即轧棉机)、弹(弹棉弓)、纺(纺车)、织(织机)之具,至于错纱配色,综线挈花,各有其法。以故织成被褥带帨,其上折枝、团凤、棋局、字样,粲然若写。人既受教,竞相作为,转货他郡,家既就殷。"(图 14.3)由于棉布的市场日益扩大,丝绸、麻布市场则相对有所收缩。

---

① 吴松弟《中国人口史》第三卷,复旦大学出版社,2000 年,383—391 页。
② 梁方仲《元代中国手工业生产的发展》,见《梁方仲经济史论文集》,中华书局,1989 年。

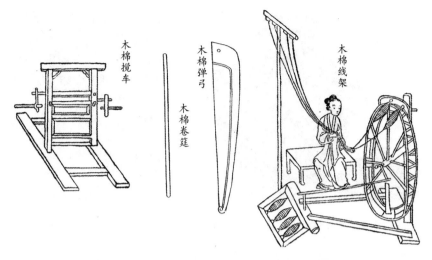

图14.3 《王祯农书》中的木棉纺织工具

宋朝是中国古代制瓷业的高峰期,元朝在宋朝基础上又有所发展。元代制瓷业遍布全国,和前代相比,钧窑等窑系逐渐衰落,景德镇烧造技术进步,生产规模扩大,成为元代制瓷业的代表。元代早期,瓷器生产以青白瓷、黑釉瓷和卵白釉瓷为主;元代中期,卵白釉瓷上升到了重要地位,青花瓷工艺有所发展;元代晚期,青花瓷烧造已达成熟,并产生了釉里红(彩釉中含有铜的成分,烧成后呈红色,故称釉里红。这是元代的新创造)、青花釉里红、红釉、蓝釉、孔雀绿釉、红绿彩瓷等品种。青花瓷工艺的发展是元代制瓷业的重要成就。(图14.4)

元代社会饮酒之风盛行,酿酒业获得了空前的发展。元代的酒大致可以分为粮食酒、果实酒、马奶酒和白酒四类。其中酒精含量较高的白酒(蒸馏酒),始于元代,李时珍《本草纲目》卷二五记载,"烧酒非古法也,自元时始创其法"。元人好饮,故酒的生产规模颇大,在大城市尤为显著。"京师列肆数百,日酿有多至三百石者,月已耗谷万石,百肆计之不可胜算"(姚燧《中书左丞姚文献公神道碑》),"杭州一郡,岁以酒糜米麦二十八万石"(《元史·武宗本纪》)。大都和

图 14.4　元青花云龙纹兽耳盖罐及釉里红彩斑贴塑蟠螭龙纹高足转杯

杭州酿酒所耗谷的数量惊人，从一个侧面反映了当时酿酒业的发达。

　　元代农业和手工业的恢复、发展，对商业产生了积极的影响。有学者认为，元代商业的繁荣程度超出了其农业、手工业所达到的实际水平。元代商业的发展得益于一些得天独厚的条件。元代见不到其他朝代经常出现的打击商人、抑制商业的活动。相反，从政府到蒙古、色目贵族普遍积极参与经商逐利，这是造成商业繁荣的重要原因。相对于宋金对峙时期南北商业交流受到阻隔，元朝的大统一为商业发展开辟了广阔前景。元朝疆域广大，还有横跨欧亚的四大汗国，促进了商人的往来和商品的流通。当时元朝的良好贸易环境给外国人留下了很深的印象，14 世纪的大旅行家伊本·白图泰在其游记中写道："对商旅来说，中国地区是最安全、最美好的地区。一个单身旅客，虽携带大量财物，行程九个月也尽可放心。因为他们的安排是每一投宿处都设有旅店……登记旅客姓名、加盖印章后店门关闭。翌日天明后，官吏率录事来旅店，逐一点名查对，并缮具详细报告，派人送往下站，当由下站官吏开具单据证明全体人员到达。"[①]

[①] 马金鹏译《伊本·白图泰游记》，宁夏人民出版社，1985 年，550 页。

 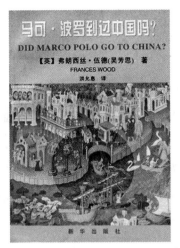

《马可波罗行纪》对欧洲乃至世界都产生过重大影响。现存各种文字的抄本约一百四十种，有少数学者认为马可·波罗并未真正到过中国，其书中内容主要来自传闻和虚构。新的研究，可以参考傅汉思《马可·波罗到过中国：货币、食盐、税收的新证据》。[1]

图 14.5 讨论马可·波罗是否曾到过中国的两种著作

大都作为全国的政治中心，其繁华给马可·波罗留下了深刻印象（图 14.5），大都所需的粮食、布帛等主要仰给于江南。元朝疏通了京杭大运河，又开辟了沿海运输线。据《元史·食货志》，在元文宗时，江浙、江西、湖广三省粮食产量相加，已超过全国粮食产量的一半。每年海运至大都的粮食约 330 万石，都由江浙承担；由大运河北运粮食 500 万石，多半来自江南。自唐代以来经济重心南移的过程已经完成，北方政治中心对南方经济的依赖结构更为稳固。

相对于已经颇为开放、流动性较强的宋代社会，元代社会的特点是存在世袭的特权与世代相承的职业和地位，户计制度是其代表。户计制度是将蒙古人及其属民都以一定职业按户划分的办法（表 14.1），每种户计都要为国家承担某种特定义务。最基本的一类

---

[1] 傅汉思《马可·波罗到过中国：货币、食盐、税收的新证据》，党宝海、马晓林、周思成译，北京大学出版社，2022 年。

是民户，包括一般地主、自耕农和佃户等。民户之外，承担全国1500余处驿站服务工作的站户数量最大、承担兵役的军户次之。元朝将儒士也划入户计中，是为儒户，他们的义务是入学以备选用。儒户地位与僧户、道户、也里可温户、木速蛮（达失蛮）户等宗教户计相当。此外，还有从事官手工业生产的匠户等。户计并非自愿选择，而是国家强制划分的，它是元朝政府为动员人力、物力而制定的世袭户役制度。元朝的户计制度为明朝所承袭，改称为"户役"。元朝开始的"全民劳役化"一直到明朝推行"一条鞭法"，才得到彻底遏止。①

表 14.1　元代户计制度

民户	僧户	姜户	铜户	礼仪户
		藤花户	铅锡户	礼乐户
	道户	葡萄户	竹户	阴阳户
军户		香莎糯米户	医户	巫户
	儒户	鱼户	鹰房户	沙鱼皮户
站户		采珠户	控鹤户	
	木速蛮户	窑户	马户	
匠户		淘金户	车户	
	也里可温户	茶户	坝夫户	
		银户	鸾户	

二、明清经济发展与"资本主义萌芽"问题

接下来谈谈明清时期的经济发展与资本主义萌芽问题。本书唐代部分曾指出，唐代发明了适合南方水田耕作的曲辕犁，以及一套

---

① 李治安《元史暨中古史论稿》，人民出版社，2013年，232页。

适合水田耕作的农具。唐代以后，农业技术发展并不明显，元代以后就已经达到了高峰，此后再没有什么重要的创造。明朝农业在单位面积产量提高有限的情况下，发展方式有所变化。随着平原地区农田开垦的饱和和人口规模的扩大，明朝的农田开垦逐渐进入开发不充分的丘陵和边远地区。垦田面积、粮产总量因此都有所增加。据学者统计，明朝的耕地面积超过了8亿亩，与宋代的7亿亩相比，其增量是较为显著的。更重要的一点，是引进、种植了诸如甘薯、玉米、土豆、花生等新的耐旱作物，它们不需要很好的水土条件就能在地形崎岖、干旱贫瘠的地区种植。两者相结合，使粮食的产量有了较大提高。

由于平原早已人满为患，开垦越来越进入丘陵山区和边远地区。清代前期的一百年中，国家推行鼓励垦荒的政策，康熙、雍正之际，全国垦田数字已经超过了明朝后期的水平。随着雍正、乾隆时期的发展，垦田数字继续上升。康熙、乾隆时期，清廷重视兴修水利，特别是致力于对黄河的治理，使得黄河水流渐趋稳定（图14.6）。这对于安定人民的生活、恢复发展农业生产，有积极作用。此阶段人口数字迅速增长，从17世纪中叶到19世纪中叶，中国人口从1.5亿增长到4.3亿，耕地面积增加至12亿亩。清朝对中国经济最有推动力的方面，是通过人口迁徙，将农业从人口密集地区扩展到了土地过剩地区[①]。清代粮食生产最突出的成就，是耕作地域扩散以及粮食亩产量在全国地区的普遍提高，中国古代经济发展达到顶峰。

明清商品化作物种植在农业生产中的地位逐渐提高。烟草从明末开始传入中国，推广迅速，雍正、乾隆之际，遍及广东、江南、山东、直隶、湖广、陕西、甘肃各地。农业经营方式也有所变化，其中值得一提的，是明朝中后期出现的经营性地主。光绪《常昭合

---

① 王业键《清代田赋刍论（1750—1911）》，高风等译，人民出版社，2008年，8页。

图 14.6 《黄河筑堤图册页》局部

志稿》卷四八载:"谭晓,邑东里人也,与兄照俱精心计。居乡湖田多洼芜,乡之民皆逃而渔,于是田之弃弗治者以万计",于是兄弟俩"薄其值买佣乡民百余人,给之食,凿其最洼者为池,余则周以高塍,辟而耕,岁入视平壤三倍。池以百计,皆蓄鱼,池之上架以梁,为茭舍,蓄鸡、豕其中,鱼食其粪又易肥,塍之上植梅桃诸果属,其污泽则种菰茈菱芡,可畦者以艺四时诸蔬,皆以千计。凡鸟凫昆虫之属,悉罗取而售之。……于是资日益饶"。这俨然一副现代生态农场的经营状况,而且他们的产品几乎都用于出售。至明清之际,谭氏兄弟的这种农场大经营在江南不复存在,但新兴起的小经营,同样具有生态农业和商业化的特点。① 将这种现象与当时整个经济发展的方式联系起来，可以看出它新的特点，有学者指出："如果说明前期社会经济的发展主要还是耕织结合的传统经济的发展，那么明中期社会经济发展的主要标志则是商品经济的空前发展，在中国古代经济发展史上开创出一个崭新的局面。"②

商品经济在中国古代一直存在，只不过在传统经济中，其所处的地位并不是特别突出。明中期以后，推动经济发展的一个主要因素即来自商品经济的发展。首先，手工业规模有所扩大，已经开始脱离农家副业的性质，由工场主雇用工人工作，向着具有现代经营性质的工场手工业发展，同时还在生产上逐渐变成一个有机的系统，出现了地域上的专业分工，如松江的棉布、苏州的丝织、江西景德镇的陶瓷等。明中期以后的手工业不仅规模大、质量精，而且逐渐发展出一些专业的城镇、乡村，这都是以前不曾见到的局面。傅衣凌是明清经济史研究的奠基者之一，他认为：明代中叶以后，中国工业原料生产与粮食生产分工逐渐明显，出现有些地区专种经济作物，而另一些地区则以粮食生产为主，因而各地区之间的经济交流，不仅有消费品的交流，也有工业原料的交流。像这样一种工业原料的交流，应为此时代的一个特征。明清时期，商业的规模和商人的活动范围、商业资本的积累，都大大地超越了前一个历史阶段的水平，成为推动经济社会发展的重要动力之一。③ 广东的佛山镇、江西的景德镇、湖北的汉口镇、河南的朱仙镇等，都是因为商品经济而发展出来的工商业城镇，被称为"天下四大镇"。明朝以前，中国古

---

① 参李伯重《十六、十七世纪江南的生态农业（上）》，《中国经济史研究》2003年第4期。
② 王毓铨主编《中国经济通史（明代经济卷）》，经济日报出版社，2000年，2—3页。
③ 参傅衣凌《明清时代商人及商业资本》，人民出版社，1956年。

代城市的发展主要与军事、政治、地理位置有很大的关系，而纯粹经济型的城市则几乎没有，明朝的这种变化即是商品经济发展的有力印证。除新兴城镇以外，传统城市如北京、南京、杭州等的经济职能也在提升。

中国商品经济发展的同时，世界航海业的发展和新大陆的发现，也使得明朝的经济在自觉或不自觉中卷入了世界经济，其中最显著的代表是"白银货币化"的过程。以前中国的本币主要是铜钱，元朝发行过的纸币被认为是不成功的，明代以后才开始用银作为流通的主要手段，出现"朝野率皆用银，其小者乃用钱"（《明史·食货志五》）的景象。银在中国的产出较少，明清使用的白银，多数来自丝绸、瓷器的出口所得（图14.7），"白银货币化"是明清商品经济发展中的重要现象。

图14.7　明万历五十两银锭

弗兰克的《白银资本》，是社会科学界一部很有影响的著作。此书试图从世界贸易的角度重新审视世界经济中的中国。弗兰克认为，在整个世界经济中，中国"这种更为核心的地位是基于它在工业、农业、（水路）运输和贸易方面所拥有的绝对与相对的更大的生产力。中国的这种更大的、实际上是世界经济中最大的生产力、竞争力及中心地位表现为，它的贸易保持着最大的顺差。……世界的白银流向中国，以平衡中国几乎永远保持着的出口顺差"[①]，至少到1800年为止，亚洲，尤其是中国一直在世界经济中居于支配

[①] 贡德·弗兰克《白银资本：重视经济全球化中的东方》，刘北成译，中央编译出版社，2000年，182页。

地位。他的这个结论与"西方中心论"对中国历史发展大势的认识，有很大差别。这本书出版伊始便引起了学界的关注与热烈讨论，故作为推荐书目建议拓展阅读。

最后谈谈关于资本主义萌芽的问题。实际上，学者们研究这个问题的出发点，是想要知道在没有外力的影响下，中国能否走上资本主义道路和现代化道路。因此，学者们十分强调中国古代中后期经济中反映出的资本主义的因素，如雇佣劳动、手工工场、商品经济等，也取得了很大的成果，对认识明清商业、手工业的发展有很大的帮助。但是现在，对资本主义萌芽问题的讨论则较为冷寂了，这首先与资本主义的界定有关，李伯重认为：由于没有完全弄清什么是资本主义的问题，那么对于什么是资本主义萌芽的问题，也就不可能有完满的答案。以往许多学者对于资本主义萌芽的研究，其研究对象实际上是历史上的商品经济、雇佣劳动、早期工业化或者其他经济的变化，而不是资本主义萌芽。但是，若离开了商品经济、雇佣劳动、早期工业化，中国历史上的"资本主义萌芽"到底还存不存在？如果存在，它到底是怎么一回事？似乎没有人说得清。[1] 另外，这也与方法论有一定的关系，以前学者研究中国的资本主义萌芽，往往以英国模式作为对照，将英国走上资本主义道路经历了的过程套用到中国发展上。但现在研究发现，英国走上资本主义的道路甚至在欧洲都没有普遍意义，欧洲各国走上资本主义的道路，在世界史上也不具有普遍意义。所以，以英国作为模板讨论中国的资本主义萌芽问题，颇有缘木求鱼的意味。尽管如此，依然不能低估前辈学者对于资本主义萌芽问题的研究成果，这不仅使我们可以更深入地认识明清时期的商品经济、手工业发展的状况，而且也启发了人们对区域经济、市镇研究等领域的拓展。

---

[1] 参李伯重《中国经济史学中的"资本主义萌芽情结"》，见李伯重《理论、方法、发展趋势：中国经济史研究新探》，清华大学出版社，2002年。

三、明清社会阶层

明清时期社会的主要阶层,大致可以分为皇室贵族、士绅、庶人、贱民四类,前两个为特权阶层。

明代一共16位皇帝,在一后多妃制下,子女众多,明太祖朱元璋就有26个儿子,16个女儿。久而久之,形成了庞大的明代皇室人口。明太祖实行分封,结果造成了骨肉相残的靖难之役。明成祖即位后,实行藩禁,严格限制皇室成员的活动,规定宗室不得干预兵事,也不许干预政事,所有宗室不许入仕做官,不许从事工商业。藩王就封后,不经特许不得还京入朝,不得与封地的官府交往,甚至连与宗藩联姻的人也不得选任高官,藩王不许自置王府的官吏,也不得拒绝由朝廷派来的王府官等。对皇室成员政治上严格限制,但经济上给予优厚的待遇。随着皇室成员的不断增加,给国家财政带来了很大负担。嘉靖后期,全国应支宗室禄米853万石,占全国同期田赋收入的37%,至明末,宗室岁需禄米与国家田赋收入的比例竟然达到了惊人的143%。[①]

清代皇室贵族由宗室、觉罗构成。清太祖努尔哈赤之父塔克世的直系子孙及其后裔为宗室,旁支后裔为觉罗,身份地位和待遇低于宗室。宗室、觉罗分有庄田,不纳田赋,并从宗人府领取俸禄。到18世纪末和19世纪初,因宗室人数的增长而造成日益沉重的财政负担,迫使帝王限制王公的数量和俸禄。总体而言,清代在政治和经济方面对皇室贵族的管理还是比较有成效的。从长期趋势来看,清宗室受封爵的机会由宽变窄,仕宦之途则位多权轻,1740年和1742年的数字表明,发放皇室贵族薪俸的支出不到户部库银的1%,

---

① 张德信《明代宗室人口俸禄及其对社会经济的影响》,《东岳论丛》1988年第1期。

到19世纪中叶这个数字也不过上升为全部税收的1.25%，与明朝的数字形成鲜明的对比。①

明清的士绅既包括正在做官或曾经做官的人，也包括获得科举功名但并未入仕之人，后者是明清士绅的主体。明清的官员大都来自科举，可以说士绅主要是科举制的产物。明清科举基本沿袭了宋代以来乡试、会试、殿试的三级考试制度，明清在乡试之前增加了童试一级（图14.8）。清代童试三年两考，俗称"考秀才"。童试一般分为三个阶段：由各县县官主持的县试，一般在二月举行，通过后取得四月前后府试的资格，府试通过后就是院试。院试由主管地方文化教育的学政主持，院试录取后，称生员，即秀才。清代童试的通过率大致是2%或3%，一旦被录取，便获得了"生员"的身份，算是有了功名，进入士绅阶层。生员具有免除差徭、见知县不跪、官府不能随便用刑等特权。清代《钦定学政全书》卷二四中记载，"生员犯小事者，府州县行教官责惩。犯大事者，申学黜革，然后定罪"，免除了生员的身份之后，才能够定罪。在服饰上，生员可以着方巾、襕衫，也与普通百姓有了区分。

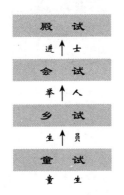

士绅："士大夫居乡者为绅"，是官僚在离职、退休、居乡，或者还没有当官以前的称呼，是唐宋以后逐渐形成的一个社会阶层。

图14.8　科考层级示意图

---

① 参赖惠敏《天潢贵胄——清皇族的阶层结构与经济生活》第二章，"中研院"近代史研究所，1997年；罗友枝《最后的皇族：清代宫廷社会史》第二章，周卫平译，上海人民出版社，2020年。

第十四讲　元明清时期的经济与社会

明清生员虽然进入了士绅的行列，但生员没有任官资格，故还要继续参加科举考试。乡试每三年一次，在八月举行，故称秋闱。乡试的考试在北京和各省省城的贡院举行。南京的江南贡院鼎盛时期号舍达20644间（图14.9），明清时期全国半数以上官员都出自江南贡院。乡试要考三场，每场需要考两夜三日。乡试及第者称为举人，举人就有当官的资格了。不过乡试的录取率更低，道光时期江南地区的录取率大致是2‰或3‰。会试也是三年一次，在乡试次年的二、三月间于京城礼部贡院举行，又称春闱。会试也是三场考试，及第者称贡士。会试后接着就是殿试，明代殿试考场在南京奉天殿或北京文华殿，清代殿试考场，开始在天安门外，后改在保和殿内。殿试由皇帝亲自主持，仅考时务策一道，及第者称进士。

图14.9　清代北京贡院明远楼（上）和南京贡院号舍（下）

在科举制的阶梯上，生员便进入了士绅阶层，举人、贡士、进士都是在生员的基础上产生的，而官员中的绝大多数，也来自这个群体。因此通过对生员数量的估计，可以对明清士绅阶层的规模有所了解。学者推测，明朝末年，士绅数大致在50万至60万之间，清朝士绅规模扩大，19世纪前半期，达到110万左右。[①] 但如果考虑人口增长的因素，士绅占比反而有所缩小。

庶人即良人、平民，清代法律上称"凡人"，指没有特权，又不是贱民身份的人，即老百姓。庶人包括庶族地主、富农、自耕农、佃农、商人、手工业者、部分雇工等，他们占社会的大多数，也是国家赋役的主要承担者。科举制下，庶人有应试出仕的权利，他们可以通过参加科举获得功名而进入士绅阶层。

明清的贱民阶层包括奴婢、倡优、隶卒、佃仆等。贱民的身份是世袭的，法律禁止贱民与平民通婚，也不能读书、参加科举。

明清社会阶层之间，特别是在士绅与庶人之间存在着明显的社会人口阶层流动。社会人口流动，还在空间上有所体现。明清商品经济的发展，对整个社会都产生了广泛的影响。明代中期以后，随着经济的发展，农村与城市更紧密地联系起来，农村人口向城市的流动，以及人们闲暇时间的增多，渐渐出现了一个新的市民阶层。清道光《苏州府志》卷一〇记载，晚明的苏州府"聚居城郭者十之四五，聚居市镇者十之三四，散处乡村者十之一二"，在明朝经济最发达的地区，农村人口的比例远低于城市，说明在城市中有一个庞大的市民阶层。这个市民阶层当中的上层，不仅包括受过正统教育、获得较高科举功名、担任或曾任官职的传统精英，而且还包括那些仿照传统精英文人生活方式的富商。市民阶层的形成，为明清小说、戏曲的繁荣奠定了坚实的基础。明清的城市发展以及城市生活，得

---

① 陈宝良《明代儒学生员与地方社会》，中国社会科学出版社，2005年，214—215页。张仲礼《中国绅士研究》，上海人民出版社，2008年，91页。

到学者们的关注,有学者甚至认为帝国晚期所有的中国文化都受到发生在中国城镇中事件的影响[1]。加拿大学者卜正民《纵乐的困惑》就明代商业与文化问题做了一系列有趣的研究,可供参考。

阅读书目

李治安《元史暨中古史论稿》第四编"社会变迁与南北差异",人民出版社,2013年。

李伯重《英国模式、江南道路与资本主义萌芽理论》,见李伯重《理论、方法、发展趋势:中国经济史研究新探》,清华大学出版社,2002年。

贡德·弗兰克《白银资本:重视经济全球化中的东方》第七章,刘北成译,中央编译出版社,2000年。

张仲礼《中国绅士研究》上编第一章、第三章,上海人民出版社,2008年。

陈志强《为什么还要重读〈白银资本:重视经济全球化中的东方〉》,《史学集刊》2012年第5期。

---

[1] 韩书瑞、罗友枝《十八世纪中国社会》,陈仲丹译,江苏人民出版社,2008年,52页。

部分图表信息

图 1.1　红山文化泥塑"女神"像，见王永强、史卫民、谢建猷主编《中国少数民族文化史图典》（壹）东北卷，广西教育出版社，1999 年，18 页。

图 1.2　红山文化孕妇陶塑像，腹部凸起，臀部肥大，女性特征鲜明。见王永强、史卫民、谢建猷主编《中国少数民族文化史图典》（壹）东北卷，19 页。

图 1.4　红山文化玉猪龙，高 26 厘米，由墨绿色的岫岩玉雕琢而成。中国国家博物馆藏。

图 1.5　山东龙山文化蛋壳黑陶杯，高 17 厘米，口径 11.7 厘米，器壁薄如蛋壳，表面乌黑光亮。山东省博物馆藏。

图 1.6　良渚文化玉琮，通高 8.9 厘米，重 6.5 千克。浙江省博物馆藏。

图 1.7　马家窑文化旋纹尖底彩陶瓶，高 26.8 厘米，口径 7.1 厘米。甘肃省博物馆藏。

图 1.8　山东嘉祥武梁祠西壁画像，见中国画像石全集编辑委员会编《中国画像石全集》第 1 集，山东美术出版社，2000 年，29 页。

图 1.9　南宋马麟绘《夏禹王像》，绢本设色，纵 249 厘米，横 113 厘米。台北故宫博物院藏。

图 1.11　后母戊方鼎，通高 133 厘米，口长 116 厘米，宽 79 厘米，重 832.84 千克。中国国家博物馆藏。

图 1.15　利簋，通高 28 厘米，口径 22 厘米，重 7.95 千克。中国国家博物馆藏。

图 1.16　西周形势图，底图据谭其骧主编《中国历史地图集》第 1 册，中国地图出版社，1982 年，15—16 页。

图 1.17　大盂鼎，通高 101.9 厘米，口径 77.8 厘米，重 153.5 千克。中国国家博物馆藏。

图 1.19　夏商周三代关系示意图，见张光直《商文明》，张良仁、岳红彤、丁晓雷译，辽宁教育出版社，2002 年，343 页。

图 2.3　商代铁刃铜钺，刃部断失，残长 11.1 厘米，阑宽 8.5 厘米，铁刃残存部分后段包入青铜器身内约 1 厘米。见河北省博物馆、文物管理处《河北藁城台西村的商代遗址》，《考古》1973 年第 5 期。

图 2.4　商代铁刃铜钺，刃部锈蚀残损，残长 8.4 厘米，阑宽 5 厘米。见北京市文物管理处《北京市平谷县发现商代墓葬》，《文物》1977 年第 11 期。

图 2.5　战国"右廩"铁双镰范，镰范为单合范，一范两片合成。长 31.5 厘米，宽 11.2 厘米，铸槽有"右廩"2 字。河北省博物馆藏。

图 2.9　西周侯戟，通长 27.5 厘米，器上端为扁形刺，中段作戈形，有脊，器内部铸铭文"侯"。中国国家博物馆藏。

图 2.11　秦始皇陵出土铜弩，弩臂为青铜质，通长 39.5 厘米，宽 1.6 厘米，厚 1.9—3.2 厘米。见秦始皇兵马俑博物馆、陕西省考古研究所《秦始皇陵铜车马发掘报告》彩版一五，文物出版社，1998 年。

图 2.12　秦杜虎符，长 9.5 厘米，高 4.4 厘米，厚 0.7 厘米。陕西历史博物馆藏。

图 2.13　南宋马远绘《孔子像》，绢本淡设色，纵 27.7 厘米，横 23.2 厘米。北京故宫博物院藏。

图 3.4　秦二世琅琊台诏书刻石，残高 129 厘米，宽 67.5 厘米，厚 37 厘米，书体为秦统一后的小篆。中国国家博物馆藏。

图 3.5　秦形势图，见谭其骧主编《中国历史地图集》第 2 册，中国地图出版社，1982 年，3—4 页。

图 3.6　秦兵马俑，见袁仲一、李星明主编《中国陵墓雕塑全集》第 1 卷，陕西人民美术出版社，2011 年，181、194、217 页。

图 3.7　秦始皇陵 7 号坑出土铜仙鹤，见马生涛《异彩纷呈的秦陵青铜禽——秦陵 K0007 号坑发掘手记》，《收藏界》2002 年第 3 期。

图 3.8　西汉初年异姓诸侯王国示意图，见周振鹤《西汉政区地理》，人民出版社，1987 年，9 页。

图 4.1　唐吴道子绘老子像复刻石碑拓片，碑高 180 厘米，宽 91 厘米，厚约 31 厘米，原石立于苏州玄妙观三清殿。

表 5.1　东汉三国户口数表，参唐长孺《魏晋南北朝隋唐史三论》，武汉大学出版社，1992 年，29 页。

图 5.1　曹操画像，见王圻、王思义辑《三才图会》人物卷二，《续修四库全书》，上海古籍出版社，2002 年，第 1233 册，462 页。"魏武王常所用格虎大戟"、河南安阳市西高穴曹操高陵墓道，见河南省文物考古研究所、安阳县文化局《河南安阳市西高穴曹操高陵》，《考古》2010 年第 8 期。

图 5.2　三国形势图，底图据谭其骧主编《中国历史地图集》第 3 册，中国地图出版社，1982 年第 2 版，3—4 页。

图 5.3　元赵孟頫绘诸葛亮像，绢本设色，纵 208.4 厘米，横 100.6 厘米。北京故宫博物院藏。

图 5.4　朔方及河西四郡位置示意图，底图据谭其骧主编《中国历史地图集》第 2 册，中国地图出版社，1982 年，13—14 页。

图 5.5　马踏匈奴石雕，高 168 厘米，长 190 厘米，陕西省茂陵博物馆藏。

图 6.1　前秦、东晋时期形势图，底图据谭其骧主编《中国历史地图集》第 4 册，中国地图出版社，1982 年，3—4 页。

图 6.2　宋魏时期形势图，底图据谭其骧主编《中国历史地图集》第 4 册，17—18 页。

图 6.3　陈齐周时期形势图，底图据谭其骧主编《中国历史地图集》第 4 册，23—24 页。

图 6.4　东晋王丹虎墓出土丹药，丹药出在棺前部，共 200 余粒，呈朱红色，直径 0.4—0.6 厘米左右，原置于圆形漆盒内。见南京市文物保管委员会《南京象山东晋王丹虎墓和二、四号墓发掘简报》，《文物》1965 年第 10 期。

图 6.5　北魏六镇分布示意图，见魏坚、郝园林《北魏六镇军政地位的考古学观察》，《河北师范大学学报》2020 年第 4 期。六镇的标注，参考周杨《北魏六镇防线的空间分析》对学界六镇地望观点的总结，《中国国家博物馆馆刊》2017 年第 12 期。

图 6.6　王光、叱罗招男夫妇墓志拓片，见胡戟、荣新江主编《大唐西市博物馆藏墓志》，北京大学出版社，2012 年，6、8 页。

图 7.1　《禹贡》九州图，见王成组《中国地理学史》上册，商务印书馆，1982 年，7 页。

图 7.2　隋唐大运河示意图，见薛凤旋《中国城市及其文明的演变》，北京联合出版公司，2019 年，150 页。

图 7.3　昭陵六骏之拳毛䯄，长 204 厘米，高 172 厘米。原件现藏于美国宾夕法尼亚大学博物馆。

图 7.4　昭陵六骏之飒露紫，长 204 厘米，高 172 厘米。原件现藏于美国宾夕法尼亚大学博物馆。

图 7.6　上图：唐大明宫含元殿遗址，见王仁波主编《隋唐文化》，学林出版社、中华书局（香港），1990 年，30 页。下图：大明宫遗址咸亨元年后含元殿形制复原透视图，见杨鸿勋《再论唐长安大明宫含元殿的原状》，《杨鸿勋建筑考古学论文集》（增订版），清华大学出版社，2008 年，456 页。

图 7.7　唐道渠府鱼符拓片，见罗振玉编辑《历代符牌图录》，中国书店，1998 年，47 页。

图 7.8　中国古代都城移动示意图，见妹尾达彦《中华的分裂与再生》，《岩波讲座世界历史》9，岩波书店，1999 年，13 页。

表 8.1 西汉与唐人口密度最低地区比较,见葛剑雄《中国人口发展史》,福建人民出版社,1991 年,155 页。

表 8.2 唐玄宗时期新建州县,见吴宗国《隋唐五代简史》,福建人民出版社,1998 年,195—196 页。

图 8.1 右图:含嘉仓 19 号窖出土刻铭砖,见王炬、吕劲松、赵晓军《隋唐大运河与仓储相关问题研究》,《洛阳考古》2019 年第 2 期。

图 8.2 左图:陕西米脂出土东汉牛耕画像石拓片,原石藏于陕西碑林博物馆。见中国农业博物馆编《中国古代耕织图》,中国农业出版社,1995 年,7 页。

图 8.3 部分唐代农具复原图,见梁家勉主编《中国农业科学技术史稿》,农业出版社,1989 年,321 页。

表 8.3 汉唐间治水活动的历史发展与地理分布统计表,见冀朝鼎《中国历史上的基本经济区与水利事业的发展》,朱诗鳌译,中国社会科学出版社,1981 年,36 页。

表 8.4 日本遣唐使简表,改绘自李斌城主编《唐代文化》,中国社会科学出版社,2002 年,1792 页。

图 8.5 左图:空海《风信帖》局部,空海の書刊行委員會《空海の書——弘法大師書蹟大成》第 5 卷,東京美術,1980 年。

图 8.6 鉴真和尚像,日本天平宝字七年(763)年造,干漆夹纻彩色,高 0.81 米。日本奈良唐招提寺藏。

图 8.7 唐长安城及日本平城京平面图,见王仲殊《试论唐长安城与日本平城京及平安京何故皆以东半城(左京)为更繁荣》,《考古》2002 年第 11 期。

图 8.8 唐高宗时期安西四镇示意图,底图据谭其骧主编《中国历史地图集》第 5 册,中国地图出版社,1982 年,32—33 页。

图 8.9 乾陵六十一蕃臣像,见党明放、贺万里《一径石雕 千古奇观——陕西唐乾陵石刻艺术概论》,《荣宝斋》2019 年第 10 期。

图 8.10 章怀太子李贤墓壁画之《客使图》,位于墓道东壁,高 185 厘米,宽 242 厘米。陕西历史博物馆藏。

图 8.11　左图：昭陵陪葬墓燕妃墓持幂䍦侍女图，见马海舰《从唐燕妃墓壁画透视唐代文明》，《文物世界》2002 年第 2 期。右图：新疆博物馆藏彩绘泥塑帷帽骑马女俑，见陈锐《唐骑马女俑》，《收藏界》2014 年第 4 期。

图 8.12　左图：西安何家村窖藏出土唐鎏金舞马衔杯纹银壶，高 14.8 厘米，重 549 克。陕西历史博物馆藏。右图：西安何家村窖藏出土唐人物纹八棱金杯，高 5.6 厘米，口径 7.2 厘米，足径 3.2 厘米。陕西历史博物馆藏。

图 9.1　五代十国疆域示意图，底图据谭其骧主编《中国历史地图集》第 5 册，中国地图出版社，1982 年，82—83 页。

图 9.2　北宋王霭绘宋太祖赵匡胤坐像，中国国家博物馆藏。

表 9.1　北宋宰相、副宰相中科举出身比例表，见张希清《中国科举考试制度》（修订本），中国书籍出版社，2021 年，217 页。

图 9.5　"南海Ⅰ号"出水部分瓷器，见刘冬媚《"南海Ⅰ号"船载龙泉窑青瓷探析》，《文物天地》2019 年第 12 期；郑金勤《"南海一号"惊艳出水的德化窑青白瓷》，《东方收藏》2021 年第 9 期。

图 9.6　"济南刘家功夫针铺"广告铜版，长 13.2 厘米，宽 12.4 厘米。中国国家博物馆藏。

图 10.1　契丹髡发男子立像，内蒙古赤峰塔子山 2 号辽墓出土，见孙建华编著《内蒙古辽代壁画》，文物出版社，2009 年，144 页。

图 10.2　契丹女子立像，河北宣化下八里 5 号辽墓出土，见河北省文物研究所编《河北古代墓葬壁画》图 99，文物出版社，2000 年。

图 10.3　契丹小字铜镜，直径 14.6 厘米，镜背铸契丹小字"寿长福德"。见王永强、史卫民、谢建猷主编《中国少数民族文化史图典》（贰）北方卷上，广西教育出版社，1999 年，279 页。

图 10.4　契丹大字耶律祺墓志拓片（局部），见王永强、史卫民、谢建猷主编《中国少数民族文化史图典》（贰）北方卷上，278 页。

图 10.5　右图：北京房山金太祖陵墓穴与石棺，见张娟娟《北京最早最大的皇家园陵——金陵》，《北京档案》2015 年第 7 期。

图 10.7　成吉思汗画像，纸本设色，纵 58.3 厘米，横 40.8 厘米，右上方题"太祖皇帝即成吉思罕讳帖木真"。中国国家博物馆藏。

图 10.8　元大都城平面复原示意图，见董新林《辽上京规制和北宋东京模式》，《考古》2019 年第 5 期。

图 10.9　渎山大玉海，高 70 厘米，口径 135—182 厘米，最大周围 493 厘米，膛深 55 厘米，重约 3500 千克。见周南泉、王名时《北京团城内渎山大玉海考》，《文物》1980 年第 4 期。

图 11.1　明太祖朱元璋坐像，中国国家博物馆藏。

图 11.2　明太祖朱元璋坐像，台北故宫博物院藏。

图 11.5　《智化寺旌忠祠记》（又名《英宗谕祭王振碑》)拓片，拓片通高 137 厘米，宽 62 厘米。见北京图书馆金石组编《北京图书馆藏中国历代石刻拓本汇编》第 52 册，中州古籍出版社，1989 年，19 页。

图 11.6　空心敌台示意图，见刘效祖撰，彭勇、崔继来校注《四镇三关志校注》卷一《建置考》，中州古籍出版社，2018 年，22 页。

图 12.2　右图：国姓瓶，高 19.7 厘米，口径 16 厘米，底径 5.3 厘米，是郑成功军队使用的火药弹。中国国家博物馆藏。

图 12.3　《丕翁先生巡视台阳图卷》（局部），见郭秀兰《一幅有历史意义的画卷——记〈丕翁先生巡视台阳图〉》，《文物》1991 年第 1 期。

图 12.4　顺治帝迎接五世达赖喇嘛图（局部），布达拉宫西大殿壁画，见孙琳《〈顺治帝迎接五世达赖喇嘛图〉及其叙事方式分析》，《法音》2015 年第 1 期。

图 12.5　清高宗敕封七世达赖喇嘛金印、清宣宗敕封十一世达赖喇嘛金册，罗布林卡藏。见西藏自治区文物管理委员会编《西藏文物精粹》，紫禁城出版社，1992 年，55、59 页。

图 12.6　金奔巴瓶和玉签，瓶通高 35.5 厘米，腹径 21 厘米，底径 14.4 厘米，

部分图表信息　327

罗布林卡藏。见西藏自治区文物管理委员会编《西藏文物精粹》，56页。

图 13.1　泥塑彩绘雍正像，高 32 厘米，宽 14.3 厘米，被认为是唯一保留下来的一尊由皇帝本人亲自认可的塑像。见林姝《故宫收藏与档案所见雍正皇帝（之一）：原藏雍和宫金塔内的胤禛塑像》，《紫禁城》2012 年第 6 期。

图 13.3　道光秘密立储匣及立储谕旨，中国历史第一档案馆藏。

图 13.5　至圣先师孔子像，碑高 292 厘米，宽 114 厘米，和硕果亲王允礼绘并撰额。清雍正十二年（1734），果亲王从北京赴四川泰宁惠远寺为七世达赖喇嘛返还西藏送行，途经西安时，在碑林刻立此碑。见高峡主编《西安碑林全集》卷一〇四《石刻线画》，广东经济出版社、海天出版社，1999 年，365 页。

表 13.1　改自安格斯·麦迪森《中国经济的长期表现：公元 960—2030 年》，伍晓鹰、马德斌译，上海人民出版社，2008 年，36 页。

图 14.4　右图：元釉里红彩斑贴塑蟠螭龙纹高足转杯，通高 12.6 厘米，口径 10.6 厘米，足高 6 厘米，足径 5 厘米。高安市博物馆藏。左图：元青花云龙纹兽耳盖罐，通高 46.5 厘米，罐高 38.7 厘米，口径 14.6 厘米，腹径 32.6 厘米，底径 18.5 厘米。高安市博物馆藏。见江西省博物馆、首都博物馆编《赣水流韵　辉耀千载：江西古代文物精品》，文物出版社，2014 年，120、130 页。

图 14.6　《黄河筑堤图册页》局部，纸本设色，高 30.5 厘米，宽 22 厘米。中国国家博物馆藏。

图 14.7　明万历五十两银锭，长 11.3 厘米，一端宽 8.1 厘米，一端宽 8.2 厘米，厚 3 厘米，铸于万历十六年（1588）。中国国家博物馆藏。

图 14.9　清代北京贡院明远楼和南京贡院号舍，见北京大学图书馆编《烟雨楼台：北京大学图书馆藏西籍中的清代建筑图像》，中国人民大学出版社，2008 年，144、146 页。